KB135376

What is a local
government-funded
welfare foundation

지방자치단체 출연
# 복지재단이란
# 무엇인가

What is a local
government-funded
welfare foundation

# 지방자치단체 출연
# 복지재단이란
# 무엇인가

신선웅 지음

이 책은 유독 우리나라에서만 성장세가 확연한 지방자치단체 출연 복지재단과 관련한 관심(關心)에서부터 시작되었다. 매년 지방자치단체 출연 복지재단을 설립하는 지방자치단체는 증가일로에 있으며 그 역할과 기능 또한 이전의 시기보다 확대되고 있는 게 사실이다.

이러한 성장 추세는 지방자치를 통한 주민복지의 증진이라는 면에서는 긍정적으로 해석될 여지도 있으나, 우리나라 중앙정부에서는 방만(lax) 운영이나 난립(亂立) 억제라는 명목으로 지방자치단체의 자율에 반하는 설립 절차 및 관리감독을 강화하는 방향으로 해결을 모색하고 있는 모습을 보여주고 있다.

이와 같은 상황은 그동안 지방자치단체가 출연하여 설립한 복지재단이 무엇인가라는 물음과 함께 그 복지재단이 지역사회에서 제 역할과 기능을 다하고 있는지 확인하고 점검해야 할 과제를 지역사회의 모든 이들에게 안겨주었다고 할 수 있는데, 이러한 맥락에서 이 책에서는 지방자치단체 출연 복지재단의 개념과 그 출현 배경 등을 두루 살펴본 후 사회복지정책 분석 틀을 활용하여 광역자치단체인 경기도에서 설립한 광역복지재단인 경기복지재단과 기초자치단체인 남양주시에서 설립한 기초복지재단인 남양주시복지재단을 비교 분석함으로써 지방자치단체 출연 복지재단을 실체적으로 점검하는 논의를 갖고자 하였다.

이런 점에서 이 책은 향후 지방자치단체 출연으로 복지재단 설립을 계획 중인 지방자치단체에는 설립과 운영의 방향성에 관한 기초자료를 제공할 수 있을 것이며, 이미 설립하여 운영 중인 지방자치단체에는 지속가능성에 대한 탐구와 정책적 제언을 통해 지방자치단체 출연 복지재단의 발전과 성장을 기대해볼 수 있을 것이다.

다만, 여기서 한 가지 염려스러운 점은 혹시나 광역복지재단과 기초복지재단의 비교연구 사례로 언급된 경기복지재단과 남양주시복지재단이 마치 어느 것은 맞고, 어느 것은 틀린 것으로 오해하거나 곡해하여 독자들이 미혹(迷惑)에 빠지지 않을까 하는 점이다. 이 책을 관통하는 핵심적인 질문은 무엇이 옳고 그름의 문제가 아니라 지방자치단체 출연 복지재단을 탐구(探究)하는 것으로, 광역복지재단과 기초복지재단이 서로 어떻게 다르며 무엇을 공유할지를 고민하고 논의하는 데 있다고 할 수 있다.

마지막으로, 이 책이 출간되기까지 많은 격려와 도움을 주신 분들이 계신다. 우선 학문 분야와 전공이 다름에도 불구하고 의미 있는 조언으로 정서적 지원을 아낌없이 보내준 강성경 박사에게 마음 깊이 감사한 마음을 전하고자 하며, 이 책이 세상의 빛을 볼 때까지 계속해서 원고를 읽고 잘못된 글자를 바로잡아준 신승환, 신승헌 군에게도 각별하게 고마운 마음을 전하고자 한다. 그리고 한평생 조건 없이 아낌없는 지지와 격려를 보내주신 아버님과 어머님께 진심으로 감사한 마음을 전한다.

2024년 3월
신선웅

차
례

제3부 ——————————————————— **결론**

# 제1부

# 서론

우리나라의 지방자치는 제헌 헌법에서부터 그 근거를 찾아볼 수 있을 것이다. 물론, 정치적 혼란의 시기를 거치며 잠시 중단된 적도 있었지만,[1] 어려운 환경 속에서도 끊임없는 변화와 시대적 요구에 적절히 대응하면서 주민 주권의 구현과 민주정치 실현이라는 눈부신 성과를 이루었음은 부인할 수 없는 사실이다. 이런 점에서 2022년 시행된 「지방자치법」 전부개정 사항은 지방자치에 있어 괄목할 만한 성과라고 할 수 있다. 왜냐하면 「지방자치법」 전부개정으로 많은 이들은 지방자치의 새로운 시대가 열릴 것으로 기대하였는데, 실제로 2022년 1월 13일 개정 시행된 「지방자치법」에서는 주민참여 권리의 실질적 보장, 자치권 확대 그리고 중앙정부와 지방정부 간 협력 관계 정립 및 행정의 능률성 향상 등을 주요 내용으로 포함하고 있어 지방자치의 활력을 기대하기에 충분하였기 때문이다.

그러나 이런 성과와 기대에도 불구하고 지방자치의 복지정책은 주민복지 증진이라는 고유 목적 사업 추진에 상당한 어려움을 겪어왔다. 우선 1991년과

---

1) 1961년 5월 16일 군사 정변은 지방의회를 강제 해산시켰으며, 이후 약 30년 동안 지방자치제도는 중단되었다.

1995년 두 차례 지방선거로 완전한 지방자치제가 부활된 이후 2005년 사회복지사업의 지방 이양이 포괄적으로 이루어지면서 복지 분권이 시작되었다고 할 수 있으나, 지방으로 이양된 복지사업은 지방자치와 지역복지 향상이라는 기대 욕구가 결합하면서 폭발적으로 그 수요가 증가하여 지방자치단체에 매우 큰 부담을 안겨준 게 사실이다. 실례로 2004년 이후 지방비 부담 비율은 급격하게 가중되었으며 지방자치단체의 자체 사업예산은 지속적 감소로 재정 자율성이 약화되는 결과가 초래되었다(이현주, 유진영, 권영혜, 2007). 이와 더불어 지방이양 복지사업이 전개되는 실상은 복지 분권의 발전을 더욱 어렵게 만들었는데, 우선 중앙정부 각 부처의 지침에 따라 복지사업이 수행되는 상황을 지적할 수 있으며, 지방자치단체가 사회보장제도를 신설하거나 변경하는 경우 보건복지부 장관과 의무적으로 사전 협의하도록[2] 하여 지방자치단체의 자율성을 저해하는 상황도 문제로 지적할 수 있다.

사회복지사업의 지방이양은 사회복지 분야에 대한 지방자치의 출발이었다고 볼 수 있으나, 그 결과는 지방자치단체에 과도한 재정 부담과 지역사회 복지사업을 중앙정부가 통제하는 중앙집권화의 심화라는 예상치 못한 결과를 낳게 되었으며, 이는 결국 지방자치로 기대치가 높아진 지역주민들의 다양한 복지 욕구에 대한 대응과 지역사회 특색을 반영한 복지사업의 기획과 계획 그리고 이에 투입되는 자체 복지재원 마련이라는 삼중고(三重苦)를 지방자치단체에 안겨주었다고 볼 수 있으며, 이로 인해 지방자치단체는 지역복지 향상과 복지재원 수급의 다양성을 위하여 기존의 관료제 중심의 복지사업 추진방식에 변화를

---

2) 2021년 「사회보장기본법」 전면 개정으로 지방자치단체가 사회보장제도를 신설하거나 변경하는 경우 보건복지부 장관과 의무적으로 사전 협의토록 하였으며, 2023년 7월 3일에는 '사회보장제도 협의시스템'을 개통하기도 하였다.

주기 시작했는데, 이는 지방자치단체를 중심으로 복지서비스를 결정하고 제공하던 것을 어느 정도 민간의 성격을 가진 기관으로 복지사업을 나누어 추진하는 것으로, 지방자치단체에서 일정 금액을 출연(出捐)하여 별도의 법인격을 갖춘 기관인 복지재단을 설립하여 운영하기 시작하였다.

지방자치단체 출자·출연 기관은 1995년 지방자치가 본격적으로 시작되고 자체적인 의사결정이 가능해진 이후 증가하기 시작하였다(김형진, 한인섭, 2015). 1998년 117개소에 불과하던 출자·출연 기관은 2014년 약 4.6배 증가하여 540개소로 늘었으며(감사원, 2015), 2023년에는 856개소로 늘어 25년 동안 약 7.3배 증가하였다(행정안전부, 2023). 이 중 지방자치단체가 출연하여 설립된 복지재단의 형태는 사회복지사업의 지방이양이 이루어지기 전인 2004년까지는 2개소에 불과하였으나, 사회복지사업의 지방이양이 이루어진 해인 2005년부터 꾸준히 증가하기 시작하여 2023년 6월 말 기준으로 전국적으로 총 48개소의 복지재단이 설립되어 운영 중이며, 최초 복지재단으로 설립된 후 사회서비스원으로 확대·개편한 사례까지 포함한다면 이보다 더 많은 복지재단이 설립된 것으로 볼 수 있다.

그러나 꾸준히 증가하던 복지재단 설립은 2023년 행정안전부의 '지방자치단체 출자·출연 기관 설립기준'의 개정 시행으로 상당한 차질을 빚게 되었다.[3]

---

3) 행정안전부는 2023년 1월 18일 '보도자료'를 통해 지방 출자·출연 기관의 남설 및 방만 운영을 억제하여 지방공공기관 운영의 건전성을 확보하기 위해 '지방자치단체 출자·출연 기관 설립 기준' 개정안을 확정하여 1월 19일부터 시행한다고 밝혔다. 개정의 주요 사항으로는, 첫째, 조직 설계 가이드라인을 제시하여 설립을 위해서는 최소 조직 규모 이상(시·도: 28명 이상, 시·군·구: 20명 이상)으로 제시하였으며, 둘째, 설립 전 사전점검표 제공으로 설립 타당성 등을 스스로 점검할 수 있도록 하였으며, 셋째, 설립 협의 심사표 세분화로 설립하고자 하는 기관 유형별로 심사표를 세분화하여 심사항목, 배점 조정, 심사의견 기재 의무화 등을 통해 설립 절차를 강화하였다(행정안전부, 2023).

행정안전부는 개정의 사유로 소규모 기관 남설(濫設) 억제 및 방만 운영 방지 등을 언급하며 사실상 지방자치단체 출자·출연 기관의 무분별한 설립에 제동을 걸고 나섰는데, 이와 같은 상황은 그동안 지방자치단체가 출연하여 설립한 복지재단이 지역사회에서 제 역할과 그 기능을 다하고 있는지 확인하고 유사 또는 중복의 비효율성 등은 없는지 점검해야 할 과제를 지역사회에 안겨주었다고 할 수 있다. 특히, 우리나라 지방자치단체는 광역자치단체가 출연한 복지재단(이하 '광역복지재단'이라고 함)과 기초자치단체가 출연한 복지재단(이하 '기초복지재단'이라고 함)이 같은 지리적 영역을 두고 설립되고 운영되는 사례가 많아 행정안전부의 우려와 불신에서 결코 자유로울 수 없는 상황임은 분명해 보인다.

예컨대, 경기도 소재 '화성시복지재단'은 2010년부터 2015년까지 운영된 후 폐지되었다가 2020년 다시 설립되었으며,[4] '김포복지재단'은 김포문화재단과 유사·중복기능을 사유로 2023년부터 문화재단과 통폐합이 거론되고 있으며,[5] 인천광역시는 2011년 설립 검토 이후 약 8년이 지나서야 복지재단을 설립하였으나 곧이어 2020년에 사회서비스원으로 개편하였으며, 경기도에서는 이미 2007년 '경기복지미래재단'(現 경기복지재단)을 설립하고 2020년 6월에는 경기복지재단 북부센터를 추가 개소하여 경기도 남부지역과 북부지역에 각각 1개소씩을 운영 중임에도 불구하고 경기도 산하(傘下)의 시·군인 평택시, 김포시, 가평군, 화성시, 남양주시 등에서는 순차적으로 복지재단을 별도 설립하여 운영하고 있다.

---

4) 윤미. "없어졌던 복지재단 5년 만에 부활." 화성시민신문. 2020년 9월 25일.
   http://www.hspublicpress.com/news/articleView.html?idxno=433

5) 조충민. "김포복지재단·문화재단 통합 최대 관심사 부상." 경인매일. 2023년 2월 6일.
   https://www.kmaeil.com/news/articleView.html?idxno=385177

또한, 복지재단 외 다른 출자·출연 기관까지 그 범위를 확장해서 살펴보면, 앞서 언급한 개정안[6]의 행정안전부 발표 이후 경기도에서는 경기도청을 비롯하여 가평군, 고양시, 광명시, 양주시, 의왕시, 파주시, 포천시 등이[7] 기관설립 포기 의사를 밝히거나 보류의 의사를 밝히기도 하였다.[8] 가평군은 문화재단 설립을 무기한 보류하였고, 고양시는 시민축구단 설립을 포기하였으며, 경기도청은 경기서민금융재단의 설립 포기 의사를 밝히며 경기복지재단에 해당 기능을 수행하게 할 방침이라고 밝히기도 하였다.[9]

이와 같은 상황에도 불구하고, 우리나라 전국의 지방자치단체들에서는 지역사회 복지정책 일환에 따라 다양한 사유 등을 들어 지방자치단체가 출연하는 복지재단 설립을 꾸준히 검토하고 구체적으로 추진하고 있는 게 현실이다. 이와 관련한 조사 통계를 살펴보면,[10] 서울특별시 종로구, 금천구 그리고 인천광역시 서구, 광주광역시 광산구, 대전광역시 대덕구, 울산광역시 울주군, 경기도

---

6) 2023년 1월 행정안전부는 '지방자치단체 출자·출연 설립기준' 개정안을 발표하여, 기존에 없었던 항목인 최소 조직 규모와 예산 수립기준 등을 명시하였는데, 시·도가 설립하는 경우 기관 직원은 28명 이상, 시·군·구는 20명 이상의 규모를 갖추어야 하며, 사업비 50%, 인건비 40%, 경상비 10%로 예산을 수립하게 함으로써 실질적으로 지방자치단체 출자·출연 기관 설립을 사실상 제한하였다(인천일보, 2023)고 봐도 무방하다.

7) (경기도) 경기서민금융재단, 경기도청소년재단, (가평군) 가평군문화재단, (고양시) 고양시민축구단, (광명시) 광명산업진흥원, (양주시) 양주문화관광재단, (의왕시) 의왕산업진흥원, (파주시) 파주시민축구단, (포천시) 포천시청소년재단 등이 설립을 추진 중이었다.

8) 정혜림. "'허들' 높아진 공공기관 설립... 포기·보류 경기 지자체 속출." 인천일보. 2023년 3월 30일. http://www.incheonilbo.com/news/articleView.html?idxno=1187701

9) 김민기. "道 '경기서민금융재단 설립' 포기로 가닥." 기호일보. 2023년 3월 10일. http://www.kihoilbo.co.kr/news/articleView.html?idxno=1020296

10) 본 책의 부록, '전국지방자치단체 출연 복지재단 설립 계획 및 운영현황'을 참고하면 더 상세한 내용을 볼 수 있다(정보공개자료 최종 취합일: 2023.7.7.).

고양시, 이천시, 포천시 및 충청남도 계룡시, 전라남도 영광군, 경상남도 함안군 등이 지방자치단체 출연 복지재단 설립 의사가 있으며 구체적으로는 향후 5년 이내에 복지재단 설립을 계획 중이라고 답변하였으며, 이 중 일부의 지방자치단체에서는 이미 기본계획 수립 및 설립용역 등을 진행 중이거나 완료하였다고 답변하였다.

결국 위와 같은 조사 자료에 따르면 지방자치단체 출연 복지재단은 지금보다 더욱 증가할 것으로 전망되며, 이는 지금이라도 지방자치단체가 출연하여 설립하는 복지재단을 사회복지 영역의 정책적 분석을 통해 종합적으로 분석하고 점검하는 논의가 절실히 필요하다고 할 수 있을 것이다. 특히 광역복지재단과 기초복지재단을 비교 분석하여 의미 있는 시사점을 밝힘으로써 그동안 시도되지 않은 미개척 분야에 관한 선구자적 역할로 지방자치단체 출연 복지재단의 발전에 디딤돌을 놓는 기회를 얻을 수 있을 것으로 기대한다.

# 제1장 지방자치단체 출연 복지재단 개관

## 1.1. 지방자치단체 출연 복지재단의 개념

지방자치단체는 "한 국토 내의 일부 지역을 구역(區域)으로 하고 그 구역 내의 모든 주민을 구성원들로 하여 그 구성원들에 의해 선출된 기관이 국가로부터 독립된 지위가 인정됨으로써 자주적으로 지방적 사무를 처리할 권능을 가지는 법인격(法人格) 있는 단체"라고 정의할 수 있다(행정학용어표준화연구회, 2019).[11] 법제상으로는 「헌법」 제117조에 따라 "주민의 복리에 관한 사무를 처리하고 재산을 관리하며, 법령의 범위 안에서 자치에 관한 규정을 제정"할 수 있으며, 「지방자치법」 제2조에서는 지방자치단체를 광역자치단체와 기초자치단체로 나누고 있는데, 이는 특별시, 광역시, 도, 특별자치시, 특별자치도는 광역자치단체로, 시·군·구는 기초자치단체로 구분하고 있다. 지방자치단체는 권한으로만 본다면 자치행정권은 물론이고 지방세 부과와 징수의 자치재정권 그리고 조례의 제정, 개정, 폐지 등의 자치입법권까지 지방자치단체에 인정된다고 볼 수 있다.

지방자치단체 출연을 논의하기 위해서는 우선 출연 기관의 개념을 살펴볼 필요가 있다. '지방자치단체 출자·출연 기관 운영 등에 관한 지침'에 따르면, 출연 기관이란 「지방재정법」 제17조 또는 각 개별법령을 근거로 하여 지방자치단체가 자선이나 장학 또는 문화와 예술 등과 같은 공익적 목적을 실행하는

---

11) 행정학용어표준화연구회. (2019). 행정학 용어사전. 서울: 새정보미디어, p.693.

기관에 설립 및 운영 자금을 제공한 기관"으로 설명하였다(행정안전부, 2013).[12]
따라서 지방자치단체 출연이란 지방자치단체가 주민의 복리 증진을 위하여 목
적사업을 수행하는 비영리기관에 필요한 자금(돈)을 제공하는 행위라고 할 수
있다.

복지재단은 복지와 재단을 구분하여 살펴볼 필요가 있다. 우선, 설립되어 운
영 중인 복지재단은 대부분 복지서비스 제공을 통하여 지역사회 복지 향상과
지역주민의 삶의 질 향상 그리고 행복한 복지사회 조성 등을 설립목적이나 비
전 등으로 제시하고 있다. 이는 궁극적으로 「사회보장기본법」의 행복하고 인간
다운 생활과 행복한 복지사회 실현이라는 기본 이념과 그 궤(軌)를 같이하는데,
여기서 복지(welfare)는 「지방자치법」에서 지방자치단체가 갖는 사무 범위로서의
주민의 복지증진과 「사회보장기본법」에서의 지방자치단체의 책임인 국민의 인
간다운 생활 유지와 증진 그리고 사회환경 변화에 선제 대응으로 지속 가능한
사회보장제도 확립이라는 과제를 공유하고 있다고 볼 수 있다.

한편, 재단(財團, foundation)은 "기증(寄贈, donation) 및 유증(遺贈, bequest) 등과 같
은 영속적인 재산을 근거로 하여 비정부기구 또는 비영리 단체를 조직하여 개
방성과 독립성 등을 유지하면서, 사회의 전반적인 공공의 이익을 위한 기부금
구축이나 프로그램 운용 등을 통해 전문화되고 제도화된 자선(慈善)을 실천하
는 모험자본 성격을 갖는 기관"으로 정의되고 있고(Anheier, Helmut K., 2002), 우리
나라의 「민법」 및 「보건복지부 및 질병관리청 소관 비영리법인의 설립 및 감독

---

12) 행정안전부는 2013년 2월 '지방자치단체 출자·출연 기관 운영 등에 관한 지침'을 만들었으나,
    바로 다음 해인 2014년 3월 「지방자치단체 출자·출연 기관의 운영에 관한 법률」(약칭: 지방출
    자출연법)이 제정되면서 '지방자치단체 출자·출연 기관 운영 등에 관한 지침'은 2015년 2월 폐
    지되었다.

에 관한 규칙」 그리고 「공익법인의 설립 · 운영에 관한 법률」, 「지방자치단체 출자 · 출연 기관의 운영에 관한 법률」에 근거를 두고 설립되는 현실을 보았을 때, 법적으로는 지방자치단체와 분리된 독립적 성격을 갖는 법인으로[13] 법률관계의 처리와 책임이 분리되어 있다고 볼 수 있다.

따라서 복지재단이란 지방자치단체 주민들의 복지 욕구에 대응하여 다양하고 내실 있는 복지서비스 제공을 목적으로 설립된 사법인이며 비영리법인으로 규정할 수 있다. 물론 복지재단이 사법인으로 분류되고 있고, 법제처 질의 결과도 민간 조직으로 결론 내려졌음에도[14] 불구하고 지방자치단체 공무원들이 당연직 이사로 등재되어 있으며 운영비는 매년 지방의회의 심의를 받고 정기적으로 행정 사무 감사를 받는 현실은 해당 지방자치단체의 직접적 또는 간접적인 관여(關與)에서 독립적이기 어려운 현실을 잘 반영하고 있다고 볼 수 있다(아름다운 재단, 2007).

〈그림-1〉 법인의 유형

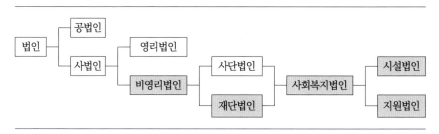

※ 출처 : 김귀환 외. (2010). 사회복지 법제론(제2판). 나눔의집. p.92.

---

13) 민법 제32조(비영리법인의 설립과 허가) "학술, 종교, 자선, 기예, 사교, 기타 영리 아닌 사업을 목적으로 하는 사단 또는 재단은 주무관청의 허가를 얻어 이를 법인으로 할 수 있다."

14) "지방자치단체가 출연한 지역재단은 형식적으로는 정부 내 조직이 아닌, 비영리법인이며, 이와 관련해서 동작복지재단이 법제처에 질의한 결과 정부 조직이 아닌 민간 조직으로 결론 내려졌다." 아름다운재단. (2007). 지역기부문화 활성화를 위한 지역재단 연구보고서. 아름다운재단, pp.35-36.

이상과 같은 논의를 통해 지방자치단체 출연 복지재단의 개념을 정리해볼 수 있는데, 지방자치단체 출연 복지재단이란 '지방자치단체가 주민복지 증진이라는 공익적 목적을 수행하기 위하여 일정 금액 이상의 자금(예산, 돈)을 내어 관련 법률 및 조례에 근거하여 설립한 비영리법인으로 통상적으로 재단법인과 사회복지법인의 형태로 설립되는 기관'으로 설명할 수 있다. 실례로 지방공기업 경영정보 공개시스템인 '클린아이' 통계자료와 행정정보 공개 사이트인 '정보공개 포털' 정보공개 자료에 따르면,[15] 지방자치단체 출연 복지재단은 전국에 총 48개소로 이 중 광역복지재단은 4개소이며 나머지 44개소가 기초복지재단으로, 사회복지법인으로 설립된 1개소를 제외한 나머지 47개소 모두가 재단법인 형태로 설립되었음을 볼 수 있다.

다만, 여기서 한 가지 짚고 넘어갈 점으로는 지방자치단체 출연 복지재단을 지역재단,[16] 지역복지재단,[17] 기초자치단체 복지재단,[18] 기초자치단체 출연 지역복지재단,[19] 기초자치단체 출연 복지재단[20] 등으로 다양하게 표현하며 포괄적으로 활용하고 있는데, 그 차이를 논의해볼 필요가 있다. 이는 단순히 용어의

---

15) https://www.cleaneye.go.kr/ 지방자치단체 출자 · 출연 기관 신규 변경 등 현황(2022.09.30. 기준), https://www.open.go.kr/ 지방자치단체 출연 복지재단 설립 계획 여부 정보공개 청구에 따른 회신자료(2023.06.30. 기준).

16) 노혜진, 이현옥. (2017). 지역재단의 운영실태와 문제점. 한국콘텐츠학회 논문지, 17(8), 226-240.

17) 한인섭, 김정렬. (2014). 지역복지재단의 운영실태와 제도화에 관한 연구. 한국거버넌스학회보, 21(3), 125-148.

18) 전병주. (2014). 기초자치단체 복지재단의 실태 및 활성화 방안. 디지털 융복합 연구, 12(2), 61-67.

19) 손선옥, 김소영, 노연희. (2018). 기초자치단체 출연 지역복지재단의 유형별 역할과 성격. 한국사회복지학, 70(2), 33-59.

20) 평택복지재단. (2016). 기초자치단체 출연 복지재단 발전방안 연구.

개념을 구분하기 위함이 아니라, 향후 지방자치단체 출연 복지재단의 지속 가능한 발전을 위한 논의라고 할 수 있다.

최초의 지역재단은 1914년 미국에서 클리블랜드 재단이 설립되면서 시작되었다.[21] 이는 20세기 초 미국의 경제적 부흥에 따른 빈부격차 해소에 대한 욕구가 높아지면서, 이에 대한 대응으로 공공 부문의 기관설립을 위한 지역재단이 설립되었으며, 「세법」 개정 등으로 지역재단 설립이 활성화되었다(아름다운재단, 2007). 이에 따르면, 지역재단(community foundation)의 개념에 대한 논의는 해외의 사례를 먼저 살펴볼 필요가 있을 것이다.

우선 미국지역재단 협의회에서는 지역재단을 '면세, 비영리, 자치, 대중적 지원, 비(非)분파적인 특징을 가진 자선기관'으로 정의하고 있으며, '수많은 독립된 기부자들의 기부금으로 만들어지고 지역 내에 거주하는 주민들의 광범위한 편익을 도모하며 그 범위는 주(state)의 경계를 넘지 않는다고 규정'하고 있으며(최인수 외, 2016), 영국 커뮤니티재단(UKCF)에서는 지역재단을 '자선 활동을 하는 사람들을 그들에게 중요한 지역의 문제와 연결하여 기부금을 구축하고 지역사회의 필요와 변화를 만들 수 있는 지역 조직을 지원하기 위한 기금을 조성하며, 정의된 지리적 영역을 지원하는 데 중점을 둔 비영리 민간 조직'으로 설명하고 있다.[22] 이와 같은 개념에 근거하여 세계지역재단 협의회(WINGS)[23]에서는

---

21) 클리블랜드 지역재단은 오하이오 클리블랜드에서 Frederick H. Goff가 1914년 설립하였으며, 자선 활동의 비영리 세계를 다루는 잡지인 'The Chronicle of Philanthropy'는 미국 최초 지역재단 클리블랜드 지역재단을 20세기의 비영리 세계에서 만든 가장 중요한 열 가지 사건 중 하나로 기록하고 있다(희망제작소, 2012).

22) UK Community Foundations(영국 커뮤니티재단). https://www.ukcommunityfoundations.org/ (검색일: 2023.4.11.)

23) WINGS(Worldwide Initiatives for Grantmaker Support)는 자선 활동이 사회발전의 촉매제로서

지역재단을 '특정 지역 범위 내에서 독립된 조직으로 다양한 기부자들로부터 기금을 모집하여 자기 이외의 비영리기관에 재정 지원을 하여 지역사회의 경제, 교육, 환경, 복지 등 광범위한 분야에서 공공의 이익을 달성하고, 지역의 욕구에 빠르게 대응함과 동시에 지역의 리더십을 발휘하고자 설립된 비정부 또는 비영리기관'으로 설명하고 있다(아름다운재단, 2007 재인용). 즉, 지역재단은 지역사회를 기반으로 기부자들로부터 모은 기부금을 스스로 사용하는 것이 아닌, 그 재단의 설립목적과 사명에 따라 필요한 단체에 배분(Grantmaker, 보조금 분배 방법을 결정)해주는 재단으로 정의할 수 있다(최인수 외, 2016 재인용).

한편, 국내에서의 지역재단 개념의 정리는 앞서 살펴본 해외 사례를 대부분 활용하고 있지만,[24] 지역재단의 정의에 있어서는 여전히 제대로 합의가 이루어지지 않고 있어 아직도 지역재단 정의와 그에 따른 역할의 정립에는 모호함이 있다(노혜진, 이현옥, 2017). 이와 같은 모호한 상황임에도 불구하고 국내 지역재단에 관한 연구에서는 지역재단을 특정 지역을 기반으로 지역사회에서의 자발적인 나눔으로 지역 공동체가 직면한 복잡하고 다양한 문제들을 해결하는 지역 단위 조직이라고 정의하여 왔다(손선옥 외, 2017). 그러나 이처럼 지역을 기반으로 하는 지역재단의 정의는 지역재단의 역할과 성격을 구분하지 않고 민간 주도 및 지방자치단체 주도 지역재단 모두를 그 범위에 포함하는 결과를 초래하게 되는데, 이는 우리나라에서 유독 번창(繁昌)하는 지방자치단체 출연 복지재단을

---

최대한의 잠재력을 발휘할 수 있도록 노력하는 사고 리더 및 체인지 메이커 커뮤니티로, 더 공정하고 공평하며 건강한 세상을 만들기 위해 모든 곳에서 박애주의 활동가를 결집하여 협력을 창출하고 잠재력을 촉발하는 것을 목표로 하고 있다. https://wingsweb.org/en/home

24) 국내 http://www.krdf.or.kr/ 에서 지역재단을 'Korea Regional Development Foundation'으로 표시하는 사례도 찾아볼 수 있으나, 이 책에서는 전통적인 지역재단 'Community Foundation' 사례에 따르고자 한다.

어떻게 규정해야 할지에 대한 논의의 장(場)을 차단해버리는 우(愚)를 범(犯)한다고 할 수 있다.

국내 지역재단은 큰 틀에서 민간 주도로 설립된 지역재단과 지방자치단체 주도로 설립된 지역재단으로 구분되기도 하며[25](아름다운재단, 2007), 지역재단과 지역재단 관련 유사재단으로 구분되기도 한다(최인수 외, 2016).[26] 그러나 이들 모두를 지역재단이라고 표방하더라도 설립 주체에 따라서 지역재단의 기능과 역할은 분명히 다르다고 할 수 있는데(안상훈 외, 2016), 가령 운영 재원에 있어 민간 주도 지역재단은 민간의 후원금이지만 지방자치단체 주도 지역재단은[27] 지방자치단체의 출연금이 대부분을 차지하며, 사업내용에서도 민간 주도 지역재단은 교육, 사회, 환경, 자선 등 다양한 지역사회 의제(agenda)에 관여하고 있지만, 지방자치단체 주도 지역재단은 통상적으로 복지 문제에 한정하여 활동하고 있는 점도 눈에 띄는 차이점이라고 할 수 있다. 또한 민간 주도 지역재단은 올바른 기부문화를 확산시키고 나눔을 통한 공동체 발전의 역할을 그 지향점으로 삼고 있으나, 지방자치단체 주도 지역재단은 지역 내 복지기관들의 사업수행을

---

25) 아름다운재단(2007)은 국내 지역재단을 '민간 주도 지역재단, 기업 주도 지역재단, 관 주도 지역재단'으로 구분하고 있으나, 본 논의에서는 기업 주도 지역재단도 민간에 포함하여 큰 틀에서 '민간 주도 지역재단'과 '관 주도 지역재단'으로 논의하고자 한다.

26) 최인수(2016)는 '한국형 지역재단 모델 개발 연구'에서 국내 지역재단을 '천안풀뿌리희망재단, 부천희망재단, 성남이로운재단, 안산희망재단, 인천남동이행복한재단'을 예로 들었으며, 사업 현황으로 크게 모금 사업과 배분 사업으로 구분할 수 있다고 하였으며, 지역재단 관련 유사재단으로 설립 주체에 따른 지자체 주도와 시민단체 주도형으로 구분하여 지자체 주도는 '동작복지재단', '양천사랑복지재단'을, 시민단체 주도는 '생명나눔재단'을 예로 들었으며 주요 사업으로 모금과 배분 사업, 운영 사업, 기타 사업으로 구분하였다.

27) 최인수(2016)의 구분에서는 '지방정부 주도 지역재단'을 '지역재단 관련 유사재단'으로 표현하였다.

지방자치단체의 정책 방향으로 유도하여 정책적 효과를 높일 수 있는 역할에 주목하고 있는 점도 확연한 차이점이라고 할 수 있다(아름다운재단, 2007).

지금까지의 논의를 종합해 보면, 결국 우리나라와 같은 상황에서 지역재단이 갖는 함의(含意)는 서구의 그것과는 달라야 하는데, 아름다운재단(2007)에서는 한국 사회 지역재단의 바람직한 지향점으로 지역사회의 다양한 주체의 참여 보장과 지역사회 내 다양한 욕구의 관여 그리고 대표성과 투명성을 마련하고 갖추어야 함을 제시하였다.[28] 즉, 이와 같은 논의에 근거하여 보면 우리나라의 지역재단을 거시적(macroscopic) 관점으로 일반화하기보다는 우리나라 지역사회의 독특한 상호작용이 투영된 미시적(microscopic) 관점으로 특화하여 지방자치단체 주도 지역재단의 논의를 더욱 발전시킬 필요가 있어 보인다.[29] 지방자치단체 주도 지역재단은 지방자치단체 출연 복지재단으로 그동안 수적으로나 양적으로 괄목할 만한 성장 추세를 보여주고 있으며, 서구의 지역재단 개념에서만 머무르지 않고 우리나라 지역 상황에 맞게 변화하고 적응하여 더욱 발전되고 향상된 모습으로 그 고유 영역을 발전시켜 왔다고 할 수 있다. 물론 지방정부의 연장선이라는 비판도 있지만, 지역사회 문제의 빠르고 효과적인 개입 가능성은 여전히 매력적인 상황임은 틀림없다. 이에 본 연구에서는 지방자치단체가 주도하는 복지재단을[30] 민간 주도 지역재단과 구분하여 '지방자치단체 출연 복지재단'이라는 별도의 특수한 영역으로 확보하고 다음의 논의를 지속하고자 한다.[31]

---

28) 아름다운재단. (2007). 지역기부문화 활성화를 위한 지역재단 연구보고서, pp.60-61.

29) 물론, 송혁, 원일, 오단이 등은 2019년 '기초자치단체 출연 지역복지재단의 역할과 과제'를 통해서 지역복지재단과 지역재단의 두 형태를 유사한 것으로 간주하고 있기도 하다(송혁 외, 2019).

30) 아름다운재단(2007)은 지방자치단체 주도 복지재단을 관(官) 주도 지역재단 또는 지방정부 주도 지역재단이라고 하였다.

31) 전병주(2014)는 지역사회재단과 지방자치단체 출연 복지재단을 구분하였으며, 아름다운재단

**〈표 1〉 지역재단과 지방자치단체 출연 복지재단 설립 비교**

| 구분 | 지역재단 | 지방자치단체 출연 복지재단 |
|---|---|---|
| 설립주체 | 지역사회 | 지방자치단체 |
| 법인유형 | 재단법인 or 사단법인 | 재단법인 or 사회복지법인 |
| 주요재원 | 민간후원금 | 지방자치단체 출연금 |
| 의사결정 | • 이사회 또는 사원총회 자율 | • 설립자(출연자) 의사에 의해 의사결정에 제한을 받음 |
| 주요사업 | • 원칙적으로 비영리사업 수행단, 목적 달성 필요 범위 내 수익사업 가능<br>• 지역주민에게 필요한 모든 분야의 사업에 후원금 사용 | • 조사·연구, 관련 시설 지원, 복지사업, 위·수탁사업 등<br>• 후원금·품 모집[32)]<br>• 주로 복지 관련 사업수행 |
| 주요역할 | • 공익기금 및 목적형기금조성<br>• 지속 가능한 공동체 발전 및 사회적 취약계층의 삶의 질 향상을 위한 공익사업<br>• 기업 등 사회공헌프로그램<br>• 기부문화 확산 정책연구 및 캠페인 사업 | • 저소득층을 위한 복지자원 발굴 등 지원 프로그램<br>• 사회복지시설 간 교류 협력 및 관련 단체 지원<br>• 조사·연구 및 복지프로그램 개발<br>• 사회복지시설 위탁 운영<br>• 기타 목적 달성에 필요한 사업 |

※ 출처: 김미현, 태미화. (2014). 서울형 지역재단 모델 개발 연구. 사회복지공동모금회·서울시복지재단, p.43. / 최인수 외. (2016). 한국형 지역재단 모델 개발 연구. 한국지방행정연구원, pp.39-58. 발췌 재정리.

---

(2007), 최인수 외(2016), 노혜진 · 이현옥(2017) 등은 민간 주도 지역재단, 기업 주도 지역재단, 관(官) 주도 지역재단 중 '지방자치단체 출연 복지재단'을 관(官) 주도 지역재단으로 설명하고 있다.

32) 「기부금품의 모집 및 사용에 관한 법률」 제5조 제1항에 따르면, 국가 또는 지방자치단체에서 출자 · 출연하여 설립된 법인 · 단체는 기부금품을 모집할 수 없게 되어 있으나, 종종 별도의 방안을 마련하여 관련 사업을 수행하기도 하는데, 가령, 남양주시복지재단은 경기사회복지공동모금회와 후원금 · 품 모집 관련 업무 협약(MOU)으로 모집과 배분의 유기적인 업무체계를 구축하여 실행 중이다.

## 1.2. 지방자치단체 출연 복지재단의 출현 배경

우리 사회는 지나치게 빠르게 변화하고 있으며 이에 따라 다양한 복지 욕구가 폭발적으로 표출되고 있다. 이런 복지 욕구에 대응하기 위해서는 시간성(時間性)과 적절성 그리고 지역적 특성 등이 조화롭게 맞물려 작동하여야 문제 해결의 효과를 기대할 수 있는데, 이를 중앙정부와 지방자치단체 간의 관계로 치환(置換)해보면 중앙정부 주도의 권한을 줄이고 지방자치단체의 역할과 권한은 확대해야 한다는 것으로 해석할 수 있다. 쉽게 말해, 지역주민의 다양한 복지 수요에 효율적이고 책임감 있게 대응하기 위해서는 지역의 주민들이 생활하는 현장을 중심으로 지방자치단체가 주체적으로 대응하여야 하는 것으로, 전통적 형태인 중앙집권적 정부에서는 지역사회에서 발생한 문제의 해결 능력이 현저히 떨어진다고 할 수 있다. 이런 추세는 20세기 말부터 시작되어 지금까지 이어지고 있다고 볼 수 있는데,[33] 이와 같은 논의의 시작에는 지방분권(地方分權)과 지방자치(地方自治)를 빼놓고 말할 수는 없다.

지방분권은 지방자치를 위한 선결(先決) 조건이라고 할 수 있다. 따라서 지방분권은 중앙정부의 권한을 일정 부문 지방자치단체가 나누어 가지며, 지방자치단체에 자율성과 독립성을 보장하여 공적 사무 수행에 따른 결정을 지방자치단체 스스로 할 수 있게 되는 것이라고 할 수 있다. 즉, 모든 권력이 중앙정부에 집중된 것이 아니라 일정 부문 지방자치단체에 분산되어 그 지역의 주민 또는 대표자가 지역에서 발생한 문제를 책임지고 해결하는 것인데, 이와 관련한 법령을 살펴보면, 「지방분권 특별법」 제2조에서 지방분권은 "국가 및 지방자치단

---

33) 20세기까지는 야경 · 군대 국가였으며, 2차례 세계대전과 동구권(東歐圈) 공산주의 몰락으로 20세기 말 시민사회가 등장하였다.

체의 권한과 책임을 합리적으로 배분함으로써 국가 및 지방자치단체의 기능이 서로 조화를 이루도록 하는 것"이라고 정의하였으며,[34] 「지방자치 분권 및 지방행정 체제 개편에 관한 특별법」 제2조에서는 지방자치 분권을 「지방분권 특별법」 제2조의 정의에 지방자치단체의 "정책 결정 및 집행과정에 주민의 직접적 참여를 확대하는 것"이라고[35] 조금 더 진전된 정의를 덧붙여 서술하고 있다.

결국 지방분권의 핵심은 의사결정(decision making)의 권한이 지방자치단체에 있는 것으로, 지방자치단체는 주어진 권한을 통해 스스로 결정하고 이를 통해 지역사회 문제를 빠르고 효과적으로 해결하여 실질적인 지방자치를 실현하는 것이라고 할 수 있다.

우리나라 지방분권화의 시작은 노태우 정부에서부터 찾아볼 수 있는데, 1988년 행정개혁위원회가 발족되고 뒤이어 1991년 '지방이양 합동심의회'가 설치되면서 행정사무 재분배 노력이 있었으나 법적·제도적 기초가 없어 한계에 부딪히고 말았다(이영주, 2011).

이후 김영삼 정부는[36] 세계화, 지방화를 정책 기조로 채택한 후 1994년 3월

---

34) 2003년 2월에 출범한 '참여정부'는 지방분권 3대 특별법인 '지방분권 특별법', '국가균형발전 특별법', '신행정수도 건설을 위한 특별조치법'을 정부 출범 당해연도 12월에 국회를 통과시켰다. 이는 그동안 꾸준히 지방자치를 추진했음에도 불구하고 중앙정부 중심 또는 서울과 수도권 집중화 폐단이 지속되었기 때문에, 이에 대한 궁극적인 개선을 위해 추진되었다고 볼 수 있다.

35) 「지방분권 및 지방행정 체제 개편에 관한 특별법」 제2조(정의) "지방자치분권(이하 "자치분권"이라 한다)이란 국가 및 지방자치단체의 권한과 책임을 합리적으로 배분함으로써 국가 및 지방자치단체의 기능이 서로 조화를 이루도록 하고, 지방자치단체의 정책 결정 및 집행과정에 주민의 직접적 참여를 확대하는 것"을 말한다.

36) 김영삼 정부의 공식 명칭은 '문민정부'로 역사바로세우기, 공직자재산등록, 금융실명제, 하나회 해체 등 사회개혁을 추진하였으며, 세계화와 지방화, 남북화해 협력이 정책의 핵심기조였으며, 대통령 선거 공약이었던 지방자치법 개정이 1994년 3월에 이루어지고 1995년 통합 지방선거가 실시되면서 지방자치가 제도적으로 부활하게 되었다(장정욱, 2021).

「지방자치법」을 개정하였으며, 1995년 통합 지방선거 실시로 지방자치제의 완전한 부활을 이루게 되었다. 이와 같은 지방자치제의 부활은 그간 우리나라에서 전통적으로 중앙정부의 영역으로만 여겨졌던 사회복지 분야를 지방자치단체가 책임지고 추진하는 사회복지의 지방분권화를 끄집어내었다고 할 수 있는데, 이와 같은 일련의 변화와 발전은 지역주민들에게 지역사회 복지수준이 일정 부분 향상될 것이라는 기대를 걸기에 충분한 환경을 만들었다. 이를 반영이라도 하듯, 지방자치제가 본격적으로 다시 시작된 1995년 이후 지방자치단체의 출자·출연 기관의 수는 급증하게 되는데, 이는 지방공사·공단의 설립인가 승인권과 정관변경 승인권이 1999년 「지방공기업법」 개정으로 중앙부처의 장관에서 지방자치단체장으로 이양됨에 따라 지방자치단체의 자체적인 의사결정이 가능해지면서 앞선 기대의 발로(發露, expression) 때문으로 볼 수 있다[37](정창모, 2014).

이런 기대 속에서 출범한 김대중 정부는 국정과제 중 하나로 중앙 권한의 지방이양을 채택하고 1999년 1월 「중앙 권한의 지방이양 촉진에 관한 법률」 제정으로 제도적 근간을 마련한 후 '지방이양추진위원회'를 대통령소속으로 출범시켜 국가 사무 612개를 지방이양 대상 사무로 확정하였으며, 이 중 232개 사무의 지방이양을 완료하였다(장정욱, 2021). 그러나 이와 같은 노력에도 진정한 지방분권의 신장에는 미치지 못했다는 평가를[38] 받기도 하였으나(소순창, 2011),

---

37) 물론, 지방자치단체가 출자·출연 기관의 설립을 퇴직공무원 또는 잉여인력(surplus human resources) 해소의 한 방편으로 이용하거나, 정치적 영향력을 강화하기 위한 목적으로 설립하는 경우로 보는 시각도 존재한다(이승계, 2008).

38) 국민의 정부는 지방분권정책을 추진했다기보다는 분산 개념인 지역 균형발전에 심혈을 기울여 소외된 지역을 경제적으로 지원함으로써 그 격차를 줄이려고 했다는 점에서 자주성과 자립성을 담보한 지방분권의 추진이 아닌 중앙정부에 의한 시혜적인 분권 정책을 추진했다고 평가받기도

국민의 정부 이후 도입된 대부분의 제도개혁이 신공공관리론(NPM: New Public Management)의 주요 원리를 반영하고 있다는 점은 긍정적 평가로 볼 수 있다(오영민 외, 2014). 왜냐하면 정부의 전통적인 관료조직이 제공하던 공공서비스를 민간 부문의 성격을 가진 조직들이[39) 분담하여 전달하는 현상으로의 전환이 이 시기에 두드러지기 시작하였기 때문이다(김형진, 한인섭, 2015).

지방분권이 본격적으로 실효성 있게 추진된 시기는 2003년 노무현 정부인 참여정부라고 할 수 있다. 참여정부는 국정과제 중 하나로 지방분권과 국가 균형발전을 제시하였으며, 그 이전의 분권 정책과 다르게 실질적인 정책으로 추진되었다(이현주, 유진영, 권영혜, 2007). 2004년 「지방분권 특별법」이 제정된 후 2005년까지 「지방일괄이양법」을 제정하여 지방분권을 위한 제도적 기반을 마련하기 위하여 노력하였으나, 「지방일괄이양법」은 제정안(制定案)에 그치고 말았다.[40) 그러나 이러한 일련의 과정에서 복지 분야에서도 본격적으로 지방분권에 대한 변화가 나타나게 되는데, 사회복지 분야 지방분권의 가장 결정적 계기는 2003년 「사회복지사업법」 개정이라고 할 수 있다.[41) 이 법의 개정으로 지방 자치단체에서 사회복지서비스의 공급이 이루어지는 제도적 기반이 구축되어

---

하였다(소순창, 2011).

39) 정부를 대신하여 공적 업무를 수행하는 조직을 준정부조직이라고 부를 수 있으며, 그 형태는 공기업, 준정부기관, 출자·출연 기관 등이 있다.

40) 행정자치부는 2004년 제17대 국회에서 13개 부처 49개 법률, 227개 사무의 지방 이양을 담은 「지방일괄이양법」 제정안을 마련하여 국회사무처 의안과에 제출하였으나, 국회에서는 2004년 11월, 국회법 제37조의 상임위 소관주의에 위배되고, 다른 상임위원회의 법안 심사권을 침해한다는 이유로 접수를 거부하였다(김수연, 2020).

41) 2003년 「사회복지사업법」 개정 주요 내용으로는 지역사회복지체계의 구축을 사회복지사업법의 목적으로 규정하고 지역사회복지협의체 구성과 지방자치단체의 책임을 강화하고 보호 대상자별 보호 계획의 수립을 규정하였다.

사회복지서비스에 대한 지방자치단체의 책임이 강화되었으며, 2005년 재정 분권의[42] 일환에 따라 중앙정부에서 운영 중인 국고보조사업을 정비하는 과정에서 67개 사회복지사업이 지방자치단체로 이양되면서[43] 실질적인 사회복지 분야의 지방분권이 시작되었다(이영주, 2011). 지방 이양된 보건복지부의 대상 사업은 총 67개였으며 2004년 국고보조 예산 기준 총액은 약 5,988억 원이며 사회복지 분야 지방이양 사업은 사업 수 기준으로 41%에 해당하고 있으며 이양(transfer) 재정 기준으로는 54%에 달하고 있어 사회복지 분야가 지방이양의 핵심이었다고 볼 수 있다(백종만, 2008).

참여정부에 이어 이명박 정부에서도 국정과제 중 하나로 지방분권의 확대를 제시하였으며, 이를 위해 「중앙 권한의 지방이양 촉진에 관한 법률」과 「지방분권 특별법」을 통합하여 「지방분권 촉진에 관한 특별법」으로 개정하여 그 체계를 정비하기도 하였으나, 전반적으로 정부의 분권 의지가 약하였고 지방자치단체 역시 소극적이어서 명확한 성과를 거두지는 못하였다(박종관, 이태종, 2014). 하지만 본 연구주제와 관련한 한 가지 의미 있는 성과라고 한다면, '지방자치단체 출자·출연 기관 운영 등에 관한 지침'[44]을 제정하여 출자·출연 기관의 운영

---

42) 국고보조금 제도는 지방정부를 통제하고 지방정부의 재정 운용 자율성을 훼손한다고 보아, 국고보조금 제도의 개혁을 이루고자 재정 분권을 추진하였으며 이를 위해 국고보조사업을 지방으로 이양하기 시작하여 궁극적으로 지방자치단체의 재정 운영의 자율성 증진을 위해 추진되었다.

43) 「지방분권 특별법」에 따라 국고보조 533개 사업 중 163개 사업이 지방으로 이양되었으며, 보건복지부는 총 138개 사업 중에서 67개 복지사업을 지방으로 이양하였으며, 지방 이양 사업 중 보건복지부가 41%로 가장 높았으며 보건복지부 총예산의 12.1%가 지방 이양되었으나(정홍원, 2019), 2013년 '중앙-지방 간 기능 및 재원 조정 방안' 확정 발표로 2015년에는 지방이양 된 사업 중 노인·장애인·정신 시설 운영사업이 다시 국고보조사업으로 환원되었다.

44) 「지방자치단체 출자·출연 기관의 운영에 관한 법률」시행(2014.9.25.)과 동시에 '지방자치단체 출자·출연 기관 운영 등에 관한 지침'은 폐지되었다(행정자치부예규 제15호).

에 공통(共通)으로 적용할 기준을 만들었다는 것이다.

박근혜 정부는 지방분권의 정체기(停滯期)라고도 하는데, 2014년에 그동안 논의되었던 지방분권 추진 주요 과제들을 20여 개 과제로 압축하여 '지방자치 발전 종합계획'을 수립하였으나, 정부에서 결정한 국가 사무의 지방이양 사무는 전혀 없었고, 기존에 결정되어 있던 국가 사무 이양 계획도 실현된 것이 없었다(정정화, 2017). 그러나 「지방자치단체 출자·출연 기관의 운영에 관한 법률」이 2014년 3월 24일 제정되고 같은 해 9월 25일 시행되면서 지방자치단체 출자·출연 기관의 설립과 운영에 관한 법령과 중앙부처 지침, 지방자치단체 조례 및 기관별 운영 규정 등이 순차적으로 설립과 운영을 위한 체계를 갖추게 된 점은 나름의 성과라고 할 수 있다.[45]

문재인 정부는 지방분권과 관련해 연방제(federalism)에 버금가는 지방분권 추진 의지를 표명하였다.[46] 더불어 획기적인 자치권 확대를 위해 주민의 참여권 신설, 자치단체 역량 강화, 행정 능률성을 강화하는 등의 내용으로 32년 만에 「지방자치법」을 전부 개정하는[47] 성과를 보여주었는데, 이는 장기적으로 지방자치단체의 복지환경을 큰 폭으로 변화시킬 것으로 전망(展望)되고 있다. 왜냐

---

45) 「지방자치단체 출자·출연 기관의 운영에 관한 법률」이 제정 및 시행되기 전까지는 지방자치단체 출자·출연 기관의 설립 및 운영은 각 개별법령(「민법」, 「공익법인의 설립·운영에 관한 법률」, 「지방공기업법」 등)에 근거를 두고 추진되었다.

46) 문재인 정부는 2018년 3월에 기존의 「지방분권 및 지방행정 체제 개편에 관한 특별법」을 「지방자치 분권 및 지방행정 체제 개편에 관한 특별법」으로 개명하면서 주민자치를 강화하였으며, 이 법에 따라 기존의 지방자치 발전위원회가 자치분권위원회로 이름을 바꾸어 출발하면서, 기존의 지방분권의 추진 방향과는 다른 메시지를 담기 시작하였다. 즉, 이전까지는 정부가 기관 간의 권한 배분 중심의 지방분권을 추진해 온 것에 비하여 이제는 주민 중심의 자치가 강화되는 방향으로 가고자 하는 방향성을 말해주고 있다(임승빈 외, 2019).

47) 2020년 12월 9일에 국회 본회의에서 지방자치법 전부개정법률안 의결 완료됨.

하면 개정된 「지방자치법」에 따르면 지역주민들이 지방자치단체장 또는 지방의회에 직접 조례안을 발의(發議)할 수 있는데, 이와 같은 변화가 지역사회 복지욕구와 결합하여 지역사회 복지정책 입안(立案)에 집중된다면 지역사회 복지환경에 양적(量的)으로나 질적(質的)으로 상당한 유의미(有意味)한 변화가 일어날 것이며, 이로 인해 지방자치단체장은 지방자치단체 운영에 상당한 부담을 안게 될 수도 있기 때문이다.

한편, 가장 최근에 출범한 윤석열 정부는 지방시대를 국정 비전 중 하나로 제시하고 있으며, 중앙정부 권한의 재원을 지방과 나누는 지방분권을 통한 균형발전의 실천 과제로 국가와 지방자치단체 간 기능 조정, 지방자치단체의 자치권 강화, 지방의회의 자율권 확대 등을 제시하고 있다.[48] 이를 통해 중앙정부는 민첩한 작은 정부로, 지방자치단체는 국가가 해왔던 일의 상당 부분을 맡는 큰 정부로 가는 것을 지향점으로 삼고 있으며,[49] 이를 위해 대통령 직속으로 '지방시대위원회'를 출범시켜,[50] '지방시대 종합계획(2023~2027년)' 발표로 2027년까지 17개 부처·청과 17개 시·도와 함께 지방시대 5대 전략을 필두로 22대 핵심과제 및 68개 실천 과제를 추진하기로 하였다.[51] 지방시대 종합계획은

---

48) 윤석열 정부는 「국가균형발전 특별법」과 「지방분권법」을 「지방자치분권 및 지역균형발전에 관한 특별법」으로 통합 추진으로 제5차 국가균형발전 계획을 명실상부한 지방시대 종합계획으로 격상시킬 계획이다(파이낸셜 뉴스, 2023.03.27. / 전북도민일보, 2023.03.22.).

49) 안석·고혜지. "중앙은 민첩하게 작은 정부로, 지방은 권한 키워 큰 정부로 만들 것." 서울신문. 2023년 3월 6일. https://www.seoul.co.kr/news/newsView.php?id=20230306005002&wlog_tag3=naver 강해인. "윤석열 정부 지방분권형 국가경영시스템 구축… 중앙 권한의 지방이전 용역 착수." 경기일보. 2023년 6월 13일. https://www.kyeonggi.com/article/20230613580033

50) 지방시대위원회는 대통령 직속 지방시대심의의결기구로, 2003년 5월 1일 국가균형발전위원회로 설립되었으며, 2023년 자치분권위원회를 통합해 지방시대위원회로 명칭을 변경하였다.

51) 지방시대위원회 보도자료. (2023). 윤석열 정부, 「지방시대 종합계획(2023~2027)」 발표.

2004년부터 개별적으로 수립되어 온 '국가 균형발전 5개년 계획'과 '지방분권 5개년 종합 실행 계획'을 처음으로 통합한 종합계획이라고 할 수 있다.

지금까지의 논의를 종합해보면, 지방자치단체 출연 복지재단은 지방자치의 발전과 주민 복리의 증진에 이바지함을 목적으로 1969년 1월 29일 「지방공기업법」이 제정(制定)되면서 이를 근거로 시작되었다고 볼 수 있으며, 이후 1992년 「지방공기업법」 일부개정에 따른 '제79조의2(지방공사·공단 외의 출자·출연법인)'의 신설로 「민법」에 의한 재단법인의 설립과 운영의 근거를 마련하였으며,[52] 2002년 일부개정을 통해서는 1992년에 신설되었던 '제79조의2'를 삭제하고 '제4장의2 지방공사 및 지방공단 외의 출자법인 등' 아래 '제77조의3(설립)'부터 '제77조의7(준용규정)'까지의 조항 신설로 「민법」에 의한 재단법인을 '출연법인'으로 새롭게 규정하고 설립과 운영 그리고 관리 감독 규정의 큰 틀을 마련하였다.[53] 이에 따라, 출연기관은 「지방공기업법」, 「민법」, 「공익법인의 설립·운영에 관한 법률」 그리고 개별법과 지방자치단체 조례에 근거하여 설립되고 운

---

http://www.balance.go.kr/base/board/read?boardManagementNo=11&boardNo=9245&searchCategory=&page=1&searchType=&searchWord=&menuLevel=2&menuNo=41

52) 「지방공기업법」 제79조의2(지방공사·공단 외의 출자·출연법인) ① 지방자치단체는 제2조에 규정된 사업을 효율적으로 수행하기 위하여 자본금 또는 재산의 2분의 1 미만을 출자 또는 출연하여 지방자치단체 외의 자와 공동으로 상법에 의한 주식회사 또는 민법에 의한 재단법인을 설립·운영할 수 있다. 이 경우 지방자치단체가 자본금 또는 재산의 4분의 1 이상을 출자 또는 출연하고자 할 때에는 미리 내무부 장관의 승인을 얻어야 한다. 증자 또는 추가 출연의 경우에도 또한 같다(본조신설 1992.12.8.).

53) 「지방공기업법」 제77조의5(설립) 지방자치단체는 제2조 제2항 각호의 1에 해당하는 사업을 효율적으로 수행하기 위하여 자본금 또는 재산의 2분의 1 미만을 출자 또는 출연하여 지방자치단체 외의 자(외국인 및 외국 법인을 포함한다)와 공동으로 상법에 의한 주식회사(이하 "출자법인"이라 한다) 또는 민법에 의한 재단법인(이하 "출연법인"이라 한다)을 설립·운영할 수 있다(본조 신설 2002.3.25.).

영되었으나, 지방자치단체 출자·출연 기관의 무분별한 설립과 예산 낭비, 채용 비리 및 잘못된 인사 관행, 도덕적 해이(moral hazard), 방만(放漫)한 운영 등의 문제 제기와 이런 문제들에 대한 관리·감독이 제대로 이루어지지 않고 있다는 지속적인 비판에 직면하게 되면서,[54] 이에 대한 대응(對應)으로 지방자치단체가 출자(出資)하거나 출연(出捐)하여 설립한 기관의 경영을 합리화하고 운영의 투명성을 높이기 위하여 2014년 3월 24일 「지방자치단체 출자·출연 기관의 운영에 관한 법률」이 제정(制定)되고 같은 해 9월 25일 시행(施行)됨에 따라, 지방자치단체 출자·출연 기관의 설립과 운영 등의 체계적인 절차를 위한 기반을 마련함과 동시에 관리·감독 권한의 근거 규정도 마련되게 되었다.[55]

**〈표 2〉 2005년 지방 이양된 67개 사회복지사업**

| 분야<br>(사업 수) | | 세부사업 | |
|---|---|---|---|
| 기초생활보장<br>(2개) | | (1) 지역봉사사업 | (2) 사회복지전담공무원인건비 |
| 취약계층지원 | 노인<br>복지<br>(13) | (3) 경로당운영<br>(4) 경로당활성화<br>(5) 경로식당무료급식<br>(6) 저소득재가노인식사 배달<br>(7) 노인건강진단<br>(8) 치매 상담센터 운영<br>(9) 노인일거리마련사업 | (10) 지역사회시니어클럽운영<br>(11) 재가노인복지시설운영<br>(12) 노인시설운영<br>(13) 노인복지회관신축<br>(14) 노인복지회관운영<br>(15) 재가노인복지시설개보수 |

---

54) 국민권익위원회. (2012). 자치단체 출자·출연기관 운영 투명성 제고.

55) 「지방자치단체 출자·출연 기관의 운영에 관한 법률」은 총 5개 37개 조항으로 구성되어 있으며, 특히 제3장에서의 정관, 임직원의 인사, 예산과 회계, 재정 지원과 해산, 지도·감독 등의 규정으로 경영과 운영의 구체적 근거 기준을 마련하게 되었다.

| 분야<br>(사업 수) | | 세부사업 | |
|---|---|---|---|
| 취약계층지원 | 장애인<br>복지<br>(24) | (16) 장애인복지관운영<br>(17) 장애인재가복지센터운영<br>(18) 장애인주간보호시설운영<br>(19) 장애인단기보호시설운영<br>(20) 공동생활가정운영<br>(21) 의료재활시설운영<br>(22) 장애인체육관운영<br>(23) 시각장애인심부름센터운영<br>(24) 시각장애인재활지원센터운영<br>(25) 청각장애인(수화통역센터운영)<br>(26) 정신지체인(자립지원센터운영)<br>(27) 장애인해피콜봉사센터운영 | (28) 장애인특별운송사업<br>(29) 편의시설설치시민촉진단<br>(30) 청각장애아동달팽이관수술<br>(31) 여성장애인가사도우미<br>(32) 장애인생활시설운영<br>(33) 장애인직업재활시설운영<br>(34) 장애인복지관기능보강<br>(35) 장애인체육관기능보강<br>(36) 장애인지역사회재활시설차량<br>(37) 장애인생활시설치과유니트<br>(38) 지체장애인편의시설센터운영<br>(39) 장애인정보화지원센터운영 |
| | 아동<br>복지<br>(11) | (40) 아동시설운영<br>(41) 결연기관운영<br>(42) 입양기관운영<br>(43) 아동보호전문기관운영<br>(44) 가정위탁지원센터운영<br>(45) 소년소녀가장지원 | (46) 가정위탁양육지원<br>(47) 퇴소아동자립정착금<br>(48) 결식아동급식<br>(49) 아동보호전문기관설치<br>(50) 결연기관PC구입비 |
| | 여성<br>복지<br>(3) | (51) 모자복지시설운영<br>(52) 모자복지시설퇴소자자립정착금 | (53) 미혼모중간의집운영 |
| | 노숙인<br>복지(2) | (54) 노숙자보호 | (55) 쪽방생활자지원 |
| | 기타<br>(6) | (56) 사회복지관 운영<br>(57) 재가 복지 봉사센터 운영<br>(58) 사회복지관 기능보강 | (59) 업무보조공익요원인건비<br>(60) 공익근무요원인건비<br>(61) 푸드뱅크운영장비지원 |
| 보건의료(6) | | (62) 정신요양시설운영<br>(63) 사회복귀시설운영<br>(64) 중소도시보건소신축 | (65) 공공보건인력개발<br>(66) 공공보건사업<br>(67) 대도시방문보건사업 |

※ 출처: 백종만. (2008). 사회복지 재정 분권의 쟁점과 정책과제. 지방이양 사회복지사업 문제 대안모색 토론회 발제문, p.14.

**〈표 3〉 지방자치단체 출자 · 출연 기관의 제도 주요 변화**

| ¤「지방공기업법」 | |
|---|---|
| (제정) 1969.01.29.<br>(시행) 1969.07.30. | • 「지방공기업법」 '제정'으로 우리나라 지방자치단체의 경영 사업이 시작되었으며, 경영을 통해 기업의 경제성과 공공복리를 증대코자 하였다. 당시 적용 범위로는 수도사업, 공업용수도사업, 궤도사업, 자동차운송사업, 가스사업 등이었다. |
| (개정) 1992.12.08.<br>(시행) 1993.04.01. | • 제79조의2(지방공사·공단 외의 출자·출연법인) '신설'로 출자 또는 출연을 통해 「상법」에 근거한 주식회사나 「민법」에 기초한 재단법인 설립을 규정하여 출자·출연 기관에 대한 개념이 마련됨. |
| (개정) 2002.03.25.<br>(시행) 2002.06.01. | • 제79조의2(지방공사·공단외의 출자·출연법인)를 '삭제'하고<br>• 제4장의2 지방공사 및 지방공단외의 출자법인 등 '신설'로<br>　- 제77조의3(설립), 제77조의4(출자법인 등에 대한 지도 등), 제77조의5(사채발행 및 상환보증), 제77조의6(출자법인의 해산 등), 제77조의7(준용규정) 등을 '신설'하였으며, 「상법」에 의한 주식회사를 '출자법인'으로, 「민법」에 의한 재단법인을 '출연법인'으로 규정하기 시작하였다. |
| ¤「지방자치단체 출자·출연 기관의 운영에 관한 법률」 | |
| (제정) 2014.03.24.<br>(시행) 2014.09.25. | • 「지방자치단체 출자·출연 기관의 운영에 관한 법률」 제정은 지방자치단체가 출자하거나 출연하여 설립한 기관에 관한 운영에 필요한 공통기준을 마련하고 경영의 합리화, 운영의 투명성 향상으로 지역주민에 대한 서비스 증진에 이바지함을 목적으로 제정되었다. |

※ 출처: 윤옥민. (2021). 지방자치단체 출자·출연기관의 증가 요인 분석 (국내석사학위논문), pp.11-12. 장호정. (2022). 지방자치단체 출자·출연기관의 법적 지위·운영 및 통제에 관한 연구 (국내박사학위논문), pp.7-8. 및 법제처 국가법령정보센터(https://www.law.go.kr/)에서 「지방공기업법」, 「지방자치단체 출자·출연 기관의 운영에 관한 법률」의 제정, 개정, 시행 등의 변동 내용을 추출하여 재정리함.

## 1.3. 지방자치단체 출연 복지재단의 현황

우리나라는 2023년 6월 말 기준으로 전국적으로 총 48개소의 복지재단이 설립되어 운영 중이다. 서울 · 경기 · 인천 수도권이 20개소로 가장 많은 수를 차지하고 있으며, 영남권 10개소, 충청권 9개소, 호남권 8개소, 강원권 1개소가 그 뒤를 따르고 있다. 이 중 광역복지재단은 2003년 서울복지재단(現 서울시복지재단)이 설립되면서 광역자치단체 출연 복지재단이 설립되기 시작하였으며, 이후 경기복지재단(2007), 광주복지연구원(2009), 경북행복재단(2010) 등이 차례로 설립되어 현재도 운영 중이나, 부산복지개발원(2006), 대전복지재단(2011), 전남 복지재단(2013), 세종시복지재단(2018), 인천복지재단(2018), 충남복지재단(2019) 등은 처음에는 광역복지재단으로 출범하였으나 확대 개편을 통해 지금은 인천광역시 사회서비스원(2020), 대전광역시 사회서비스원(2020), 세종특별자치시 사회서비스원(2020), 충청남도 사회서비스원(2020), 전라남도 사회서비스원(2021), 부산광역시 사회서비스원(2023) 등으로 전환되어 공공 부문의 사회서비스를 전담하고 있다.[56)]

기초복지재단은 2004년 서울시 동작구의 '동작복지재단' 설립 후 지속적 증가로 현재 전국적으로 총 44개소가 설립되어 운영 중이다. 서울시에서는 동작구, 양천구, 구로구, 노원구, 강서구, 강남구, 용산구, 광진구, 마포구가 순차적으로 설립되었으며, 경기도에서는 시흥시, 평택시, 김포시, 가평군, 부천시, 화성시, 남양주시가 설립하여 운영 중이며, 인천광역시에서는 강화군과 옹진군이 같은 해에 설립하였으며, 강원도에서는 태백시가, 대전광역시에서는 유성구가 설립하였다. 충청북도에서는 증평군, 청주시, 제천시가 설립하였으며, 충청남도에서는 서산시, 당진시, 예산군, 천안시, 홍성군이 순차적으로 설립하였으며, 전라북도에서는 전주시가, 전라남도에서는 목포시, 광양시, 신안군, 장흥군, 담양군, 완도군이 설립 후 운영 중이다. 대구광역시에서는 달성군이, 경상북도에서는 김천시, 영덕군이 설립하였으며, 경상남도에서는 사천시, 거제시, 김해시,

---

56) 사회서비스원은 광역지방자치단체장인 시·도지사가 설립한 공익법인으로 지방자치단체로부터 국립 또는 공립 시설을 위탁받아 서비스 인력을 직접 고용하고 운영하며, 종합재가센터를 직접 설치·운영하여 재가(在家) 서비스를 직접 제공하며, 그 밖에 민간 서비스 제공기관 품질향상을 하겠다는 역할과 기능을 목표로 도입된 문재인 정부 국정과제 중 하나이다(보건복지부, 2019).

양산시, 진주시, 창원시가 설립하여 운영 중이다.

지방자치단체 출연 복지재단의 형태는 대체로 재단법인(財團法人)과 사회복지법인(社會福祉法人)으로 나뉘는데, 전국적으로 소재한 총 48개소 중 47개소가 재단법인으로 설립되었으며, 경기도 시흥시 소재의 '시흥시 1% 복지재단'만이 사회복지법인으로 설립되었다. 재단법인은 설립자에 의하여 정해진 목적의 실현을 위하여 법인격(法人格)이 부여된 재산집단으로 구조적으로는 구성원이 존재하지 않으므로 영리(profit)를 목적으로 할 수 없는 비영리법인으로 「민법」에 근거하여 설립되며, 사회복지법인은 법률에 따른 사회복지사업을 수행하기 위하여 설립된 비영리법인(non-profit corporation)[57] 및 특수법인(特殊法人)[58]으로 재단법인의 성격을 동시에 지니며(법제처, 2009),[59] 「사회복지사업법」에 근거하여 설립된다.[60]

1970년 「사회복지사업법」이 시행되기 이전까지는 사회복지사업을 하기 위

---

57) 「민법」 제32조에 따라 영리를 목적으로 하지 않는 사단 또는 재단으로 주무관청의 허가(permission)를 얻어 설립된 법인을 말한다. 여기서 '영리를 목적으로 하지 않는'이란 학술·종교·자선·기예·사교 등 영리 아닌 사업을 목적으로 하는 것을 말하며, 비영리사업의 목적을 달성하는 데 필요하여 그 본질에 반하지 않는 정도의 영리 행위는 할 수 있다(「민법」 제32조 및 법제처-찾기 쉬운 생활법령정보, 발췌 정리, https://www.easylaw.go.kr/CSP/CnpClsMainBtr.laf?popMenu=ov&csmSeq=83&ccfNo=1&cciNo=2&cnpClsNo=1).

58) 국가 정책상 필요나 공공의 이익을 달성하기 위해 「민법」 또는 「상법」 외의 특별법에 따라 설립되는 법인으로 정부의 특별한 감독을 받는다(정부입법지원센터-입법기준/편람, 발췌 정리, https://www.lawmaking.go.kr/lmKnlg/jdgStd/info?astSeq=2261&astClsCd=CF0101).

59) 법제처, 사회복지사업법 해설. (https://www.moleg.go.kr/mpbleg/mpblegInfo.mo?mid=a1040 2020000&mpb_leg_pst_seq=125269)

60) 「사회복지사업법」 제2조에서는 사회복지사업이란 "보호·선도 또는 복지에 관한 사업과 사회복지상담, 직업지원, 무료숙박, 지역사회복지, 의료복지, 재가복지, 사회복지관 운영, 정신질환자 및 한센 병력자의 사회 복귀에 관한 사업 등 각종 복지사업과 이와 관련된 자원봉사활동 및 복지시설의 운영 또는 지원을 목적으로 하는 사업"으로 정의하고 있다.

한 법인은 「민법」 제32조의 비영리법인에 해당하는 재단법인 또는 사단법인만으로 한정되어 설립되었으나, 사회복지사업은 공익성(公益性)이 강조되고 국가의 보조(補助)와 동시에 지도·감독이 요구됨에 따라 「사회복지사업법」이 제정되어 「민법」상의 비영리법인과 다른 특별법으로서 지위를 부여받았다고 할 수 있다(손병수, 2021).

**〈표 4〉 재단법인과 사회복지법인 비교**

| 구분 | 재단법인 | 사회복지법인 |
|------|----------|--------------|
| 개념 | 학술, 종교, 자선, 기예, 사교, 기타 영리 아닌 사업 목적으로 재산출연으로 설립된 법인 | 사회복지사업을 할 목적으로 설립된 법인 |
| 근거법령 | 민법 | 사회복지사업법 |
| 정관요건 | 5항목[61] | 11항목 |
| 설립 | 주무관청의 허가 | 시·도지사의 허가 |
| 임원구성 | 임원의 임기는 이사는 4년, 감사는 2년으로 연임 가능. 감사 임의 설치 | 임원의 임기는 이사는 3년, 감사는 2년으로 연임 가능. 감사 필수 설치 |
| 정부보조금 | 별도 규정 없음 | 법인에 보조 가능 |
| 수익사업 | 영리를 목적으로 할 수 없음을 명시 (단, 주무관청 승인 시 가능) | 필요한 한도에서 수익사업 허용 |

※ 출처: 「민법」, 「공익법인의 설립·운영에 관한 법률」, 「사회복지사업법」, '찾기 쉬운 생활 정보 홈페이지' 등. 발췌 재정리(검색일: 2023년 6월 14일). https://www.law.go.kr 및 https://easylaw.go.kr

---

61) 「민법」에 의하여 설립된 '재단법인'이 공익성을 추구한다면, 「민법」의 규정을 보완하기 위하여 「공익법인의 설립·운영에 관한 법률」을 추가 적용하게 되는데, 이때 '정관요건 13항목', '감사 필수 설치' 등과 같이 관련 요건이 기존 「민법」상 재단법인의 설립 요건보다 더 복잡하고 까다롭게 적용되며, 이는 공익성을 유지하도록 함에 있다.

## 〈표 5〉 우리나라 지방자치단체 출연 복지재단 현황

| 연번 | 지방자치단체 | | 형태 | 기관명 | 설립<br>연도 | 설립<br>주체 |
|---|---|---|---|---|---|---|
| 1 | 서울 특별시 | 시청 | 재단법인 | 서울시복지재단 | 2003 | 광역 |
| 2 | | 동작구 | 재단법인 | 동작복지재단 | 2004 | 기초 |
| 3 | | 양천구 | 재단법인 | 양천사랑복지재단 | 2005 | |
| 4 | | 구로구 | 재단법인 | 구로희망복지재단 | 2009 | |
| 5 | | 노원구 | 재단법인 | 노원교육복지재단 | 2011 | |
| 6 | | 강서구 | 재단법인 | 강서희망나눔복지재단 | 2012 | |
| 7 | | 강남구 | 재단법인 | 강남복지재단 | 2014 | |
| 8 | | 용산구 | 재단법인 | 용산복지재단 | 2016 | |
| 9 | | 광진구 | 재단법인 | 광진복지재단 | 2019 | |
| 10 | | 마포구 | 재단법인 | 마포복지재단 | 2021 | |
| 11 | 대구 광역시 | 달성군 | 재단법인 | 달성복지재단 | 2008 | 기초 |
| 12 | 인천 광역시 | 강화군 | 재단법인 | 강화군복지재단 | 2023 | 기초 |
| 13 | | 옹진군 | 재단법인 | 옹진복지재단 | 2023 | |
| 14 | 광주 광역시 | 시청 | 재단법인 | 광주복지연구원 | 2009 | 광역 |
| 15 | 대전 광역시 | 유성구 | 재단법인 | 유성구행복누리재단 | 2013 | 기초 |
| 16 | 경기도 | 도청 | 재단법인 | 경기복지재단 | 2007 | 광역 |
| 17 | | 시흥시 | 사회복지법인 | 시흥시1%복지재단 | 2005 | 기초 |
| 18 | | 평택시 | 재단법인 | 평택복지재단 | 2008 | |
| 19 | | 김포시 | 재단법인 | 김포복지재단 | 2011 | |
| 20 | | 가평군 | 재단법인 | 가평군복지재단 | 2015 | |
| 21 | | 부천시 | 재단법인 | 부천여성청소년재단 | 2015 | |
| 22 | | 화성시 | 재단법인 | 화성시사회복지재단 | 2020 | |
| 23 | | 남양주시 | 재단법인 | 남양주시복지재단 | 2021 | |
| 24 | 강원특별<br>자치도 | 태백시 | 재단법인 | 태백시복지재단 | 2010 | 기초 |

| 연번 | 지방자치단체 | | 형태 | 기관명 | 설립 연도 | 설립 주체 |
|---|---|---|---|---|---|---|
| 25 | 충청북도 | 증평군 | 재단법인 | 증평복지재단 | 2009 | |
| 26 | | 청주시 | 재단법인 | 청주복지재단 | 2012 | 기초 |
| 27 | | 제천시 | 재단법인 | 제천복지재단 | 2021 | |
| 28 | 충청남도 | 서산시 | 재단법인 | 서산시복지재단 | 2011 | |
| 29 | | 당진시 | 재단법인 | 당진시복지재단 | 2012 | |
| 30 | | 예산군 | 재단법인 | 예산군청소년복지재단 | 2013 | 기초 |
| 31 | | 천안시 | 재단법인 | 천안시복지재단 | 2015 | |
| 32 | | 홍성군 | 재단법인 | 홍성군청소년복지재단 | 2017 | |
| 33 | 전북특별 자치도 | 전주시 | 재단법인 | 전주시복지재단 전주사람 | 2018 | 기초 |
| 34 | 전라남도 | 목포시 | 재단법인 | 목포복지재단 | 2008 | |
| 35 | | 광양시 | 재단법인 | 광양시사랑나눔복지재단 | 2008 | |
| 36 | | 신안군 | 재단법인 | 신안군복지재단 | 2008 | 기초 |
| 37 | | 장흥군 | 재단법인 | 장흥군나눔복지재단 | 2012 | |
| 38 | | 담양군 | 재단법인 | 담양군복지재단 | 2015 | |
| 39 | | 완도군 | 재단법인 | 완도군행복복지재단 | 2015 | |
| 40 | 경상북도 | 도청 | 재단법인 | 경북행복재단 | 2010 | 광역 |
| 41 | | 김천시 | 재단법인 | 김천복지재단 | 2021 | 기초 |
| 42 | | 영덕군 | 재단법인 | 영덕복지재단 | 2022 | |
| 43 | 경상남도 | 사천시 | 재단법인 | 사천시복지·청소년재단 | 2008 | |
| 44 | | 거제시 | 재단법인 | 거제시희망복지재단 | 2012 | |
| 45 | | 김해시 | 재단법인 | 김해시복지재단 | 2014 | 기초 |
| 46 | | 양산시 | 재단법인 | 양산시복지재단 | 2014 | |
| 47 | | 진주시 | 재단법인 | 진주시복지재단 | 2015 | |
| 48 | | 창원시 | 재단법인 | 창원복지재단 | 2020 | |

※ 출처: 지방공기업 경영정보 포털(클린아이, https://www.cleaneye.go.kr/). 2022년 9월 30일 기준 (검색일: 2023.03.02.). 정보공개 포털(https://www.open.go.kr/). 2023년 6월 30일 기준(검색일: 2023.06.30.).

# 제2장 비교연구

## 2.1. 새로운 시도

지방자치단체 출연 복지재단과 관련한 본격적인 연구가 집중되는 시기는 2014년 이후부터임을 찾아볼 수 있다. 이는 「지방자치단체 출자·출연 기관의 운영에 관한 법률」이 2014년 제정되고, 이 시기를 포함한 2011년부터 2015년까지의 5년간의 기간 동안 가장 많은 수(數)인 총 18개소의 복지재단이 새로 설립된 사실과 무관하지 않다. 즉, 이 시기에 법령(法令) 등과 같은 관련 인프라 마련으로 복지재단 설립 및 운영체계가 정비되고 복지재단 설립 논의가 집중되면서 사회적 이슈와 함께 연구의 관심도 집중되기 시작했을 것으로 볼 수 있다.

우선 2014년 이전까지는 지역재단에 관한 논의가 주류를 이루고 있음을 볼 수 있다. 해외 주요 선진국의 지역재단 사례를 살피고 국내 지역재단의 정의를 위한 탐구 활동과 함께 국내 지역재단의 설립과 운영의 증진 방안으로 제도적 정비를 제언하기도 하였으며, 2014년 이후 논의에서는 포괄적인 지역재단이 아닌 지방자치단체와 복지의 영역을 엮어내어 지역복지재단, 지방정부의 복지재단, 기초자치단체 출연 복지재단 등과 같이 구체적이고 뚜렷한 주제를 논의하는 경향이 점점 증가하게 되었다.

이처럼 지방자치단체 출연 복지재단과 관련한 다양한 논의는 시대적 흐름과 사회적 이슈에 따라 꾸준히 진화하고 발전하였으며, 이런 결과로 지방자치단체 출연 복지재단의 위상(位相)은 사회복지 정책 영역에서 꽤 중요한 위치를 차지하는 단계까지 와 있다고 할 수 있다. 그러나 이와 같은 사회적 논의나 학계의 관심 그리고 지방자치단체의 정책 중요도에도 불구하고 지금껏 광역복지재단과 기초복지재단을 직접적으로 비교하여 연구한 사례가 없었으며 더욱이 사회복지정책 분석 틀을 활용한 심층적 분석 사례가 없었다는 점은 많은 아쉬움을 남기고 있는 게 사실이다.

따라서, 이 책은 다음과 같은 두 가지 특별함을 가지고 있다.

첫째, 광역복지재단과 기초복지재단을 설립 배경부터 정책 그리고 경험 등의 직접 비교 분석을 통해 유사성과 차별성을 밝히고[62] 더 나아가 연계와 협력 방안까지 모색하였으며,

둘째, 사회복지정책 분석에서 상당한 신뢰를 얻고 있는 N. Gilbert & P. Terrell(닐 길버트와 폴 테렐)의 사회복지정책 분석 틀을 활용하여 복지재단을 비교·분석함으로써 복지재단의 지속 가능한 방향성을 확인하고 복지 영역의 문제들에 대한 해결의 접점(接點)을 제공한다는 점에서 그 의의가 있으며, 이를 위해 분석기준을 연구의 목적에 맞게 체계적이고 정교(精巧)하게 다듬어 질서 있는 비교 분석으로 새로운 논의를 시도하였다는 점이다.

## 2.2. 비교연구와 분석 틀

본 연구의 주된 방법인 비교(比較, comparison)는 어느 특정 부분을 가장 효과적으로 이해하기 위한 수단이 될 수 있다. 보통의 일상생활에서 재화(財貨) 등을 선택하고자 할 때 다른 동종(同種)의 것 또는 유사한 것들과 비교하는 행위 등이 이를 방증(circumstantial evidence)한다고 할 수 있다. 미국 비교법학회 회장 '비비안

---

62) 복지재단 간 유사성과 차별성을 비교하는 일은 복지재단의 실재를 파악할 수 있으며, 현재의 위치를 파악하고 객관적 사실을 알 수 있게 하는 데 그 함의가 있다고 할 수 있다.

그로스왈드 커란(Vivian Grosswald Curran)[63) 교수는 비교를 이해를 위한 과정의 핵심이며 분석의 중심이라고 언급하면서, 기존 데이터와의 유사점과 차이점을 통해 이전에 관찰되지 않은 새로운 연결을 밝힐 수 있다고 하였으며, 이때의 비교 행위를 인식 과정의 이해와 추론(推論)의 부분이라고 하였다(Curran, V. G., 1998). 즉, 이와 같은 비교의 전개는 연구 분석하고자 하는 분야의 현황과 연구를 통해 얻고자 하는 목표 내지는 당위성(當爲性)을 구별하는 중요한 수단이 된다고 할 수 있는 것이다(박찬호, 2006 재인용).

결국 이와 같은 논리에 따르면 이 책에서 논의하고자 하는 광역복지재단과 기초복지재단 간 연구를 통해 그 안에서 우리가 궁극적으로 얻고자 하는 정책적 함의(含意)의 도출은 비교를 기반으로 하는 비교연구 및 논의를 통하여 결정적인 유사성과 차별성을 확인할 수 있으며, 이를 통한 접근에서 최적의 결과를 얻어낼 수 있다고 할 수 있다.

연계(連繫)와 협력(協力)은 협력적 공공 관리(collaborative public management) 또는 협력적 거버넌스(collaborative governance)를 통해 이해할 수 있는데, 즉 하나의 조직이 해결할 수 없는 문제들을 다수의 조직과 연계하여 문제를 해결할 수 있다는 것으로, 여기서 협력은 민간 조직, 비영리 조직, 시민 등 다양한 관계 속에서 상호호혜(相互互惠)라는 가치에 기반을 두고 이루어지는 것을 말한다(Agranoff & McGuire, 2003). 따라서 연계와 협력은 협력적 거버넌스로 기존 조직의 경계와 정책을 초월(超越)하여 새로운 공공의 가치를 창조하는 사회문제 해결 방식이라고 할 수 있으며(이명석, 2010), 이와 같은 방안을 복지재단 운영의 핵심 기반으로 삼

---

63) 비비안 커란(Vivian Curran)은 미국 변호사이며 현재 피츠버그 대학 법학과 교수(Distinguished Professor of Law)로 미국 비교법학회 회장을 역임하였으며, 현재 국제비교법학회 부회장을 역임하고 있다(https://www.law.pitt.edu/people/vivian-curran).

아 복지재단의 지속적 발전을 고려할 필요가 있다고 볼 수 있다.[64]

분석 틀(analytic frame)은 논의와 연구를 위해 설정한 연구 분석의 방법 체계로 연구 목적을 달성하기 위한 도구(tool)라고 할 수 있다. 쉽게 말해 복잡하게 얽혀 있는 것을 낱낱이 풀어 각각의 성분, 요소 등을 볼 수 있게 함으로써 이 자료의 검토와 분석을 어떻게 시작할 것인지 로드맵(roadmap)을 그리는 것이라고 할 수 있으며, 이는 궁극적으로 체계적이고 객관적인 설명을 가능하게 해준다고 할 수 있다.

그렇다면 지금 이 시점에 사회복지정책 분석 틀을 활용한 분석이 왜 필요한가? 라는 의문을 제기할 수 있는데, 이는 지난 2023년을 전후하여 경기도 김포시가 김포복지재단과 김포문화재단 통폐합(統廢合) 추진 사례를 살펴보면 쉽게 이해할 수 있다. 김포시는 김포복지재단과 김포문화재단을 유사(類似)·중복(重複) 기능을 가진 기관으로 취급하고 재무(finance) 건전성을 목표로 예산 절감 등의 사유를 들어 김포복지재단을 해산해 김포문화재단으로 이관·승계할 계획을 밝혔는데,[65] 이와 관련하여 김포시의회의 반발과 지역사회에서의 우려의 목소리도 만만치 않은 상황으로, 결국 이와 관련한 체계적이고 객관적인 설명은 사회복지정책 분석 틀을 활용한 연구 분석의 결과가 그 근거를 찾아줄 수 있을 것이기 때문이다.

---

64) 지방자치단체 자체 예산이 지원되는 복지재단은 시민 세금의 사용, 즉 출연금 사용의 우선순위를 효율적이고 효과적으로 결정하여야 하며 복지행정의 이윤추구 지양(止揚)으로, 이와 관련한 충족 조건은 협력적 거버넌스로 연계와 협력이 필요하다고 할 수 있다.

65) 정은화. "문화재단과 복지재단, 어떤 유사 기능 있나." 김포매일. 2022년 11월 27일.
https://www.gimpomaeil.com/news/articleView.html?idxno=15393
이종일. "돈 아끼려고 재단 통합하는 김포시… '공룡기관 만드나'." 이데일리. 2023년 3월 2일.
https://www.edaily.co.kr/news/read?newsId=01161126635539384&mediaCodeNo=257

# 제3장 분석 틀

## 3.1. 사회복지정책 분석의 이해

윌렌스키와 르보(H. Wilensky & C. Lebeaux)는 사회복지를 공급하는 주체에 따라 잔여적(residual) 복지와 제도적(institutional) 복지로 구분하였다.[66] 즉, 잔여적 복지란 사회복지의 공급원으로서의 가족 또는 시장이 욕구를 충족시켜 주지 못할 때 발생되는 문제를 임시로 보완해주는 것으로 선별주의 관점이며, 제도적 복지란 복잡한 현대 산업사회에서는 국가가 먼저 나서서 욕구 발생 전에 복지서비스를 지원해야 한다는 것으로 보편주의 관점을 지향하고 있어, 기존의 욕구 충족 체계인 가족과 시장에만 그 책임을 전담시키지 않는 특징을 지니고 있다.

티트머스(R. M. Titmuss)는 정책을 특정 목적을 향한 필요한 행동 원칙과 지침 또는 일정한 계획이나 조직화된 노력 등으로 정의하였으며, 칸(Kahn)은 목표의 결정과 대안의 검토 그리고 전략의 수립과 같은 합리적 과정을 거친 일정한 계획(standing plan)이라고 정의하고 있다. 또한 길버트와 스펙트(Gilbert & Specht)는 정책이란 공 · 사의 기관에 있어 행동의 방향 또는 계획의 바탕을 이루는 제반의 결정과 선택이라고 하였다.

이상과 같은 사회복지와 정책의 논의를 종합해서 사회복지정책을 설명해보자면, 사회복지정책은 정부가 국민에게 사회복지서비스를 제공함으로써 국민의 복지에 영향을 미치는 정부의 활동으로 규정할 수 있으며, 좁게는 국가와 지

---

66) 윌렌스키와 르보(Wilensky & Lebeaux)는 사회복지의 개념을 가족이나 개인이 주체가 되는 잔여적 복지와 국가가 주체가 되는 제도적 복지로 나누고 있다. Wilensky, Harold L.. (1965). Industrial society and social welfare. New York(State): Free Press.

방공공단체가 계획하는 사회복지의 목적 달성을 위한 절차와 방법 등을 포함한 방침을 의미하여, 넓게는 사회복지 추진과 수행을 위한 국가, 지방공공단체 또는 기타 공적(公的), 사적(私的)인 여러 기관과 단체의 방침을 의미한다(이진숙, 2008). 결국, 사회복지정책은 어떤 대상에게 어떤 서비스를 제공할 것인가를 결정하게 만들며, 정책 실천 과정에서 서비스의 공급과 수요의 모든 과정에서 서비스 전략의 선택에 영향을 미치고 있다고 할 수 있다.

따라서 사회복지정책은 복지의 영역에서 활동하는 생산자와 소비자 그리고 복지와 관련된 모두에게 매우 중요하며 정책의 실천을 위해서는 복지 영역을 둘러싼 모든 환경과 서로 연관되어 있어 상호보완적(complementary cooperation) 체계를 이루고 있다는 점을 인식하고 있어야 할 필요가 있다. 결국, 사회복지정책 분석은 정책이 가져올 영향력을 체계적으로 분석하고 평가함으로써 정책을 실행하는 조직체계가 스스로 문제를 극복할 수 있는 객관적이고 합리적인 지식을 제공하며 정책의 결정, 집행, 평가 등의 전반적인 과정에 모두 개입한다고 볼 수 있다(경기복지재단, 2016).

사회복지정책을 분석하는 틀은 학자별로 매우 다양하게 존재하나,[67] 이 책

---

67) 우선, 길(D. Gil)은 정책문제 파악, 정책 효과 파악, 정책대안 검토라는 목표로 공공정책을 총괄할 수 있는 개념적인 틀을 개발하였으나, 공공정책의 전반적 내용을 분석하기 위한 틀이기 때문에 사회복지정책에 한정하여 활용하기에는 지나치게 광범위하며(이혜경, 2009), 프리그모어와 아세톤(C. Prigmore & C. Atherton)은 사회 가치의 중요성을 강조하면서 문화적 가치, 영향력과 의사결정, 지식, 비용편익 등 네 측면의 사회복지정책 분석 틀의 기준을 제안하였는데, 포괄적 질문만을 던지고 구체적인 분석 지표가 없어 분석 틀로서는 한계가 있다고 할 수 있다(이혜경, 2009). 또한 챔버스(D. Chambers)는 정책목표, 급여, 자격 기준, 서비스 전달, 재원 조달 등의 정책 분석 요소를 제시하면서 각 영역에서의 평가척도를 개발하였으며(이혜경, 2009), 포플과 라이징거(P. Popple & L. Leighninger)는 정책 개관, 과거 정책사례 그리고 사회, 경제, 정치적 분석 및 정책평가라는 측면에서 정책 분석 요소를 제시하고 각 영역에서 세부 분석기준을 개발하여 연구자의 목적에 맞게 활용하도록 하고 있으나, 챔버스, 포플, 라이징거의 분석 틀 모두는 기존의 길

에서는 길버트와 스펙트(N. Gilbert & H. Specht) 그리고 테렐(P. Terrell)[68]이 제시한 할당, 급여, 전달, 재정의 네 가지 차원의 분석 틀을 활용하고자 한다.

길버트와 테렐(Gilbert & Terrell)의 분석 틀은 단순하면서도 구체적이며 필요한 분석 요소를 포함하고 있어 실제로 사회복지정책 분석에서 가장 많이 활용되고 있다(이혜경, 2009). 예컨대 우리나라에서 사회복지정책 관련 교재가 처음 출간된 1982년부터 이들의 분석 틀은 이미 소개되기 시작하였으며 2000년대 이후에는 대다수의 사회복지정책 교재에서 이들의 분석 틀이 대표적으로 소개되고 있으며(이혜경, 2009), 많은 연구 문헌들에서도 이들의 분석 틀을 활용하여 분석한 주제들이 다양하게 존재하고 있음을 볼 수 있다.

실례로 이진숙, 전효정(2010)은 우리나라 보육 정책의 발전과정과 정책산출 결과를 급여의 대상과 형태, 전달체계, 재원의 측면으로 분석하고 보육 정책 개선을 위한 정책 방안을 제시하는 데 길버트와 스펙트 그리고 테렐의 분석 틀을 활용하였고, 전용호(2012)는 노인장기요양보험 제도의 주요한 문제점을 점검하

---

(Gil)의 분석 틀 또는 길버트와 스펙트의 분석 틀을 활용하여 다소 수정하고 구체화한 것으로 볼 수 있다(이혜경, 2009).

※ 이혜경. (2009). 사회복지정책 교재에 있어 '길버트와 스펙트 분석 틀'의 활용에 관한 연구. 한국사회복지교육, 9(9), pp.78-79. 발췌 인용.

68) Gilbert & Specht가 'Dimensions of Social Welfare Policy(사회복지정책의 차원)' 초판을 1974년에 발행하고, 1993년에 'Terrell'이 추가되었으며, 1998년 4판 발간 시에는 'Specht'가 사망한 이후였기 때문에, 저자가 'Gilbert & Terrell' 두 명으로 줄어들게 되었다. 즉, 'Gilbert & Specht'가 제시한 사회복지정책의 분석 연구에 'Terrell'이 결합하면서 'Gilbert & Specht 분석 틀' 또는 'Gilbert & Terrell 분석 틀' 등으로 다양하게 표현되고 있으나, 기본적인 내용은 동일하다. 기본 분석 틀은 초판 때의 것이 6판까지 그대로 사용되고 있어 'Gilbert & Specht 분석 틀'이라고 칭하는 것이 타당하다(이혜경, 2009)는 의견이 있으나, 'Gilbert & Specht'의 분석 틀을 발전시켜 더욱 정교하게 만든 것이 'Gilbert & Terrell'의 사회복지정책 분석 틀이라는 논의도 있어(이진숙 외, 2009), 이에 본 책에서는 'Gilbert & Terrell의 분석 틀'로 표기하고자 한다. 왜냐하면 'Terrell'에 의해 산출분석 중심의 4가지 선택 차원 분석 틀이 제시되어 정교한 분석이 가능해졌다는 데 동의하기 때문이다.

고 그 개선방안을 모색하는 데 길버트와 테렐의 분석 틀을 활용하였으며, 심석순(2017)은 장애인 활동 지원 제도를 비판적으로 분석하고 그 문제점과 개선방안을 모색하는 데 이들의 분석 틀을 활용하여 연구하였다. 또한, 길버트와 테렐의 분석 틀은 사회발전과 변화에 따라 더욱 다양한 분야의 연구에 활용되었는데, 신동석(2016)은 한국의 장사(葬事) 정책을 길버트와 테렐의 분석 틀을 활용한 분석으로 개선방안과 발전 방향을 제시하였으며, 정지영, 정호진(2018)은 한국예술인복지재단의 창작활동 지원 사업을 이들의 분석 틀로 분석하였고, 김나영, 유영미(2020)는 길버트와 테렐의 대상, 급여, 전달, 재정에 따른 산출분석으로 법률 분야인 원자폭탄 피해자 지원 조례를 분석하기도 하였다. 이와 더불어 오시은(2022)은 진로 직업 체험지원센터 운영실태에 관한 분석 연구를 길버트와 테렐의 분석 틀을 이용하여 기관의 발전방안을 제시하였으며, 신연희(2013)는 미국의 수용자 자녀 지원정책의 내용을 분석하고 우리나라에 적용할 수 있는 방안들을 제시하면서 분석 도구로 길버트와 테렐의 분석 틀을 활용하였다.

이처럼 길버트와 테렐의 분석 틀은 사회복지정책 분석에 가장 많이 활용되고 있을 뿐만 아니라 다양한 유형의 학문 분야와 정책 영역에서 폭넓게 활용되고 있음을 볼 수 있다. 이는 앞서 살펴본 바와 같이, 분석 틀이 간단하면서도 기본적인 내용을 담고 있어 객관적이며 체계적으로 복지정책을 분석할 수 있어 (황성열, 2017), 광범위한 영역의 사회복지정책과 관련한 체계적인 설명이 가능하여 복지정책 분석에 많이 활용되고 있기 때문이다(신연희, 2013).

이와 같은 사실은 이 책에서 논의하고자 하는 '지방자치단체 출연 복지재단 비교연구'라는 복지정책 영역의 연구 분석 틀로, 길버트와 테렐(Gilbert & Terrell)의 분석 틀이 가장 객관적이고 체계적으로 분석할 수 있는 프레임워크(framework)라는 논리에 힘을 실어준다고 할 수 있다. 왜냐하면, 지방자치단체 출연 복지재단은 지방자치단체 복지정책 영역으로 설립되어 운영되고 있으며 대다수 복지재단의 설립목적이 지역사회 복지 욕구에 부응(副應)하고 복지서비스의 전문성 증진 그리고 내실 있는 복지서비스 제공 등과 같은 지역사회 복지 향상에 초점을 맞추고 있기 때문이며, 이와 동시에 작금(昨今)의 상황에서는 복지재단이 지방자치단체 복지체계의 새로운 대안으로 자리 잡기 시작했기 때문이다.

따라서, 이 책에서는 '길버트와 테렐(N. Gilbert & P. Terrell)의 분석 틀'을 활용하여 지방자치단체가 출연한 광역복지재단인 경기복지재단과 기초복지재단인 남양주시복지재단을 할당(allocation), 급여(provision), 전달(delivery), 재원(finance)의 네 가지 분석 범주로 나누어 비교 분석해 보고자 한다.

## 3.2. 길버트와 테렐의 분석 틀

길버트와 테렐(Gilbert & Terrell, 남찬섭 외, 역, 2007)은 사회복지정책을 연구하는 세 가지 관점으로 사회복지정책 영역을 어떻게 조망(眺望)하는지에 따라 제도적 관점, 분석적 관점 그리고 정치적 관점으로 구분하였다. 제도(institutions)에 초점을 둘 경우, 주요 사회제도를 구별하여 접근하며 제도들이 사회복지 활동을 어떤 형식과 성격으로 형성시키며 또 사회복지 활동을 어떻게 경계 짓는가를 규명하려 시도하게 되며, 분석(analysis)에 초점을 둘 경우, 정책적 지식을 사회복지 실천으로 연계시키기 위하여 몇 가지 서로 다른 접근방법으로 정책을 연구하고 이해하며, 정치(politics)에 초점을 둘 경우, 사회복지에 있어서 사회와 정부 간의 상호관계와 상호작용을 고찰하는 데 중점을 두게 된다.

지방자치단체 출연 복지재단은 복지환경 변화에 따라 복잡해지는 주민 욕구에 대응하고 지역사회 복지 향상을 위하여 복지사업을 계획하고 관리·운영하며 이에 대한 성과를 평가하고 있다. 이와 같은 사실은 지방자치단체 출연 복지재단을 분석함에 있어, 어느 한 부문만을 한정하여 살펴보거나 논의할 수는 없다는 것으로, 이는 길버트와 테렐의 사회복지정책 연구의 세 가지 관점 중 분석적 관점을 활용하여 사회복지정책과 실천의 전반적인 면모를 살필 필요가 있다는 것을 의미한다.

사회복지정책에 대한 분석적 관점에는 과정(process) 분석, 산물(product) 분석, 성과(performance) 분석의 세 가지 접근방법이 있다. 과정 분석은 정책형성에 관한 것으로 정치 조직, 정부 조직 및 기타 다양한 조직들과의 상호작용이 정책형성에 어떻게 영향을 미치는가를 분석하며, 산물 분석은 정책의 내용과 운영에 관한 것으로 정책선택에 관련된 여러 가지 쟁점들을 분석하는 것으로, 특정 방향으로 설계된 정책에 있어서 그 정책에 포함된 정책선택의 형태 및 내용은 무엇인지, 그와 같은 선택이 이루어짐에 따라 선택에서 소외된 대안들은 어떠한 것들인지, 그런 선택을 하는 데 근거가 되는 가치와 이론 그리고 가정들은 어떠한 것들인가 등의 문제들을 다루게 되며, 성과분석은 결과를 기술하고 평가하는 것으로, 프로그램이 얼마나 잘 실행되었는가와 그 영향(impact)은 무엇인가를 질문하는 것이다(Gilbert & Terrell, 남찬섭 외, 역, 2007).

이와 같은 사회복지정책 연구의 세 가지 접근방법 중에서 정책설계의 필수적인 구성 요소들을 나누고 구분할 수 있는 것은 '산물(product) 분석'이라고 할 수 있다. 산물 분석은 복지의 설계에 있어 추진되어야 하는 일련의 토대가 되는 정책선택에 초점을 맞추고 있는데, 길버트와 테렐은 이와 같은 선택 분석적 관점에서 정책설계의 기본 구성 요소들을 선택의 차원들(dimensions of choice)이라고 하며, 이와 관련된 기본적인 선택들을 구성하는 주요 선택의 차원을 할당, 급여, 전달, 재정의 4가지 차원에서 분석하고 있다.

### 3.2.1. 할당

사회적 할당은 '누구(who)'와 관련된 것이다. 즉, 누가 혜택을 받을 것인가의 문제로 궁극적으로는 급여 대상자를 선택하는 문제이다. 수급 자격을 누구로 할 것인가를 결정하는 데에는 전통적으로 선별주의와 보편주의가 있으나, 이런 원칙을 Gilbert & Terrell은 귀속적 욕구, 보상, 진단적 차등, 자산조사에 의한 욕구와 같은 네 가지 원리로 세분하였다.

귀속적 욕구(attributed need)는 시장을 통해 기존의 제도로 충족되지 못하는 공통의 욕구를 가진 집단(集團)에 소속되는지에 따라 급여를 제공하는 것으로, 이때 욕구는 경제적 기준이 아닌 규범적(規範的, normative) 기준과 판단에 따라 정해지며 집단지향적 특징으로 사회복지 제도적 개념의 보편주의 성향을 보인다. 이와 같은 사례로는 모든 아동에게 지급되는 아동수당이나 초 · 중 · 고등학교 의무교육 또는 무상교육 등이 있다.

보상(compensation)은 사회적으로나 경제적으로 특별한 기여나 공헌을 한 경우 또는 사회로부터 부당한 피해로 사회적 희생자들의 집단에 속한 경우 그 보상으로서 급여를 제공하는 것이다. 이때 욕구 판단 기준은 형평성(衡平性) 또는 공정성(fairness)에 기초한 전문가의 규범적 판단에 따르게 되며, 일반적으로 국가가 운영하는 사회보험(社會保險)인 국민연금, 산업재해보상보험 등이 그 해당 예가 될 수 있으며, 혹은 국가유공자나 도시재개발 사업에 따라 거주지를 상실한 주민 집단(group) 등이 그 대상이 될 것이다.

진단적 차등(diagnostic differentiation)은 개인을 대상으로 개별사례에 대해 전문가의 분류나 판단에 근거하여 급여를 제공하는 것으로, 어떤 재화(財貨) 또는 서비스를 특별히 필요로 하는가를 전문가가 판단하는 것이다. 이때 욕구 판단 기준은 기술적 등급 분류이며 장애인복지를 위해 장애인 등을 대상으로 하는 장애 분류와 장애 등급판정 또는 국민건강보험공단의 장기요양보험 서비스 대상 선별을 위한 장기요양등급 판정 등이 그 예가 될 수 있을 것이다.

자산조사에 의한 욕구(means-tested need)는 한 개인이 필요로 하는 재화 또는 서비스 구매 능력이 부족하거나 없음을 나타내는 증거(證據)에 기초하여 수급 자격을 판단하여 급여를 제공하는 것으로, 욕구 판단 기준은 개인의 소득과 재산의 경제적 기준에 의하고 있어 사회복지 잔여적 개념의 선별주의를 추구하고 있다. 이와 관련한 대표적인 예로는 사회보장제도인 공공부조(公共扶助)를 들 수 있는데, 사회보장기본법 제3조에 따르면 "공공부조란 국가와 지방자치단체의 책임하에 생활 유지 능력이 없거나 생활이 어려운 국민의 최저생활을 보장하고 자립을 지원하는 제도"라고 설명하고 있어, 우리나라의 경우 국민기초생활 보장제도의 생계급여, 의료급여, 주거급여, 교육급여, 장제급여 등이 있으며 그 밖에 기초연금, 장애인연금, 한부모 가족 지원 사업 등이 그 예가 될 것이다.

### 3.2.2. 급여

사회적 급여는 '무엇(what)'을 줄 것인가의 문제이다. 즉 어떤 급여를 제공하고, 제공되는 급여의 형태는 무엇인지의 문제인데, 사회적 급여의 전통적 형태는 현금(cash, 화폐)과 현물(goods, in-kind) 그리고 그 외에 증서(voucher), 기회 (opportunity), 서비스(services), 권력(power)과 같은 다른 부류(部類)의 것들이 있다.

현금 급여는 사회복지 급여 중 가장 큰 규모의 급여로, 수급자에게 선택의 폭을 넓혀줌으로써 효용(utility, 행복)을 극대화할 수 있으며,[69] 소비자 주권

---

69) 이론적으로만 본다면, 자유로운 사용이 가능한 1만 원의 현금을 수령 했을 경우가, 무형의 서비스 또는 물품의 형태로 1만 원을 수령했을 때보다 더 행복(복지)의 수준이 높다고 할 수 있으나, 이는 수급자가 자신에게 최선의 소비가 무엇인지를 합리적으로 판단할 수 있다는 것을 전제로 하

(consumer sovereignty) 구현으로 자기 결정권을 어느 정도 보장함과 동시에 현물로 받을 때의 낙인(stigma)을 방지할 수 있어 인간의 존엄성을 지킬 수 있다는 장점이 있으나 원래 목적에서 벗어나는 오남용(誤濫用) 가능성을 완전히 배제할 수는 없는 단점을 가지고 있다. 국민기초생활보장제도의 생계급여, 기초연금 또는 고용보험의 실업급여 등이 여기에 해당한다고 볼 수 있다.

현물급여는 현금이 아닌 물품(物品)이나 서비스 등으로 지급하는 급여로 정책목표의 효과성 또는 효율성 향상의 이점으로 눈에 띄는 효과와 사회적 통제가 편리하다는 장점으로 정치·경제적으로 선호되는 경향이 강한데, 이는 납세자(taxpayer)들이 자기가 낸 세금이 어떻게 사용되고 있는지 명확하게 볼 수 있다는 점과 더불어 경제적으로 규모의 경제(economies of scale)를 이룰 수 있어 대량 생산된 재화 등을 낮은 비용으로 제공할 수 있기 때문이다.[70] 그러나 현물급여의 제공은 개인의 선택과 자유를 결여시키는 단점이 존재하며, 이와 같은 예로는 기초생활보장수급자에게 제공되는 정부 양곡(쌀) 등을 들 수 있다.

증서(voucher)는 현금 급여와 현물 급여의 절충적 형태로 중간성격을 지니고 있다고 볼 수 있다. 이는 현금과 같은 가치를 지니고 있지만, 일정한 용도 내에서는 원하는 재화나 서비스를 선택할 수도 있기 때문이다. 최근에는 쿠폰(coupon)이라는 용어가 더 일반적인데, 정부가 수급자에게 쿠폰을 제공하면 수

---

며, 만일 수급자가 현금을 받아 마약이나 도박을 구매한다면 이런 장점은 사라진다고 할 수 있다 (박병선, 2007).

70) 현물 제공을 처음으로 제기한 학자는 스웨덴의 경제학자 미르달(Myrdal)이었는데, 미르달은 1930년대 스웨덴의 아동수당 급여 형태와 관련하여 규모의 경제 관점에서 현물급여의 우월을 주장하였다. 즉, 현물급여는 규모의 경제에 따라 대량 생산된 재화 또는 서비스를 적은 비용으로 제공할 수 있으나, 현금 급여는 사적으로 생산된 재화를 구입할 수도 있어 비용이 많이 든다고 주장하며 현물급여(in-kind benefit)를 선호하였다(박병선, 2007).

급자는 자신의 기호에 맞게 공급자를 선택하여 쿠폰을 지급하고 상품이나 서비스를 구매하며 공급자는 수급자에게 받은 쿠폰을 정부에 제시하여 재정을 지원받게 되는데, 이때 사용되는 쿠폰이 증서(證書)와 같다고 할 수 있다. 그러나 증서는 정해진 용도 외(外) 사용이 어렵고 이로 인해 정치 · 경제 · 사회적 영역에서 지지 세력을 확보하기 어려운 단점이 존재한다. 이와 관련하여서는 사회서비스 전자바우처(장애인 활동 지원, 가사 · 간병 방문 지원 사업 등)와 에너지 바우처, 교육 급여 바우처 등을 들 수 있다.

기회(opportunity)는 뚜렷한 실물 형태가 없다고 볼 수 있는데, 보통 사회적으로 불이익(disadvantage)에 처한 집단의 기회 불평등(不平等)을 제거하는 것에 주목적을 두고 있다고 할 수 있다. 기회 급여는 서비스 제공을 위한 재원 마련이라는 재정 압박에서 일정 수준 자유롭다고 할 수 있으나, 또 다른 집단에서의 불평등 발생이라는 단점도 존재한다. 이와 관련하여서는 기업이 장애인을 의무고용하게 하는 장애인 의무 고용제도나 대학입시제도에서 특별전형을 통해 장애인이나 농어촌자녀 등을 입학시키는 특례입학 제도가 여기에 해당한다고 볼 수 있다.

서비스(service)는 상담, 사례관리, 직업훈련 등과 같은 전반적으로 도움을 주는 여러 가지 복지 활동을 말한다. 서비스는 기회의 급여와 마찬가지로 무형의 급여이기 때문에, 표준화가 어려워 서비스를 제공하는 시기나 서비스를 제공하는 사람의 가치관, 전문성 등에 따라 서비스 내용과 질 등이 달라질 수 있으며 (이진숙, 2008), 다른 재화와 교환이 어려운 특징을 가진다.

권력(power)은 재화나 자원을 통제할 수 있는 영향력의 재분배와 관련된다. 즉 어떤 특정 집단에 정책의 내용과 결정에 참여할 수 있는 권한(權限)을 주는 경우 이를 획득하게 되며 이를 통해 영향력 행사가 가능하게 되는데, 우리나라의 경우 국민연금의 기금운용위원회나 건강보험의 정책심의위원회 등에서 가입자(加入者) 대표를 의사결정에 참여시키는 경우 등이 여기에 해당한다고 볼 수 있으며, 의사결정 참여라는 장점이 있으나 형식에 그칠 우려가 있다는 단점도 존재한다.

### 3.2.3. 전달체계

전달체계는 사회적 급여를 전달하기 위한 전략에 관한 것으로, '어떻게(how)' 라는 질문과 관련된다. 즉, 급여를 어떻게 전달할 것인지가 전달체계라고 할 수 있는데, 길버트와 테렐은 전달체계를 지역사회 서비스 공급자 사이에 존재하는 그리고 서비스 소비자들과 공급자 사이에 존재하는 조직체계라고 정의하였다 (Gilbert & Terrell, 남찬섭 외, 역, 2007).

이에 따르면 전달체계는 지역사회에 중점을 두고 있는데, 이는 서비스의 공급(자)과 소비(자)가 만나는 교류의 장(place)이 바로 지역사회이기 때문으로, 서비스의 공급자는 전문가인 개인이 될 수도 있으며 자조(自助) 단체 또는 전문가 집단이 될 수도 있으며 공공기관과 민간 기관 또는 지역사회 복지관과 정부 복지 관련 부서 등도 될 수가 있다(Gilbert & Terrell, 남찬섭 외, 역, 2007).

일반적으로 전달체계의 선택에서 가장 중요한 쟁점들로는 관리 운영 주체를 공공기관으로 할 것인지 또는 민간 기관에 의해 전달할 것인지와 만약 민간 기관에 의해 전달된다면 영리 단체와 비영리 단체 중 누가 담당할 것인지에 관한 것이며, 서비스 전달 인력과 관련하여서는 전문인력과 준전문가 또는 소비자 중 누구에게 서비스 전달을 맡길 것인지가 선택의 문제가 될 수 있으며, 서비스 이용 절차에서는 복지서비스의 혜택을 받는 소비자의 참여라는 가치가 중요시될 수도 있는데, 이는 지역사회 네트워크 활성화와 참여라는 문제와 관련된다고 할 수 있다. 다만 이와 같은 쟁점들에 관련한 논의는 각각의 장단점이 혼재(混在)되어 있어, 이 또한 주변의 여건과 환경을 고려한 선택의 문제라고 할 수 있다.

한편, 전달체계와 관련한 문제를 선택하고 결정하였다고 하더라도 서비스 전달과 관련한 일관성과 접근성 증진이라는 의제(agenda)는 여전히 남게 되며, 이와 관련한 해답을 구하는 과정에서 전달체계에 대한 비판도 거세지게 되는데, 이런 비판들은 전달체계가 가지는 특징적인 단점들인 단편적, 분절적, 비연속적, 비책임 등으로 지적되곤 한다. 이와 같은 문제들을 해결하기 위해 길버트와 테렐은 전달체계 개선전략의 여섯 가지 범주를 제시하고 있는데, 이들 여섯 가지 전략 모두는 서비스 전달 향상을 위해 서비스 체계를 재조직하려는 목적을 가진 것으로, '조정'과 '시민참여' 전략은 서비스 전달체계의 관료적 위계(位階)에 영향을 미치며, '역할 부과'와 '전문가 이탈' 전략은 전달체계 내의 행위자들의 역할과 지위를 변화시키려는 것이며, '전문화된 접근구조'와 '의도된 중복' 전략은 전달체계를 이루는 요소들의 실질적 구성을 변화시키려는 전략들이라고 할 수 있다(Gilbert & Terrell, 남찬섭 외, 역, 2007).

## 〈표 6〉 전달체계 개선 6가지 전략

| A. 정책 결정 권한을 재구조화하기 위한 전략 | |
|---|---|
| 1. 조정 | • 통합적이고 포괄적인 사회서비스체계 개발이 목적인 전략으로 기관들 간의 관계를 새롭게 만들 수 있다.<br>• (주요전략)<br> ① 중앙화: 서비스의 접근이 하나의 행정조직을 통해 이루어짐<br> ② 연방화: 다양한 기관들을 물리적으로 한 공간에 모아서 배치.<br> 단, 행정적으로는 통합하지 않음<br> ③ 사례별 협력: 일선의 사회복지사가 직접 나서서 원조체계의 다양한 구성<br> 요소들을 서로 연결 |
| 2. 시민참여 | • 기관과 클라이언트 사이에 정책 결정 권한을 재분배하려는 목적<br>• (주요전략)<br> ① 비분배적 참여: 치료, 교육 등으로 기존 구조에 변화를 주지 못함<br> ② 명목적 참여: 참여는 하지만 의사결정 결과를 바꾸지는 못함<br> ③ 재분배적 참여: 서비스 전달체계 의사결정에 실질적으로 참여하며,<br> 참여로 인해 권위구조가 변형됨 |
| B. 과업 할당을 재구조화하려는 전략 | |
| 3. 역할 부과 | • 접근성의 문제나 비연속성의 문제는 전달체계의 문제가 아닌 사회계층 문제로 인식<br>• 하층민 출신의 비전문적 보조요원 고용으로 사회계층 간 중재기능 역할부과 |
| 4. 전문가 이탈 | • 관료적 획일성이 전문가들의 기능수행을 방해한다는 것<br>• 서비스 전달 향상을 위해서는 관료적 구조 개혁보다 이탈하는 것이 더 효과적이라고 봄 |
| C. 전달체계의 구성을 변화시키기 위한 전략 | |
| 5. 전문화된 접근구조 | • 전달체계 내에서 역할 등의 변화 대신 전달체계에 새로운 요소 추가로 전달체계 구성을 변화시키는 것<br>• 여기서 새로운 요소는 클라이언트들이 서비스 제공기관에 좀 더 쉽게 접촉할 수 있도록 기관 문턱을 낮추고 클라이언트들이 기관과 좀 더 쉽게 연계될 수 있도록 하는 기능을 수행하는 요소를 의미 |
| 6. 의도적 중복 | • 기존의 전달체계 안에서 이미 제공되는 서비스 일부나 전부를 새로운 기관 등에서 다시 한번 제공하도록 하는 전략 |

※ 출처: N. Gilbert & P. Terrell. (2007). 사회복지 정책론: 분석 틀과 선택의 차원 (남찬섭 외, 역). 나눔의집, pp.286-306. 발췌 재정리.

### 3.2.4. 재정

사회적 급여의 재정에 관한 사항으로 대상자에게 제공할 서비스에 필요한 재정 또는 재원(돈)을 어디서, 어떻게 조달할 것인가의 문제로 재원 조달의 형태와 원천에 대한 선택의 문제라고 할 수 있다. 사회복지정책에 필요한 재원을 충당하는 방법은 큰 틀에서 공공 부문의 조세(租稅 tax)와 민간 부문의 기부(후원)금과 이용료(요금)이며 사회복지정책 재정 운영은 일반적으로 이 세 가지 재원을 혼합하여 이루어진다.[71]

공공재원의 영역인 조세는 사회복지정책의 재원 중 가장 큰 부문을 차지하고 있으며 가장 중요한 재원으로 정부에 의해 강제적으로 징수되며 개인뿐만 아니라 기업에도 부과된다. 이처럼 강제 징수를 통해 사회복지재정을 충당하는 근거로는, 국가는 저소득 계층의 생존권을 보장해야 할 의무를 지니고 있는데, 이는 조세가 저소득층의 생존권 보장의 의무가 국가에 있음을 증명한다고 볼 수 있으며, 이와 더불어 조세로 조성된 사회복지정책 재원은 소득 재분배 기능을 갖는데, 시장경제의 노동자 임금에서 발생된 불평등은 국가의 조세 제도에 의해 완화되며, 조세로 조성된 사회복지정책 재원을 통하여 사회복지정책들은 2차 소득분배 효과를 가져와 궁극적으로는 소득 불평등을 완화하는 효과가 있다(이진숙, 2008).

민간기부금은 타인의 원조 또는 보조를 위해 대가 없이 무상으로 지급되는 재산적 급부로 민간비영리 기관이 민간기부금에 의존하는 정도는 기관이나 단체별로 각기 다를 수 있지만, 민간비영리 기관의 중요한 재정(finance) 원천(原泉)

---

71) 사회복지서비스 수행을 위한 재원이 다양한 형태로 실존하는 것을, 통상적으로 복지 혼합 경제라고 부른다(N. Gilbert & P. Terrell, 남찬섭 외, 역, 나눔의 집, 2007).

중에 하나라는 점은 의심할 여지가 없다.[72] 특히, 공공 영역에서의 복지재원의 증가에 대한 우려와 그 한계가 노출됨에 따라 민간기부금에 관한 관심은 계속 늘어나고 있다. 그러나 이와 같은 기부금이 국가나 지방자치단체와 같은 공공 기관에 곧바로 기부될 수 있는 것은 아니다.[73] 따라서 민간기부금은 민간 비영리기관으로 향하게 되며 이로 인해 기부금이 기부자 개인의 순수한 동기에 의한 것이라는 시각 못지않게, 정부 정책에 의해 영향을 받은 것이라는 시각도 양립(兩立)하는 것이 사실이다.

이용료(요금)는 사회복지서비스의 구매 또는 판매로 민간비영리 기관이나 민간영리 기관 또는 공공기관까지도 드물지 않게 활용되고 있으며, 특히 민간 부문에서 더 활성화되는 것은 공공 영역이 갖는 비효율성을 극복하고, 제도적으로 감당할 수 없는 다양한 잔여적 복지(residual welfare provision) 욕구에 대하여 민간 부문이 동원되는 경향(傾向)이 증가하기 때문이다(이진숙, 2008).

---

72) N. Gilbert & P. Terrell. (2007). 사회복지 정책론: 분석 틀과 선택의 차원 (남찬섭 외, 역). 나눔의 집.

73) 「기부금품의 모집 및 사용에 관한 법률」 제5조에서는 "국가나 지방자치단체 및 그 소속 기관, 공무원과 국가 또는 지방자치단체에서 출자 · 출연하여 설립된 법인 단체는 기부금품을 모집할 수 없다. 다만, 대통령령으로 정하는 국가 또는 지방자치단체에서 출자 · 출연하여 설립된 법인 · 단체는 기부금품을 모집할 수 있다"고 명시하고 있다.

제2부

# 비교연구

이 책은 「민법」 제32조 또는 「사회복지사업법」 제2조 제3호 및 제16조와 「지방자치단체 출자·출연 기관의 운영에 관한 법률」, 「공익법인의 설립·운영에 관한 법률」 그리고 「보건복지부 및 질병관리청 소관 비영리법인의 설립 및 감독에 관한 규칙」에 근거하여 지방자치단체가 출연한 복지재단을 그 대상으로 하며, 구체적 사례로 경기복지재단과 남양주시복지재단을 비교연구 하고자 한다.

우선 공간적 대상과 범위로 경기도에 소재한 복지재단을 선정한 것은 전술(前述)한 것처럼 기초자치단체인 남양주시가 광역자치단체인 경기도의 지리적 영역 안에 놓인 경기도 산하 시·군으로 도정(道政)과 시정(市政)의 계획과 시행에 있어서 서로 긴밀하게 영향을 주고받기 때문으로, 이와 같은 전제는 두 복지재단 간 비교 결과를 더욱 의미 있게 만들 것으로 기대하기 때문이다.

시간적 대상과 범위로는 두 복지재단 모두 2022년에서부터 2023년까지를 주요 시기로 다루고자 하나, 그 이전의 시기에서도 의미 있는 자료가 있으면 과감히 분석 대상으로 삼고자 한다. 이는 약 15년 이상의 오랜 경력을 지닌 경기복지재단과의 비교연구는 남양주시복지재단과 같은 설립 초기에 있는 기초복지재단에 유익한 시사점을 줄 수 있기 때문이다.

내용적 대상과 범위로는 경기복지재단과 남양주시복지재단의 설립 배경과 관리 운영 사항 그리고 주요 사업을 통한 서비스 대상, 종류, 전달 방법, 운영 재원 등의 전반적인 사항을 살펴볼 것이며, 앞서 언급한 것과 같이, 사회복지정책 분석 틀을 활용하여 네 가지 선택적 차원으로 비교 분석하고자 한다.

위와 같이 지방자치단체 출연 복지재단을 설립 배경과 네 가지 선택적 차원으로 분석하기 위해 문헌자료 조사 방법 중심의 질적연구 방법을 사용하였다. 이를 위해 복지재단과 관련한 학술지, 정부 부처 공식 보고서, 단행본, 학위논문, 신문 기사 및 이와 관련된 인터넷 포털 자료 및 각종 통계자료 그리고 정보공개 포털의 정보공개 청구[1] 등을 활용하였다. 특히 연구 대상으로 삼고 있는 경기복지재단과 남양주시복지재단의 홈페이지를 통해 연도별 주요 업무보고 자료 및 예산 · 결산 등을 비롯한 각종 정보공개 자료 등을 수집하고 본 논의에 활용하였다.

지금까지 논의한 N. Gilbert & P. Terrell의 네 가지 선택적 차원으로 구성된 분석 틀을 본 논의의 비교연구 대상과 종합하여 모형으로 구현(具現)하면 다음 〈그림 2〉와 같다. 또한 앞서 논의한 것과 같이 복지재단 설립과 운영은 지방자치단체의 복지정책의 차원으로 추진되고 있어 사회복지정책 분석 틀을 활용하여 분석하는 것이 가장 적합할 것으로 판단된다.

본 연구 분석 틀의 흐름에 따라, 우선 광역복지재단인 경기복지재단과 기초복지재단인 남양주시복지재단의 설립 배경을 복지재단 설립 논의 시점부터 출범까지 시간적 흐름에 따라 비교하여 유사성과 차별성을 논의해보고, 복지재단

---

1) 부록의 '전국지방자치단체 출연 복지재단 설립 계획 및 운영현황'은 정보공개 청구를 통해 회신받은 공개자료를 정리하였다.

출범 후 복지재단 운영과 관련하여 길버트와 테렐이 제시하고 있는 네 가지 선택의 차원, 즉 할당, 급여, 전달체계, 재정의 차원으로 비교 분석하고자 한다.

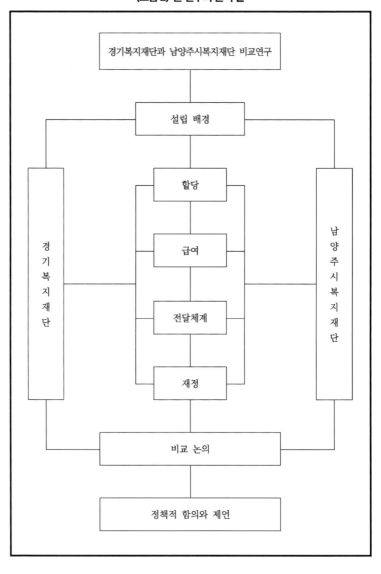

〈그림 2〉 본 연구의 분석 틀

설립 배경을 이해하는 일은 설립 과정에 관한 배경지식을 쌓는 일이며 이로 인해 비교연구에 있어 더 깊은 통찰력을 더할 수 있다. 즉, 지방자치단체가 정책적으로 어떤 의도를 가지고 설립을 시작했는지와 그 과정에서 지역사회의 참여는 어떻게 이루어졌는지를 시간적 흐름에 따라 확인하고자 하였다. 이와 같은 작업은 지역사회복지 거버넌스(governance) 운영 요소를 확인하는 것과 같다고 할 수 있는데, 이는 지역사회의 욕구와 문제의 해답은 결국 지역사회 내에 있다고 보기 때문으로, 설립 배경의 논의는 지역사회복지 거버넌스 차원을 분석하고자 한다.

할당의 차원은 서비스 대상, 즉 주(major) 고객이 누구인가에 답을 구하는 것으로 단순히 보편주의와 선별주의 또는 개인과 집단의 구분을 넘어 각각의 복지재단이 추진하고 있는 주요 사업에서 주 고객이 누구이며 자격 기준이 어떻게 되는지 그리고 서비스 대상자 선정원칙 등을 분석하고자 한다.

급여의 차원에서는 경기복지재단과 남양주시복지재단이 추진하고 있는 주요 사업을 통해 각각의 급여 유형과 형태를 분석하고, 서비스 수혜 대상자들이 급여 유형의 결정과 이용에 있어 서비스 제공자들과의 소통과 참여가 있는지 등에 대해서도 분석하고자 한다.

전달체계 차원은 전반적인 관리 운영과 서비스 체계가 어떻게 구축되어 상호작용하는가를 살펴보기 위해, 경기복지재단과 남양주시복지재단의 조직체계와 서비스 전문인력, 서비스 이용 절차 그리고 지역사회 네트워크 활성화 등을 분석하고자 한다.

재정의 차원에서는 복지재단의 서비스 제공 비용이 어떻게 마련되는가를 살펴볼 것인데, 이는 서비스 비용이 누구에 의해서 어떻게 구성되는지를 들여다봄으로써 공공재원과 민간재원이 각각 어떻게 구성되어 조달(raising funds)되고 있으며, 그 부담 주체가 누구인지를 중점적으로 분석하고자 한다.

이와 같은 연구 분석 틀은 경기복지재단과 남양주시복지재단을 정밀(detailed)하게 비교 분석하는 데 활용되어 광역복지재단과 기초복지재단의 설립목적과 의미를 더욱 정교(精巧)하게 발전시킬 것이며, 궁극적으로는 지방자치단체 출연 복지재단의 발전 방향에 대한 함의(含意)와 정책적 시사점을 가져올 수 있을 것으로 기대하고 있다.

# 제4장 설립 배경

## 4.1. 경기복지재단

경기복지재단(舊 경기복지미래재단)의 설립은[2] 경기도 민선 3기[3] 때인 2005년쯤에 마련된 '사회복지종합지원센터 건립 보고서'가 그 시초라고 할 수 있는데, 당시 경기도는 이 같은 계획에 따라 2006년 초까지 연구용역을 진행하였으나 민선 4기[4] 출범에 이르러 그 명칭이 '경기복지재단 설립 추진 계획(안)'으로 변경돼 추진되었다.[5]

경기도는 복지재단 설립 이유를 사회복지의 수요 증가와 그에 따른 복지 욕구 증대에 부응하고 전반적인 복지서비스를 종합적으로 평가하고 분석하여 복지정책을 개발하며, 교육과 연구개발 기능이 필요하다고 하였다.[6] 특히 경기도는 전국에서 가장 많은 인구 규모를 가진 지방자치단체로 복지 수요가 급격하게 증가하고 있으나, 일선의 복지 현장에서는 중앙부처에서 내려오는 당면 업무를 형식적이고 획일적으로 처리하는 데 급급한 실정으로, 장기적인 정책 비전과 계획을 갖고 개선방안을 마련하는 등의 복지정책연구 및 개발 등은 추진

---

2) 경기복지재단은 2007년 7월 발기인 대회 이후 2007년 11월 출범하였으며, 출범 당시 명칭은 '경기복지미래재단'이었으며 2009년 12월에 현재의 '경기복지재단'으로 명칭을 변경하였다.

3) 민선 3기는 2002년 7월 1일~2006년 6월 30일까지가 임기였다.

4) 민선 4기는 2006년 7월 1일~2010년 6월 30일까지가 임기였다.

5) 이학성. "경기도, 복지 부문 강화 박차." 중부일보. 2007년 2월 25일.
   http://www.joongboo.com/news/articleView.html?idxno=225388

6) 경기복지시민연대. "경기복지재단 설립, 실증적 검토에 기반하여야..." GBN뉴스. 2007년 4월 28일.
   http://www.gbnnewss.com/news/articleView.html?idxno=893

할 여력을 기대하지 못할 정도로 크게 취약하다고 말하며 복지재단의 설립 이유를 구체적으로 언급하였다.[7]

이를 위해 경기도에서는 사회복지시설 종사자, 학계, 시민단체, 도의원 등 총 7명으로 구성된 민간 전문가들이 참여하는 민간 중심의 '경기복지재단 설립추진단'이 구성되었으며, 이후 추진단은 복지재단 설립의 기초를 마련하기 위해 기존의 유사한 기관을 운영 중인 지방자치단체 방문으로 벤치마킹(benchmarking)을 수행함과 더불어 복지 현장 및 전문가의 목소리를 담기 위해 공청회 및 간담회 등을 개최하였으며,[8] 재단 명칭 제정을 위해 도민을 대상으로 공모(公募)를 추진하여 복지재단 출범 당시 명칭을 '경기복지미래재단(現 경기복지재단)'으로 경기도민(京畿道民)의 의견을 수렴(收斂)하기도 하였다.[9]

이런 논의의 결과로 경기도는 2007년 7월 25일 '경기복지미래재단 설립발기인대회'를 개최하고 본격적으로 복지재단 설립 절차를 진행하게 되는데, 특히 이 자리에서는 '수요자들의 욕구 반영', '부드럽고 융통성 있는 재단', '민간 전문가 투입' 그리고 '복지 단체를 운영한 경험이 있는 자를 특채 또는 공채하여 복지정책 및 사업의 전문성 향상'이라는 문구가 주로 언급되었다.[10] 또한 발기인(promoter) 대회를 통해 경기복지재단의 역할을 좀 더 상세하게 언급하게 되

---

7) 장향숙. "경기도, 경기복지미래재단 설립 추진." 남양주투데이. 2007년 7월 25일.
   https://www.nyjtoday.com/news/articleView.html?idxno=2624

8) 이학성. "경기도, 복지부문 강화 박차." 중부일보. 2007년 2월 25일.
   http://www.joongboo.com/news/articleView.html?idxno=225388

9) 송원찬. "짝퉁 경기복지미래재단 돼서는 안 돼." 경인일보. 2007년 7월 5일.
   http://www.kyeongin.com/main/view.php?key=336682

10) 데일리안. "경기도 수혜자 · 민간단체 '복지 3박자'." 2007년 7월 25일.
   https://m.dailian.co.kr/news/view/75409

는데, 이는 복지정책 및 프로그램 개발과 보급, 복지시설 종사자 교육훈련, 복지자원 연계 네트워크 구축, 복지 관련 사업 위탁 처리 등으로 향후 복지재단 정관의 주요 사업내용을 짐작하게 할 수 있는 사항들이었다.

**〈표 7〉 경기복지미래재단(現 경기복지재단) 발기인 현황**

| 합계 | 학계 | 사회복지계 | 공무원 | 기타 | 비고 |
|------|------|-----------|--------|------|------|
| 17명 | 2명 | 10명 | 4명 | 1명(*) | (*)회계사 |

※ 출처: 경기복지재단 정관 부칙 제2조(설립 당초의 발기인 및 임원 등). 재구성.

한편, 경기복지재단 설립추진단의 다양한 의견 수렴의 과정에서는 복지재단 설립과 관련한 우려의 목소리도 존재하였는데, 우선 복지재단의 설립과 관련하여 사회복지계(界)는 그 위상과 기능에 대한 불명확성을 지적하며 경기 복지재단과 다른 민간 조직과의 기능과 역할 중복을 우려하였는데, 이는 평상시에도 각종 행정기관의 감사(inspection) 등으로 복지서비스에 상당한 지장을 초래하고 있는 상황에서 복지재단 설립은 또 하나의 기관이 이 기능을 가지게 됨으로써 이중적 시스템 작용으로 옥상옥(屋上屋)이[11] 될 것이라는 논란으로 표출되었다.

더욱이 사회복지종사자들은 경기복지재단이 민간에서 수행하는 사업과 비

---

11) '지붕 위에 지붕'이라는 뜻으로, 윗부분에 불필요하게 만든 조직이나 구조를 비유적으로 이르는 말(국립국어원 표준국어대사전, 2023)로, 옥상옥은 지방자치단체 출연 복지재단의 설립과 관련하여 그 필요성 또는 설립방안 등을 검토할 때 민간 영역에서 위인설관(爲人設官: 굳이 필요하지 않은데 사람을 임명하기 위해 직책 또는 벼슬자리를 만드는 것) 등과 함께 복지재단 설립을 비판할 때 주로 사용하는 용어로 지방자치단체에서는 복지재단 설립 검토 시 중점적으로 우려하고 경계해야 하는 부분이라고 할 수 있다.

숫한 사업까지 모두 수행할 것이라는 우려 섞인 시선을 가지고 있었고,[12] 복지재단 설립을 위한 검토 과정에서 경기도 복지 현황에 대한 사전 조사를 미이행한 것을 사유로 복지재단 설립이 경기도 사회복지 현실을 정확히 반영하지 못하고 있음을 지적하면서 과학적 설립 타당성 부족을 사유로 복지재단 설립에 동의하기 어렵다는 의견을 내기도 하였다.

물론 경기복지재단의 설립을 주도한 경기도는 앞서 언급한 것과 같이 애당초 검토하였던 사회복지종합지원센터 건립을 위해서 '경기도 사회복지종합지원센터 설립과 운영방안 연구용역'을 실시하면서 사회복지서비스 전달체계에 대한 사회복지시설 종사자와 사회복지 및 보건 관련 공무원을 대상으로 설문조사를 실시하였으며, 그 결과로 사회복지종합지원센터의 형태를 공무원의 경우 지방공사 형태를 선호하며 사회복지시설 종사자의 경우에는 공익법인의 형태를 선호하는 것으로 조사됨을[13] 이유로 소통과 참여를 완료하였다고 자만(自滿)할 수도 있으나, 용역 보고서의 최종 결론이 센터 운영 조직으로 공익 법인화를 제안하고 운영비 일부를 경기도가 지원하되 나머지는 수혜자 실비부담과 사회복지 기부 운동 등을 통해 조달할 것을 제안하고[14] 있어 용역 보고서가 완료된 이후부터가 실질적인 참여와 협력 그리고 소통이 필요한 시기였다고 말할

---

12) 사회복지 민간 영역에서는 경기복지재단이 민간사업 영역까지 진출하여 민간 기관, 단체 등이 위축될 것을 우려하였다.

13) 설문조사 응답자는 총 100명(남자 29명, 여자 72명)으로, 민관협력을 통한 민영화된 통합기구의 형태로는 공익법인 운영 24.8%, 시민협의체 운영 21.8%, 도지사 직속 기구 또는 자문 기구 운영 21.8%, 지방공사 설립 운영 19.8% 등의 의견이 있었으며, 공무원의 경우 지방공사 설립(28.04%), 시설종사자의 경우 공익법인설립(28.6%)을 바람직한 형태로 보고 있다고 조사되었다(이정훈 외, 2006).

14) 이정훈. (2006). 경기도 사회복지종합지원센터 설립과 운영방안 연구, 경기도: 경기도.

수 있다. 왜냐하면 공익법인은 법인세법상 비영리법인 중 「상속세 및 증여세법 시행령」제12조 각호에 열거된 공익사업을 영위하는 법인을 말하는 것으로,[15] 사단법인, 재단법인, 사회복지법인 중 시설법인, 지원법인 등이 모두 포함될 수 있기 때문이다.

결국, 경기복지재단은 경기도 민선 4기 출범 이후 약 1년 4개월 만인 2007년 11월[16] 경기도가 20억 원을 출연하고 초대 대표이사에 사회복지법인 연꽃마을 대표 각현 스님(경기도노인복지시설연합회장)을 선출하고, 사무처장[17]과 연구원 등을 포함하여 직원 8명으로[18] 공식 출범하였다.[19]

## 4.2. 남양주시복지재단

남양주시복지재단 설립 논의의 시작은 민선 7기[20] 출범에 따른 남양주형 (type) 복지와 시민통합복지 구현이라는 비전(vision) 달성을 위하여 2019년 5월 '시민 통합복지 비전 계획'을 수립하면서 시작되었다.[21] 당시 보도자료를 살펴

---

15) 국세청 공익법인 개요. https://www.nts.go.kr/nts/cm/cntnts/cntntsView.do?mi=2388&cntntsId=7751

16) 경기복지재단 홈페이지, 재단 소개 / 설립목적 및 연혁. https://ggwf.gg.go.kr/gfinfo/gfhistory

17) 사무처장에는 '아큐이나 수녀(윤정옥)'를 임명하였다.

18) 당초 경기복지재단 설립추진단은 상근 인력으로 10~12명 정도가 필요하다는 의견을 내었으나 당시 경기도지사는 3~4명으로 조직 축소를 강조하여 갈등이 발생하기도 하였다. 그러나 결국 의 논 끝에 상근 인력 규모는 설립 추진단의 당초 의견이 반영되었다(인천일보, 2007).
유길용. "밀실 행정 반발 발기인 대회 시민연대 불참 경기복지재단 시작부터 삐걱." 인천일보. 2007년 7월 26일. http://www.incheonilbo.com/news/articleView.html?idxno=296552

19) YTN. "경기복지미래재단 공식 출범." 2007년 12월 18일.
https://www.ytn.co.kr/_ln/0103_200712180038283843

20) 민선 7기는 2018년 7월 1일~2022년 6월 30일까지가 임기였다.

21) 남양주시 복지재단 설립은 민선 7기 공약인 복지 인프라 확대의 일환으로 추진되었다(열린뉴스

보면, 복지기관별 분절된 복지서비스 제공의 통합과 후원금 관리체계의 일원화 (一元化)를 사유로 '남양주시복지재단' 설립을 계획하였음을 알 수 있다.[22]

이후, 복지재단 설립 타당성 검토 용역 결과와 꾸준한 내부 토의를 거친 남양주시는 제3기 신도시[23] 개발 발표로 약 17만 명 이상의 인구 증가가 예상되고 지역사회 주민들의 복지 욕구가 기본적인 생계(生計) 안정에서 여가, 문화, 환경, 주거 등으로 급격하게 변화(變化)·확대(擴大)되고 있으며(서상준, 2019), 남양주시의 복지예산이 지난 2009년 약 1,900억 원에서 2019년 약 6,000억 원으로 약 3배 이상 급증하여 기존의 복지 인프라로는 지역복지 수요를 감당하기 어렵다는 사유 등으로[24] 구체적인 설립 절차를 진행하기 시작하였다.

이에 따라 남양주시는 「남양주시복지재단 설립 및 운영에 관한 조례(안)」을 남양주시의회(議會)에 안건 상정(上程)하게 되는데, 남양주시의회는 2019년 7월에 조례를 1차 부결(否決)시켰으며 같은 해 9월 다시 상정한 조례에 대해서 2차 보류(保留)하였다. 결국 그다음 달인 10월이 되어서야 제264회 회의(임시회)를 통해서 어렵게 가결되어 안건 심사를 통과하게 되는데, 앞선 부결과 보류의 주요 사유로는 재단설립으로 복지 영역에서의 또 하나의 옥상옥(屋

---

통신, 2021). 임성규. "복지공약 '남양주 복지재단' 공식 출범." 열린뉴스통신. 2021년 2월 4일.
http://www.onews.tv/news/articleView.html?idxno=47176

22) 조한재. "[남양주시의 시민통합 복지비전] 태어날 때부터 건강한 노후까지 맞춤형 지원 '인생여정' 무지개." 기호일보. 2019년 5월 14일.
http://www.kihoilbo.co.kr/news/articleView.html?idxno=806795

23) 국토교통부는 서울 집중 주택 수요 분산을 위해 남양주시 왕숙, 하남시 교산, 인천 계양, 고양 창릉, 부천 대장 등 5곳을 지정, 주택공급사업을 하며, 이 중 남양주시 왕숙지구는 6만 6,000가구 조성으로 가장 큰 규모로 계획되었다.

24) 서상준. "시 복지재단 설립 가시화 '촘촘한 지역복지' 기대." 시사저널. 2019년 10월 22일.
http://www.sisajournal.com/news/articleView.html?idxno=191947

上屋)이 만들어져 민간 영역의 복지 자율성이 통제돼 복지서비스의 질(quality) 하락이 우려된다는 것과 단기간 내 복지재단 설립 추진에 따른 졸속행정에 대한 우려 그리고 지역사회복지의 중추 역할을 복지재단에 맡겼을 때 갑(甲)질이나 횡령(橫領) 등의 비리(非理) 발생 등이 우려된다는 것이었다.[25] 물론 이와 같은 우려는 당면 복지재단만의 문제가 아닌 지방자치단체 출자·출연 기관의 전반적인 문제이기도 했다.

조례(條例) 통과 후 그 이듬해인 2020년에 남양주시는 '남양주시복지재단 설립발기인 총회'를 개최하게 되는데, 남양주시복지재단 설립을 위한 발기인(發起人) 구성은 민선 7기 지방자치단체장을 비롯해 전(前)·현(現)직 공무원, 기업인, 금융계, 학계 및 세무사, 변호사 등으로 구성되었으며 다음의 〈표 8〉과 같다.

〈표 8〉 남양주시복지재단 발기인 현황

| 합계 | 학계 | 금융계 | 기업인 | 공무원 | 기타 | 비고 |
|---|---|---|---|---|---|---|
| 11명 | 1명 | 2명 | 2명 | 2명 | 4명(*) | (*)前 공무원(2)<br>회계사(1)<br>변호사(1) |

※ 출처: 남양주시 홈페이지 - 주요언론보도
(https://www.nyj.go.kr/mayor/selectBbsNttView.do?key=1598&bbsNo=68&nttNo=429509).
남양주시의회, 2021년도 행정 사무감사, 남양주시복지재단 소관 부록 자료. 재구성.
https://www.nyjc.go.kr/minutes/svc/web/cms/mnts/SvcMntsViewer.php?schSn=3035#

이상과 같은 복지재단 설립을 위한 발기인 총회는 남양주시복지재단의 설립 취지와 그 목적을 더욱 구체화시켰는데, 주요 내용으로 남양주시복지재단 설립을 통해 '조사·연구' 및 '복지프로그램 개발과 보급', '자원 발굴과 연계', '시설 간

---

25) 하지은. "실효성 논란 휩싸인 '남양주복지재단' 설립." 경기일보. 2019년 7월 25일.
http://www.kyeonggi.com/2137803

연계 교류' 및 '민·관 협력 강화' 등을 중점 추진할 것을 밝혔으며, 복지재단의 재정적 안정성을 위해 출연금 30억 원을 2년간 나누어 출연(出捐)받기로 하였다.

한편, 남양주시복지재단 역시 설립 과정에서 지역사회에서 끊임없는 잡음(noise)이 일었는데, 가장 비판적인 시각으로는 실효성 문제와 사회복지계(social welfare community)를 비롯한 시민사회의 의견 수렴 부족 그리고 복지전문가가 참여하지 못한 부실한 인적 구성 등이 지적되었다.[26] 또한 지역사회 주민들을 비롯한 지역사회 복지시설과 기관 그리고 분야별 단체들의 입장이 복지재단 설립의 찬성과 반대가 극명하게 갈려 반대하는 측에서는 복지재단 설립 신청 반려(返戾) 탄원을 경기도에 요구하기도 하였으며,[27] 찬성하는 측에서는 복지재단 설립 촉구(pressing) 성명서를 공개적으로 발표하기도 하였다.[28]

결국, 남양주시복지재단은 남양주시 민선 7기 출범 이후 약 2년 7개월, 시민 통합복지 비전 계획 수립 이후 약 1년 9개월 만인[29] 2021년 2월 공식 출범하

26) 서쌍교. "남양주복지재단 출범 앞두고 '시끌'... 비판 쏟아진 이유." SBS. 2020년 9월 1일. https://news.sbs.co.kr/news/endPage.do?news_id=N1005959015&plink=ORI&cooper=NAVER

27) 이상휼. "복지재단 설립 신청 반려해야, 남양주시민들 이재명 지사에게 탄원." 뉴스1. 2020년 9월 5일. https://www.news1.kr/articles/?4049469

28) 이종우. "남양주시 이통장연합회, 복지재단 설립 촉구 성명서 발표." BreakNews. 2020년 9월 14일. https://www.breaknews.com/755567

29) 남양주시복지재단 설립의 2020년 전후의 시기에는 코로나바이러스감염증-19 팬데믹으로 집합금지명령 등과 같은 행정명령으로 인해 논의와 협의의 장(場) 마련에 상당한 어려움이 있었을 것이나, 이 시기를 고려하여 복지재단 설립 추진의 진행이 지연되었다고 하더라도 복지재단 설립을 결정하고 출범까지의 기간이 충분한 논의와 숙의의 장을 마련할 수 있을 만큼의 기간이라고 볼 수는 없을 것이다. 즉, 2020년 3월 11일 세계보건기구(WHO)가 코로나바이러스감염증-19의 범유행전염병(Pandemic)임을 선언하여 모든 행정역량이 전염병 확산을 막는 데 집중되어 복지재단 설립이 약 2년여의 기간이 소요된 것으로 볼 수 있는바, 실질적으로 따진다면 더 짧은 기간에 복지재단 설립을 결정하고 출범시킨 것으로 볼 수 있을 것이다.

였으며 초대 이사장에는 전(前) 경기도 공무원을, 대표이사에는 전(前) 남양주시 공무원을 각각 임명하였으며, 대표이사를 포함하여 복지실장 1명, 직원 9명 등 총 11명의 조직으로 시작되었다.[30]

## 4.3. 비교 논의

경기복지재단과 남양주시복지재단의 설립 배경을 살펴보면 다음과 같은 유사점과 차이점을 발견할 수 있다. 우선 경기복지재단과 남양주시복지재단은 새롭게 들어선 민선 단체장 집권 초기에 복지재단 설립이 결정되고 추진되었다. 그러나 경기도는 민선 4기 도지사 공약사항 75개 사업 중 구체적으로 복지재단 설립 계획은 없었으며,[31] 남양주시 또한 민선 7기 시장 공약사항 25개 사업 중 복지재단 설립에 대한 언급은 없었다.[32] 이와 같은 사실은 복지재단 설립이라는 사회복지정책의 중요한 의사결정이 충분한 논의와 숙의(熟議) 그리고 협의(discussion)가 부족했음을 충분히 의심받는 상황이 될 수밖에 없다. 왜냐하면 지

---

30) 남성운. "남양주시복지재단 공식 출범, 희망케어센터 운영 등 업무." 구리남양주뉴스. 2021년 2월 5일. http://www.gnnews.org/news/articleView.html?idxno=8074

31) 민선 4기 경기도지사 공약사항은 4대 분야 19개 과제 75개 사업이었으며, 이 중 복지 분야는 노인과 장애인의 복지증진 과제로 사업별로는 7개 과제(사회복지예산확충, 학대아동보호 예방시스템 강화, 노인 일자리 확대, 치매·중풍 노인 종합지원대책, 장애인 재활 고용 서비스 확대, 중증 장애인을 위한 활동 보조인 등 지원 제도 도입, 재가 장애인을 위한 지역사회 재활시설 확충)로 추진되었다(경기도 정책기획관실, 2006).

32) 민선 7기 남양주시장의 공약사항은 4차 신산업 경제 도시 남양주, 교통인프라 확충으로 교통난 없는 남양주, 꿈을 키우는 청소년 신명 나는 평생교육도시, 약자 우선 어르신을 섬기는 도시, 시민 감동 열린 행정서비스로 5대 분야였으며 그중 복지와 관련하여서는 네 번째 약자 우선 어르신을 섬기는 도시로 이에 관련한 이행 방법으로는 병·의원과 함께하는 찾아가는 상시 의료서비스, 대형병원유치, 여성 안심 무인 택배 보관함 설치, 범죄 취약 지역 CCTV 확대 설치, 노인 요양원 건립이었다(중앙선거관리위원회, 2018).

방자치단체의 복지정책 결정 과정의 메커니즘은 정치, 경제, 사회적 요인 등의 복합 상호작용으로 이루어진다고 할 수 있는데(이재완, 박순우, 2013),[33] 복지재단 설립을 결정하고 설립 후 출범까지의 기간이 지나치게 짧아 과연 지역사회와 제대로 된 수준의 소통(疏通)이 이루어졌는지 확신할 수 없기 때문이며, 실제로도 설립을 위한 기획 단계에서부터 균형적인 소통과 협력(協力)을 찾기는 어려워 보이기 때문이다.

쉽게 말해서, 경기복지재단과 남양주시복지재단 설립(設立)의 결정과 그 시작에서 지역사회(local community)와의 협력적 거버넌스(collaborative governance)는 매우 중요하게 다루어져야 함에도 불구하고, 전술(前述)한 지방자치단체의 사례에서는 복지재단 설립 준비와 진행 과정에서 사회복지 전문가와 종사자 및 비영리법인과 단체, 자원봉사 조직, 복지시설, 일반 주민 등과 같은 민간 조직체계와 상호작용을 통한 집단적(集團的) 네트워크(network) 활동을 위한 환경 조성(造成)에 적극적이지 않았다고 할 수 있는 것이다.

이는 앞서 살펴본 바와 같이, 지방자치단체는 2003년 「사회복지사업법」 개정(改正)을 통해 사회복지에 관한 자율과 책임이 강화되었으며, 2005년 복지사업의 지방이양과 2006년 지역사회복지계획 수립으로 사회복지의 지방화(地方化)와 분권화(分權化)가 진행되었음을 볼 수 있었는데, 실례로 지방자치단체에서는 '지역사회복지협의회' 또는 '지역사회보장협의체' 등으로 민·관 협력(private-public mix)이 실현되고 있었다. 그러나 이와 같은 제도화된 협력 방법이 있음에도 불구하고 지방자치단체의 복지재단 설립 계획 및 결정과 관련하여서

---

33) 지방정부의 정책 결정 과정에 영향을 미치는 요인으로 정책결정자의 정책 의지, 정치·행정·문화, 이해집단의 태도, 사회 지배적 이념, 가치 변화, 시민 경제활동 수준 및 지방정부 재정력 수준이라고 말하고 있다(이재완, 박순우, 2013).

는 과거의 관료제(官僚制, bureaucracy) 중심의 강력한 권한이 두드러지는 경향(傾向)이 여전히 나타나고 있음을 볼 수 있다.

한편, 경기도는 경기복지재단 설립 결정 이후 사회복지계, 학계, 시민단체, 도의원 등으로 구성된 '경기복지재단 설립추진단'을 구성하여 복지재단 설립 기초를 만들기 위해 공청회,[34] 간담회, 벤치마킹(bench-marking) 등을 수행하고 복지재단 명칭을 경기도민들에게 공모(公募)하는 등 지역사회복지 거버넌스 회복(recovery)을 시도하였음을 찾아볼 수 있는데, 이와 관련하여 양(兩) 복지재단 간(間)의 가장 결정적인 차이점은 복지재단 설립발기인(promoter)[35] 구성에서 확인해볼 수 있다.

경기복지재단은 설립발기인으로 사회복지분야 교수 2명과 사회복지시설연합회 등 사회복지 시설과 단체 종사자 등 10명,[36] 관련 공무원 4명, 회계사 1명으로 총 17명으로 구성하였으며, 이 중 사회복지 관련 참여자가 발기인 구성원 전체의 70%를 차지하고 있음을 찾아볼 수 있으나, 그에 반해 남양주시복지재단은 설립발기인 총 11명 중 사회복지 관련 시설, 법인, 단체 등의 종사자는 찾아보기 어려웠다. 또한 경기복지재단은 '경기도 노인시설연합회장'을 대표이사로 선임하고 사무처장을 복지전문가로 채용할 것을 의견 수렴하는 등 지역사회

---

34) 「행정절차법」에서는 공청회 개최를 법령 규정 외에도 '행정청이 인정하는 경우'로 두고 있어 행정청 재량에 따르고 있다.

35) 「민법」 제32조에 따라 법인의 설립 허가를 받으려는 자를 발기인이라고 하며, 정관작성, 출자이행, 대표이사, 이사, 감사 등을 선임하는 역할을 한다.

36) 경기복지재단 설립발기인 참여 사회복지 시설과 단체는 '경기도노인복지시설연합회, 경기도아동복지연합회, 경기도장애인복지시설연합회, 경기도사회복지관협회, 경기지역자활센터협회, 경기도경제단체연합회, 한국지역복지봉사회, 경기도사회복지공동모금회, 경기도병원협회, 우양의 집' 등이다(경기복지재단 정관, 2021).

가 주체적으로 복지재단 체계 마련에 활발하게 참여하였으나, 남양주시복지재단은 퇴직공무원이 초대(初代) 이사장과 대표이사에 취임하여 민간(民間) 경력보다는 공공(公共)의 경력을 중시하는 경향을 보여주고 있어 지역사회 구성원들로부터 지역사회 참여와 소통과 관련한 문제로 많은 비판을 받았다.[37]

그렇다면 이쯤에서 복지재단 설립을 위해서 왜 '지역사회복지 협력적 거버넌스'가 중요한가? 라는 물음을 가질 수 있다. 협력적 거버넌스(collaborative governance)는 민·관협력(民官協力)을 기반으로 하는 운영방식으로 공동의 목표를 위하여 모든 이해 당사자들이 투명하게 의사결정에 참여하는 것을 말한다.[38] 사회복지 영역에서 지역사회복지 거버넌스는 지역사회에서 일어난 문제를 해결하고 삶의 질을 높이기 위해 다양한 지역사회 구성원들이 참여하고 협력하는 전체 활동을 의미한다. 즉, 지역사회복지는 그 지역의 환경과 서로 밀접하게 교류하게 되는데, 이 과정에서 나타나는 지역사회에서 발생하는 욕구와 사회문제는 결과적으로 지역사회에서 그 해결 방법을 찾을 수 있는 것이다.

따라서 지역사회 협력적 거버넌스(collaborative governance)는 지역사회 곳곳의 다양한 구성원들이 참여하여 지역사회에서 발생하는 지역사회 문제(local social issue)와 그에 따른 욕구(needs) 등을 해결하기 위하여 복지정책 의제(agenda) 형성에서부터 참여하고 그에 따른 정책의 집행과 평가까지도 참여함으로써 지역사회 문제를 가장 빠르게 효율적이면서 효과적으로 해결할 수 있다고 할 수 있다.

---

37) 서쌍교. "남양주시복지재단 출범 앞두고 '시끌'... 비판 쏟아진 이유." SBSNEWS. 2020년 9월 1일.

38) 거버넌스 개념은 학문 분야와 관심 영역에 따라 다양하게 정의되고 있으나 그 공통된 요소로는 각 주체들의 자율성, 공공의사결정, 상호의존성, 민관 파트너십, 권력 배분, 네트워크, 숙의 등이라고 할 수 있다(서정철, 2013).

# 제5장 할당

## 5.1. 경기복지재단

경기복지재단은 복지서비스 대상을 고객(client)으로 설정하고 있음을 볼 수 있다.[39] 즉, 누구에게 혜택을 제공할 것인가라는 할당의 문제를 재단에서 수행하는 각종 사업의 주요 고객은 누구인가로 보는 것이다. 기본적으로 경기복지재단은 「경기복지재단 설립 및 운영지원에 관한 조례」 및 '경기복지재단 정관'을 통해 경기도민을 복지서비스 제공 대상으로 규정하고 있다. 규정상으로만 본다면 경기도 산하 31개 시·군의 약 1,363만 명[40] 이상의 인구 모두가 급여의 대상이 될 수 있다. 그러나 앞서 살펴본 것처럼, 급여 대상을 선정하는 일은 다양한 스펙트럼으로 나타나며 이는 곧 욕구의 사정에 따른 선택의 차원으로 이루어진다. 따라서 경기복지재단이 추진하는 주요 사업들의 고객을 파악하는 일이, 경기복지재단의 급여 대상을 파악하는 작업이 될 것이다.

경기복지재단은 '복지정책 연구사업'을 중점 추진하고 있으며 복지정책의 연구·조사의 주요 고객을 의회(議會)와 경기도 각 부서 그리고 시·군으로 설정하고 있다.[41] 이는 정책연구 목적을 도정(道政) 및 시·군 현안 해결 지원으로 두

---

39) 경기복지재단은 '2023년 주요 업무보고'에서 4대 추진전략 중 하나로 '(고객 존중) 고품질 복지 체계 구축'으로 하였다.

40) 통계청 KOSIS. (행정안전부, 주민등록인구 현황). 2024년 2월 기준.

41) 경기복지재단의 '2023년 주요 업무보고'에 따르면, 제8회 전국동시지방선거 및 제20대 대통령 선거 등 관련 현안 대응 4건 완료 후 재단 주요 고객(의회, 경기도 각 부서 등)에게 제공하였음을 밝히고 있다.

고 있고 복지정책의 주요 내용 변화에 따라 현안 대응 자료를 이들에게 제공하고 있는 점만으로도 충분히 설명되고 있다. 또한 지역사회보장 균형 발전소의 경우 경기도 내(內) 31개 시·군 간 사회보장 수준 격차 완화를 위해 경기도 및 각 시·군 지역 사회보장계획 수립을 지원하고 있어, 좁게는 기초자치단체 또는 공무원을 주요 고객으로 두며 넓게는 경기도민을 수혜 대상으로 두고 있음을 볼 수 있다.

또한 경기복지재단은 경기도 내 시설, 단체, 기관 그리고 여기서 근무하는 사회복지종사자 등을 서비스 고객으로 두고 있는데, 실례로 '사회복지시설 평가 및 컨설팅·인증사업'에서는 사회복지관, 노인복지관, 장애인복지관, 아동 생활시설, 정신재활시설 등 사회복지시설과 그 운영자 및 종사자를, '사회복지 종사자 역량 강화 교육사업'에서는 사회복지시설, 단체, 기관 종사자와 복지 업무를 담당하는 공무원 등을 주요 고객으로 두고 있음을 볼 수 있다.[42]

이와 더불어, 경기복지재단은 민·관 협력 소통 창구로 '경기복지 거버넌스'를 운영하고 있는데, 이는 경기도민의 복지 체감도 향상을 위해 사회보장 관련 단체 및 사회복지 분야 전문가와 경기도민 그리고 경기도, 도의회(道議會) 등이 함께 참여하여 쌍방향 협의체를 구성하여 복지 현안을 논의하고 합의하는 기구로 운영되어,[43] 사회복지 현장과 복지정책과의 소통 창구 마련과 더불어 민·관 협업을 통한 신뢰를 구축하고 있다. 이에 따라 직접적인 주요 고객을 따져본다면 경기도민, 도의회와 경기도 및 경기도 산하(傘下) 시·군, 사회복지 직능단체(職能團體),[44] 등이 될 것이다.

---

42) 경기복지재단. '2023년 주요 업무보고'. (2023.02.08.). pp.10-28.

43) 「경기도 사회보장위원회 구성 및 운영조례」 제10조 및 '경기복지거버넌스 운영 규정' 등이 운영 근거이다.

44) 「직능인 경제활동 지원에 관한 법률」 제2조(정의)와 「직능인 경제활동 지원에 관한 법률 시행령」

한편 경기복지재단은 경기도에 거주하는 취약계층을 대상으로 다양한 복지서비스를 제공하고 있으나, 이와 관련한 복지서비스 대상은 이미 자산조사(means test)를 통해 공공부조의 수급 자격을 취득한 대상자를 진단적 차등과 같은 일정 한 수준과 기준에 따라 그 대상을 일정 부분 구분하고 있음을 확인할 수 있다. 가령, '경기도 청년 노동자 통장 사업'의 경우 서비스 신청을 위해서는 경기도 내에 거주하고 기준 중위소득 100% 이하인 만 18세 이상 만 34세 이하인 근로하는 청년이어야 하며, 기초생활보장수급자 또는 법정 차상위계층 등은 신청이 불가한 자격 제한을 두고 있다.[45] 이와 유사하지만, 그 대상을 장애인으로 두고 있는 '누림 통장'의[46] 경우에는 만 19세 이상 만 21세 이하인 등록장애인 중 종합 장애 정도가 심한 장애인이어야 지원 대상이 될 수 있으며 지원 기간(24개월간) 동안 주민등록상 주소지가 경기도여야 한다.[47] '불법사금융 피해 지원 사업'에서는 서비스 대상을 불법사금융 이용으로 고금리, 불법추심 등 불법사금융 피해를 겪고 있는 모든 경기도민을 대상으로 피해 상담 및 채무협상, 구

---

제2조(직능단체의 기준)에 따르면, 직능단체는 각 전문 직능 분야에서의 활동을 위하여 직능인으로 구성된 단체로서 첫째, 영리를 목적으로 설립·운영되는 단체가 아닐 것, 둘째, 특정 정당 또는 특정 선출직 후보의 지지·지원 또는 특정 종교의 교리 전파를 주된 목적으로 하여 설립·운영되는 단체가 아닐 것을 규정하고 있다. 따라서 사회복지 직능단체의 사례로는 아동복지협회, 노인복지협회, 장애인복지시설협회, 재가노인복지협회, 사회복지관협회, 주간보호시설협회 등과 같이 사회복지를 그 영역으로 하는 단체가 될 수 있다.

45) 경기도 청년 노동자 통장 사업은 매달 10만 원을 저축하면 2년 후 경기도 예산으로 580만 원이 적립되는 통장으로 금융역량을 강화하여 미래에 대한 대응력을 키워주는 사업이다. https://account.ggwf.or.kr/main/freshman_main.do#(검색일: 2023.4.18.)

46) '누림'은 경기도형 장애인 복지서비스 브랜드로 정책이나 교육, 자립, 협력 지원 등의 다양한 복지서비스를 지원하고 있으며, 이 중 누림 통장은 지원 대상자 선정 시 24개월 동안 월 10만 원 이내 적립 금액에 따라 1:1 매칭 적립금을 지원한다.

47) 경기도 장애인복지 종합지원센터. https://www.ggnurim.or.kr/PageLink.do(검색일: 2023.4.18.)

제 방법 결정 및 법적 절차지원 등 실질적인 지원을 제공하고 있으나, 그중 불법추심(不法推尋)에 대응하여 제공하는 서비스인 '채무자 대리인제도'[48]에서는 기준 중위소득 80% 이하인 경기도민은 경기도 법무담당관으로 연계되며, 그 외 중위소득 구간에서는 법률구조공단에 연계되어 접수되는 차등을 두고 있다. 또한 '경기극저신용대출'에서는 신용등급에 따른 수혜(受惠, benefit) 대상의 자격에 차등을 두고 있음을 볼 수 있다.[49]

반면, 경기복지재단에서 수탁(受託) 운영 중인 '경기도서민금융복지지원센터'에서는 서비스 대상을 구분하지 않고 모든 경기도민을 그 대상으로 하는 사례도 발견되는데, 경기도서민금융복지지원센터는 상담 지원 및 고객지원에 있어 경기도에 거주하는 모든 가정을 대상으로 경제적인 어려움에 직면해 있는 주민에게 재무(finance) 상담과 채무조정(debt settlement) 등과 같은 금융복지 상담 서비스를 제공하고 있으며, 이와 동시에 금융복지 지원 외(外) 기타 사회복지서비스 및 일자리 관련 취업 서비스 등도 연결하여 사회복지 서비스가 필요한 주민들에게 사회복지서비스 정보제공과 신청 등을 안내하고 연계 서비스를 지원하고 있음을 찾아볼 수 있다.

이상과 같은 논의를 종합해보면, 경기복지재단은 제공하는 서비스의 주(主) 고객으로 지역사회의 시설·단체·기관과 공무원 그리고 취약계층과 경기도민 등의 네 영역으로 구분하고 있음을 알 수 있다. '정책연구사업'은 의회, 경

---

48) 대부업체의 불법 채권 추심을 받고 있는 도민을 위해 변호사를 선임하여 채무자가 직접 독촉을 받지 않도록 지원하는 제도(경기도 서민금융복지지원센터, 검색일: 2023.7.5.).
https://gcfwc.ggwf.or.kr/

49) 2022 사업 기준. 개인 신용점수 평가 기관인 NICE 724점 이하 or KCB 670점 이하, 국민기초생활수급자, 차상위계층, 한부모가족은 NICE 744점 이하 or KCB 700점 이하임(경기도, 검색일: 2023.3.31.).

기도 및 시·군이 주요한 고객이며, '사회복지시설 평가, 컨설팅·인증사업'과 '사회복지종사자 역량 강화교육'은 사회복지시설과 사회복지종사자 등이 주요 고객이 될 것으로, 서비스 대상자 선정원칙에 따르면 귀속적 욕구에 의한다고 볼 수 있다. 또한 '경기복지 거버넌스'와 '지역사회보장 균형 발전소'와 같은 민·관 협력 강화 사업 역시 사회복지 직능단체와 경기도민 그리고 의회와 공무원이 주요 고객인 점을 봤을 때 귀속적 욕구에 따라 수혜 대상이 선정되고 있다고 볼 수 있다.

또한, '취약계층지원사업'에서는 특화사업으로 추진되고 있는 금융복지서비스 중 채무상담, 재무상담, 복지상담 등은 귀속적 욕구에 따라 경제적 어려움이 있는 모든 경기도민을 대상으로 금융상담과 복지연계 서비스 등을 제공하고 있으며, 이를 제외한 경기도 청년 노동자 통장 사업, 누림 통장 사업, 불법사금융 피해 지원 사업, 채무자 대리인제도, 경기극저신용대출 등은 제공되는 주요 서비스에 따라 거주지, 나이, 장애 기준, 기준 중위소득(소득 기준), 신용등급 등으로 서비스 대상을 구분하며 대상자 선정원칙에서 '보상'을 제외한 귀속적 욕구, 진단적 차등, 자산조사에 의한 욕구 등을 고르게 활용하고 있음을 볼 수 있으며, 특히 대상자 선정 시 자원 배분의 효율성(效率性)과 효과성(效果性) 극대화를 위해서 서비스 대상자 선정기준의 우선순위를 두고 있음을 볼 수 있는데, 이는 일반적으로 저소득 취약계층이 일반 경기도민들보다 우선적(preferential) 선정 대상이 되고 있다고 할 수 있다.

### 〈표 9〉 경기복지재단 대상자 선정원칙

| 주요 업무 | | 주요 고객<br>(수혜 대상) | 귀속적<br>욕구 | 보상 | 진단적<br>차등 | 자산조사에<br>의한 욕구 |
|---|---|---|---|---|---|---|
| 정책<br>연구 | 복지 분야<br>정책연구 | 의회, 道<br>각 부서 공무원 | ○ | | | |
| 시설<br>품질경영 | 사회복지시설<br>평가 및<br>컨설팅·인증 | 사회복지시설 | ○ | | | |
| 복지<br>인재육성 | 사회복지종사자<br>역량 강화교육 | 사회복지<br>종사자 | ○ | | | |
| 취약<br>계층<br>지원<br>사업 | 청년 노동자<br>통장 | 기준 중위소득<br>100% 이하 | | | | ○ |
| | 장애인복지<br>종합지원센터 운영 | 장애인 | | | ○ | |
| | ▸ (정책지원) | 정책입안자,<br>종사자, 도민 등 | ○ | | | |
| | ▸ (교육지원) | 장애인복지<br>종사자 | ○ | | | |
| | ▸ (자립지원) | 발달장애인<br>중증 장애인 | | | ○ | |
| | ▸ (협력지원) | 경기도 거주<br>등록장애인 | | | ○ | |
| | 불법사금융<br>피해지원 사업 | 경기도민<br>(중위소득 80%<br>이하 별도 지원) | ○ | | | |
| | 경기 극저신용<br>대출 | 신용등급 7등급<br>이하 | | | | ○ |
| 민관<br>협력<br>강화 | 경기복지<br>거버넌스 | 경기도민 | ○ | | | |
| | 지역사회보장<br>균형 발전소 | 공무원 | ○ | | | |

## 5.2. 남양주시복지재단

남양주시복지재단은 「남양주시복지재단 설립 및 운영에 관한 조례」 및 '재단법인 남양주복지재단 정관'을 통해 남양주시민을 복지서비스 제공 대상으로 규정(規定)하고 있음을 볼 수 있다. 그러나 실제 추진 중인 각 사업에서는 지원 대상을 구분(區分)하고 있으며, 각각의 사례는 다음과 같다.

우선 남양주시복지재단은 '복지정책 연구 · 조사'를 통해 복지서비스 문제점을 발견하고 개선하여 남양주시민의 복지 향상이라는 목표를 밝히고 있다. 이를 위해 2022년 총 3건의 연구용역을 시행하였으며, 사회복지 현안 과제 진단을 위한 복지정책 포럼을 민(民) · 관(官) · 학(學) 등 사회복지 관계자 참여로 개최하였다. 이와 같은 연구와 포럼 등을 통해 남양주시 특성을 반영한 다양한 정책적 제언(提言)을 제시하고 있으나, 경기복지재단과 같이 구체적이고 명료하게 정책연구의 주요 고객을 규정하지는 않고 있다.[50] 다만, 복지정책 연구·조사의 목표나 정책 포럼의 참여 대상 그리고 연구과제 발굴 수요조사를 복지 공무원을 대상으로 하고 있음을 근거로 유추(類推)해보자면, 남양주시복지재단의 복지정책 연구사업은 정책결정자가 주요 고객이 될 것으로 짐작되고 있다. 그러나 복지정책 연구 결과가 남양주시의회나 남양주시청에 제공되어 정책의 실현으로까지 연결되는 의미 있는 사례는 딱히 찾기는 어려워 보인다.[51]

---

50) 경기복지재단은 2023년 업무보고서에서 복지 분야 정책연구를 통해 도정 및 시군 현안 해결을 지원하며 복지재단 주요 고객으로 의회, 경기도 각 부서를 제시하였으며, 시 · 군 현안 과제를 수탁과제로 진행하여 시군 지원연구를 수행하고 연구 과정에서 생성된 시 · 군별 자료를 사전 공유하고 있다.

51) 남양주시복지재단은 2021년 출범 후 2022년까지 총 4건의 연구용역보고서를 내었으며, 연구주제는 "남양주시 복지 기준선 설정 연구", "남양주시 장애인 지역사회 재활시설 이용자 욕구 및 종사자 실태분석", "남양주시 커뮤니티 케어 서비스 생태계 구축방안 연구", "남양주시 지역 장애인 복지 전달체계 구축방안 연구" 등이다.

남양주시복지재단은 남양주시 내(內) 사회복지시설·단체·기관과 그 종사자들을 대상으로 '복지시설 컨설팅'과 '사회복지종사자 역량 강화교육'을 지원하고 있다. 주요 지원 내용은 복지시설의 인사·노무 및 재무·회계 컨설팅과 사회복지 종사자에게는 홍보, 사례관리, 모금 교육 등을 지원하고 있다. 이와 더불어 남양주시복지재단은 남양주시 내 시설·단체·기관을 대상으로 복지서비스 증진 우수프로그램을 공모하여 사업비를 지원하고 있으며, 사회복지시설과 단체 등의 노후화된 장비(equipment) 등을 교체하는 등의 기능보강사업을 '공모사업'을 통해서 지원하고 있다. 또한 남양주시복지재단은 '후원 개발 및 후원자 예우 강화'를 주요 업무로 구분하고 있는데,[52] 이와 관련하여 사회복지공동모금회와 연합모금(joint fundraising)을 통해 나눔에 참여한 후원자들을 대상으로 후원자 예우(禮遇)를 강화하여 남양주시 내 기부문화 확산을 도모(圖謀)하고 있음을 볼 수 있다.

실례로 남양주시복지재단은 나눔 명문기업, 아너 소사이어티, 나눔 리더, 착한 가정·가게·일터, 평온(溫)한 기부 등의 다양한 기부 프로그램을 운영하고 있으며,[53] 연말연시 집중모금을 위해 '사랑의 온도탑' 제막(除幕) 및 수시로 자율

---

52) 남양주시복지재단은 '2023년 주요 업무계획'에서, 2022년 주요 추진성과로 후원자 예우 활성화를 (pp.1-2), 2023년에는 기부문화 확산을 주요 사업으로 계획(pp.5-6)하고 있다.

53) (나눔 명문기업) 1억 원 이상 기부했거나, 3년 이내 1억 원 이상 기부를 약정한 기업, (아너 소사이어티) 1억 원 이상 일시 또는 5년 내 약정 후원한 개인 기부자, (나눔 리더) 100만 원 이상 일시 또는 1년 낸 약정 후원한 개인 기부자, (착한 가정) 매월 2만 원 이상을 가족 구성원 이름으로 정기 후원하는 가정, (착한 가게) 매월 3만 원 이상 매출의 일정액을 정기적으로 나누는 가게, (착한 일터) 5인 이상 임직원이 매월 일정 금액을 정기 기부하는 기업, (평온한 기부) 1억 원 이상의 기부를 일시 혹은 평생 약정하는 프로그램.

기부를 할 수 있는 '기부자 명예의 전당'[54] 설치 등으로 주민 누구나 기부와 나눔에 참여할 수 있는 지역사회의 기부문화 활성화를 적극적으로 시도(試圖)하고 있다.

한편 남양주시복지재단은 저소득 취약계층을 대상으로 복지 사각지대 해소를 위한 지역 밀착화(密着化) 사업으로, '소외계층 직능교육', '온(溫)택트 나눔 사업', '스마트 온라인 공부방 지원 사업', '다둥이 多가치 키움 지원 사업', 'UP! 케스트라 지원 사업', '희망케어센터 운영' 등을 추진하고 있다.

'소외계층 직능교육'은 남양주시에 주소지를 둔 거주자를 대상으로 자격증 취득 등 근로 능력 향상을 위해 실질적인 자립기반을 마련하는 사업으로, 지원 대상을 저소득층이나 취약계층에게 할당하고 있는데, 실제 지원 사업 공고를 보면 기초생활보장수급자, 차상위계층, 한부모가족을 지원 대상으로 삼고 있음을 볼 수 있다.[55]

'온(溫)택트 나눔 사업'은 남양주시 내 저소득층을[56] 대상으로 여름, 겨울 또는 명절 등 시기별 물품을 제공하는 것으로, 지원 대상을 저소득층으로 두고 있

---

54) '기부자 명예의 전당'은 남양주시청 본관 1층에 위치하고 있으며, 기부자들의 나눔 실천의 소중한 뜻을 기리고 지역사회에 건전한 기부문화를 확산한다는 취지로 가로 11m, 세로 3m 규모의 디지털 월로 제작되었다.

55) 남양주시 블로그. https://blog.naver.com/nyjloving/222869201415

56) 저소득층의 기준은 사업 주체의 판단 또는 사업이 추진되는 환경에 따라 유연하게 해석되는데, 기준 중위소득 30% 이하의 소득계층을 의미하거나, 또는 차상위계층까지 포함하여 '수급자, 차상위, 한부모'를 저소득층으로 포괄하여 표현하기도 한다. 이는 사회적 양극화 등의 빈부격차 심화에 따른 저소득층 대상 복지서비스 제공기준선정 시 지방자치단체의 유연한 사업 추진 방법을 의미한다고 볼 수 있는데, 최근에는 통상적으로 저소득층을 '수급자, 차상위, 한부모'까지 광의적으로 해석한다고 할 수 있으며, 지방자치단체에서는 사업 추진 방향에 따라 저소득층 내에서 지원 대상을 기준 중위소득으로 그 기준을 다양하게 변화를 주어 지원을 하고 있다.

으나, 사업에 관련된 보도자료를 통해 살펴보면, 일반적으로 기초생활보장수급자, 차상위계층,[57] 기초연금수급자 등이 그 대상이 되고 있음을 볼 수 있다.[58]

'스마트 온라인 공부방 지원 사업'은 코로나19로 인해 비대면(untact) 수업이 시행됨에 따라 남양주시 내 저소득가구 아동과 청소년을 대상으로 책상, 의자, LED 조명 등 학습 환경 향상을 위한 물품을 지원하였으며, 지원 대상의 우선순위로는 기초생활보장수급자, 저소득 법정 한 부모, 조손(祖孫)가정, 가정위탁아동, 3자녀 이상 가구 및 고학력 순으로 지원하고 있다.

'다둥이 多가치 키움사업'은 남양주시 거주자로 4명 이상의 자녀를 양육하는 가구에 양육비를 현금으로 지원하는 사업으로 지원 대상의 소득 기준은 4자녀의 경우 국민기초생활보장 수급자 중 생계급여 및 의료급여 대상자(기준 중위소득 40% 이하)가 지원 대상이며, 5명 이상의 자녀를 양육하는 경우 기준 중위소득 120% 이하 대상자를 지원 대상으로 두고 있다.[59]

'UP!케스트라 사업'은 남양주시 내 발달장애 아동과 청소년을 대상으로 문화·예술 활동을 지원하는 것으로, 오케스트라 활동의 참여 기회를 주기 위해 오케스트라 악기 지원 및 연주 교육을 추진하고 있으며, 저소득 취약계층[60] 참여자에게는 악기를 무상으로 대여하는 등의 혜택(benefit)을 추가로 주고 있다.

'희망케어센터'는 독거노인, 장애인, 수급자 등 소외계층을 대상으로 복지·

---

57) 「국민기초생활 보장법」 제2조 제10호에 따라 "차상위계층이란 수급권자에 해당하지 아니하는 계층으로서 소득인정액이 대통령령으로 정하는 기준 이하인 계층"을 말하며, 「국민기초생활 보장법 시행령」 제3조에 따라 "소득인정액이 기준 중위소득의 100분의 50 이하인 사람"을 말한다.

58) 최원일. "남양주시복지재단 '온택트 나눔' 행사 진행". 경인종합일보. 2021년 3월 28일. https://www.jonghapnews.com/news/articleView.html?idxno=316252

59) 본 사업의 부침(浮沈)과 관련하여서는 p.93, 각주 67)을 참고 바람.

60) 차상위계층 및 한부모가정 등.

보건을 연계한 8개 분야의 서비스를 제공하고 있는데, 8대 분야는 돌봄, 생활, 건강·의료, 주거, 정서(情緒), 자활(自活), 금융·법률, 고용연계지원 등이다.[61]

이상의 논의를 종합해보면, 남양주시복지재단은 서비스 주 수혜 대상으로 저소득층, 사회복지 시설·단체·기관, 정책결정자와 기부(後援)자 등의 네 영역으로 두고 있음을 볼 수 있다. '정책연구사업'에서는 정책결정자를 포함하여 남양주시민이 서비스 대상이 되며, '사회복지시설 컨설팅'과 '사회복지종사자 역량 강화교육'에서는 사회복지시설과 그 종사자 등이 서비스 대상이 됨에 따라 귀속적 욕구에 근거한 수혜 대상을 두고 있음을 볼 수 있다.

또한 '취약계층지원사업'의 주요 사업들에서는 저소득층 또는 소외계층, 발달장애인, 기준 중위소득 등으로 수혜 대상의 자격과 기준을 구분하여 서비스 제공의 우선순위를 두고 있음을 볼 수 있는데, 이는 앞선 경기복지재단의 사례와 마찬가지로 일반적으로 저소득 소외계층이 일반 시민들보다 우선적 선정 대상이 되는 점은 유사한 상황으로 보이며, 서비스 대상자 선정원칙에서는 대다수 자산조사에 의한 욕구에 따르고 있으며, 일부분 진단적 차등 원칙을 활용하고 있음을 볼 수 있다.

한편, 남양주시복지재단은 경기복지재단과 달리 후원의 개발 및 배분(配分) 사업을 두고 있는데, 배분을 위해서는 공모사업에 의한 심사위원회 심층 심사로 배분 여부를 결정하거나,[62] 지역사회보장협의체와 같이 특정 집단에 소속되는 경우 고르게 배분하고 있음을 볼 수 있어 대상자 선정에 있어서 진단적 차등과 귀속적 욕구 원칙을 활용하고 있음을 볼 수 있다.

---

61) 남양주 희망케어센터. https://hope.nyj.go.kr/hope/main.do

62) (남양주시복지재단 공고 제2022-8호) 2022년 남양주시복지재단 상반기 사회복지 우수프로그램 공고사업 공고.

## 〈표 10〉 남양주시복지재단 대상자 선정원칙

| | 주요 업무 | 주요 고객 (수혜 대상) | 귀속적 욕구 | 보상 | 진단적 차등 | 자산조사에 의한 욕구 |
|---|---|---|---|---|---|---|
| 정책 연구 | 복지정책 연구·조사 | 정책결정자 | ○ | | | |
| | 사회복지 정책포럼 | 남양주시민 | ○ | | | |
| 복지 시설 운영 지원 | 사회복지시설컨설팅 | 시설·단체·기관 | ○ | | | |
| | 사회복지종사자 역량 강화교육 | 시설·단체·기관 종사자 | ○ | | | |
| 취약 계층 지원 사업 | 스마트 온라인 공부방 | 저소득층 | | | | ○ |
| | 소외계층 직능교육 | 저소득층 | | | | ○ |
| | 온(溫)택트 나눔 | 저소득층 | | | | ○ |
| | UP!케스트라 사업 | 발달장애인 | | | ○ | |
| | 다둥이 多가치 키움사업 | 기준 중위소득 40% 이하 | | | | ○ |
| | 희망케어 센터운영 (수탁기관) | 소외계층 (독거노인, 장애인, 수급자 등) | | | ○ | ○ |
| 후원 개발 배분 | 우수프로그램 기능보강 공모사업 | 시설·단체·기관 | | | ○ | |
| | 지역사회보장 협의체 지원 사업 | 16개 읍·면·동 지역사회보장협의체 | ○ | | | |
| | 후원자 개발 및 예우 | 기부(후원)자 | | ○ | | |

그러나 이와는 달리, 후원(기부)의 개발 및 예우(禮遇)에 있어서는 나눔 관련 행사 개최를 통해 기부나 후원을 한 사람이나 기업들을 경제적으로 특별한 기

여 또는 공헌의 사례로 보아 사회적 예우(respectful treatment) 제공으로[63] 보상 (reward)의 차원으로 서비스 대상자를 선정하고 있음을 볼 수 있다.

## 5.3. 비교 논의

경기복지재단과 남양주시복지재단의 할당 차원을 살펴보면 다음과 같은 유사점과 차이점을 논의할 수 있다. 기본적으로 경기복지재단과 남양주시복지재단은 조례와 정관을 통해서 각각 경기도민과 남양주시민을 수혜 대상으로 설정하고 있으며, 추진 사업들의 주 수혜 대상을 의회(議會), 공무원, 사회복지시설 · 단체 · 기관, 취약계층, 주민, 기부(후원)자 등으로 구분하여 지원하는 형태를 보여주고 있다.

우선 각각의 복지재단은 경기도 또는 남양주시에 주소지를 두고 있으면 누구나 복지재단의 서비스 대상이 된다는 점에서 '귀속적 욕구'에 따른 대상자 선정기준을 정관(定款)에 담고 있다고 할 수 있다. 이는 지방자치단체의 지리적 영역 안에서 공무원, 사회복지시설 · 단체 · 기관, 취약계층과 주민 등을 서비스 주 수혜 대상 또는 주요 고객으로 설정하고 있음을 의미한다. 즉, 경기복지재단은 복지정책 연구사업, 사회복지시설 운영 · 지원 사업, 복지협력 강화 사업을 공무원 또는 사회복지시설 · 단체 · 기관을 주요 대상으로 삼고 있으며, 남양주시복지재단 또한 복지정책 연구사업, 사회복지시설 운영 · 지원 사업을 정책결정자 또는 사회복지시설 · 단체 · 기관을 주요 대상으로 삼고 있어 정책연구와

---

63) 남양주시복지재단은 매년 각계각층의 후원자들에게 후원에 대한 감사와 존경으로 후원자 표창, 감사공연, 만찬 및 축하공연 등으로 '나눔이 빛나는 밤' 행사를 개최하고 있다(기호일보, 2022). 조한재. "남양주시복지재단 '나눔이 빛나는 밤' 열어 후원자 19명에 표창." 기호일보. 2022년 11월 24일. https://www.kihoilbo.co.kr/news/articleView.html?idxno=1005257

사회복지시설 운영 · 지원 사업 그리고 복지협력 강화 사업 등은[64] 귀속적 욕구에 따라 궁극적으로 보편주의 할당 원칙에 기반(base)하고 있다고 할 수 있다.

또한 경기복지재단과 남양주시복지재단은 간접적 또는 직접적인 복지 급여 또는 서비스 제공을 위해 대상자 선정에 우선순위를 두고 있는 면도 볼 수 있는 데, 경기복지재단은 취약계층지원사업에서 지원 대상자 선정을 위해 기준 중위 소득 100% 이하, 장애 정도가 심한 장애인(중증),[65] 불법(不法) 사금융피해 도민 등으로 설정하고 있으며, 남양주시복지재단 역시 취약계층지원사업에서 저소 득층, 소외계층, 기준 중위소득 40% 이하, 발달장애인 등으로 그 지원 대상에 우선순위를 두어 각각의 복지재단이 공통으로 선별적으로 서비스 대상자를 선 정하고자 하는 유사점을 찾아볼 수 있다.

여기서 한 가지 눈여겨볼 사항으로, 경기복지재단은 취약계층 지원 대상을 확보하는 데 있어서 상대적으로 보편적 요소와 선별 요소를 적절히 혼합(混合) 하고 있음을 볼 수 있는데, 가령 불법 사금융피해지원사업은 모든 경기도민을 대상으로 상담 서비스를 제공하여 귀속적 욕구에 기반하고 있으나, 청년 노동 자 통장 사업 등은 기준 중위소득과 같은 자산조사에 의한 욕구 차원에 기반하 고 있음을 볼 수 있다.[66] 반면 남양주시복지재단은 경기복지재단보다는 선별주

---

64) 복지협력 강화 사업은 지역사회복지 협력적 거버넌스를 의미하며, 경기복지재단의 경기복지 거 버넌스와 같은 사례를 의미한다.

65) 2019년 7월 1일부터 등록장애인을 '장애의 정도가 심한 장애인(현재 1~3급)'과 '장애의 정도 가 심하지 않은 장애인(4~6급)'으로 구분하고 있다(장애인복지법 시행령 제2조, 시행규칙 제2 조 및 별표1, 2023).

66) 경기복지재단은 '경기도 청년 노동자 통장' 지원 대상을 기준 중위소득 100% 이하로 하고 있으 며, '찾아가는 서민금융복지사업' 대상을 저소득층, 미혼모 및 60대 이상 여성 1인 가구로 하고 있 으며, '불법사금융 피해 지원 사업'의 채무자 대리인제도의 경기도 법무 담당 연계지원 대상자 기 준을 기준 중위소득 80% 이하로 설정하고 있다.

의 기준을 더 적극적으로 활용하고 있는데, 가령 수혜 대상을 저소득층 또는 기준 중위소득 40% 이하 등으로 설정(設定)하여 자산조사에 의한 욕구에 근거하여 서비스 대상을 선정하고 서비스를 제공하는 사업을 다수 찾아볼 수 있으나, 귀속적 욕구와 같은 보편주의에 기반한 수혜(benefit) 대상 사업을 찾아보기는 어려웠다.[67]

**〈표 11〉 경기복지재단과 남양주시복지재단의 할당**

| 구분 | 기준 | 경기복지재단 | 남양주시복지재단 |
|---|---|---|---|
| 할당 | 조례<br>정관 | 경기도민 | 남양주시민 |
| | 선정<br>원칙 | • 보편주의·선별주의 혼합 활용<br>　- 귀속적 욕구, 진단적 차등,<br>　　자산조사에 의한 욕구 등 | • 선별주의 적극 활용<br>　- 귀속적 욕구, 진단적 차등,<br>　　자산조사에 의한 욕구, 보상 등 |
| | 우선<br>순위<br>선정<br>기준 | • 저소득층(수급자, 차상위, 한부모 등)<br>• 기준 중위소득 100% 이하<br>• 장애 정도가 심한 장애인(중증)<br>• 경기도민(재무 상담, 채무조정 등) | • 저소득층<br>• 기준 중위소득 40%, 120% 이하<br>• 복지시설 및 가정위탁 보호 종료<br>　5년 이내 청년<br>• 발달장애인 등 |

결국, 남양주시복지재단의 경우 경기복지재단보다 서비스 대상을 저소득층이나 저소득가구로 한정하는 경향이 주를 이루는데, 이는 남양주시복지재단의

---

67) 물론 다둥이 多가치 키움사업 같은 경우 4자녀의 경우 기준 중위소득 40% 이하로 선정 대상이 폭을 좁혀놓았지만, 5자녀 이상의 경우에는 2023년 8월부터 중위소득 120% 이하로 설정된 기준에서 소득·재산을 폐지하겠다는 계획을 밝히기도 하였다(경기일보, 2023). 실제로 남양주시복지재단은 5자녀 이상에게 소득과 무관하게 전체를 대상으로 지원금을 지급하였으나, 2023년 행정사무 감사에서 시의원들로부터 소득 기준과 무관한 현금성 급여 지원에 신중할 필요가 있다는 지적에 따라 2024년에는 다시 기준 중위소득 120% 이하로 회귀(回歸)하였다. 남양주시의회. (2023). 제299회 제8차 복지환경위원회행정사무감사. 회의록. (https://www.nyjc.go.kr/minutes/svc/web/cms/mnts/SvcMntsViewer.php?schSn=3396#;)

취약계층 지원 사업의 재정 원천(源泉)의 상당 부분이 사회복지공동모금회와의 공동모금을 통해 조성됨에 따라, 후원금 사용 시 후원자들을 의식하여 서비스 지원 대상을 일정 수준 이하의 소득·재산을 가진 저(低)소득층이나 소외계층 또는 취약계층 등으로 한정할 수밖에 없는 구조적 문제 때문으로 볼 수 있다. 이는 남양주시복지재단이 보도자료 또는 블로그 등을 통해 후원금·품의 모금 (나눔)이나 기부 소식을 전하면서 명시적(明示的)으로 "취약계층 지원", "모금된 후원금·품은 남양주시 어려운 이웃을 돕기 위해 사용됩니다" 또는 "기부해주신 물품은 모두 남양주시의 어려운 이웃을 위해 활용될 예정입니다"라는 문구를 빠짐없이 삽입하고 홍보하면서 어려운 이웃에 후원금·품이 쓰이고 있음을 끊임없이 강조하고 있는 데서 충분히 추론(推論)해볼 수 있다.[68]

한편 남양주시복지재단은 기부(후원)자들을 대상으로 사회적 예우를 서비스하고 있어 경기복지재단에서는 찾아볼 수 없는 '보상(reward)'이라는 대상자 선정원칙을 보여주고 있는데,[69] 이는 경기복지재단에서는 「기부금품의 모집 및 사용에 관한 법률」 제5조(국가 등 기부금품 모집·접수 제한 등)에 따라 기부금·품을 모집하지 않고 있기 때문이다.[70]

---

68) 최달수. "남양주시기업인회, '취약계층' 후원금 지원." 브릿지경제. 2022년 12월 21일. https://www.viva100.com/main/view.php?key=20221221010006392 남양주시복지재단 블로그. "소외계층 코로나19 감염 예방! 덴탈마스크 50,000장 기부!." 2022년 8월 29일. https://blog.naver.com/PostList.naver?blogId=nyj-welfare&from=postList&categoryNo=11

69) 경기복지재단에서는 남양주시복지재단과 같이 기부자를 대상자로 선정하여 서비스를 제공하는 사례는 찾아볼 수 없는데, 「기부금품의 모집 및 사용에 관한 법률」에 따라 기부금품 모집 등록한 단체의 기부 관련 자료를 제공하고 있는 '1365 기부 포털'의 기부금품 모집등록 단체 현황에 경기복지재단은 등록되어 있지 않음을 확인할 수 있었다(1365 기부포털: https://www.nanumkorea.go.kr/main.do). (검색일: 2023.4.21.)

70) 경기복지재단은 '기부(후원)금 모집 현황' 정보공개 청구(2023.5.16.)에 따른 정보공개 내용으로

이와 같은 논의를 종합해보면, 경기복지재단과 남양주시복지재단은 최초 설립목적에 따라 '귀속적 욕구'에 따른 보편주의로 모든 도민(道民)과 시민(市民)을 기본적 대상으로 삼고 출발하고 있으나, 복지재단의 사업 추진에 있어서 취약계층의 복지서비스 제공을 위해서는 소득수준이나 장애등급 그리고 나이, 지역 등과 같은 자산조사에 의한 욕구와 진단적 차등과 같은 선별주의 원칙을 활용하고 있음을 볼 수 있다. 특히 남양주시복지재단의 경우 경기복지재단과 달리 취약계층지원사업의 대상자 선정이 자산조사에 의한 욕구에 지나치게 편중(偏重)된 경향을 보여주고 있음을 확인할 수 있는데, 이는 그 사업이 어떤 재원에 의존하고 있는가에 따라 대상자 선정원칙에서 편차(偏差)가 발생하고 있음을 짐작하게 한다. 물론 추후 재정 차원의 분석을 통해서 복지재단의 재정 원천에 관하여 분석하겠지만, 한정적 재정에 따라 이상적 목표인 보편주의 서비스를 고집할 수는 없을 것이다.

다만, 대상자 선정에서 자산조사에 의한 욕구 원칙을 활용한 사업이 대다수를 차지한다면 복지재단 설립과 존재 의미가 무색(無色)할 것으로 보인다. 공공의 복지 영역에서 해결하지 못하는 복지의 사각지대[71]를 복지재단이 발굴

---

"기부금품의 모집 및 사용에 관한 법률 제5조(국가 등 기부금품 모집·접수 제한 등)에 따라 기부금을 모집하지 않음"으로 회신 공개(2023.5.23.)하였다.

71) '복지사각지대'라는 용어는 복지의 영역에서 다양하게 활용되고 있는데, 가령, '정부가 법령이나 제도를 통해 복지서비스를 제공하려고 하였으나, 의도와 다르게 법률의 일부 조항이나 미비로 인해 정작 복지서비스를 받아야 할 국민이 서비스를 받지 못하는 상황'으로 정의하기도 하며(임병인, 2015), 또는 복지사각지대를 1차, 2차로 나누기도 하는데, 1차 복지사각지대는 국민기초생활보장수급자로 선정될 수 있지만, 다양한 사유로 수급을 받지 못하는 비수급 빈곤층을 의미하며, 2차 복지사각지대는 복지 급여 선정기준이 지나치게 엄격해 지원을 받지 못하는 경우를 말하는 것으로, 그 발생 사유로는 1차 복지사각지대는 복지 관련 제도를 알지 못하거나, 또는 알고는 있지만 낙인(stigma)의 두려움이나 신청과정의 복잡함 및 어려움 등으로 신청하지 못하는 경우이며, 2

(discover)하고 지원(care)하는 일도 복지재단의 중요한 존재(存在) 이유라고 판단되기 때문이다.

결국 복지재단의 서비스 대상자 선정에 있어서는 '귀속적 욕구', '보상', '진단적 차등', '자산조사에 의한 욕구' 등을 환경과 시기에 따른 지역사회 욕구에 적절히 대응하면서 한정된 재원에 따른 비용효과 또는 효용(usefulness)의 극대화를 고려한 우선순위를 두어 보편주의와 선별주의를 적절히 혼합하고 병행할 필요가 있다고 하겠다.

---

차 복지사각지대의 발생 원인은 복지제도 선정기준이 엄격하다는 데 그 원인이 있다고 할 수 있다(성은미, 박지영, 2023).

# 제6장 급여

## 6.1. 경기복지재단

복지재단의 급여 유형이 무엇인지는 각각의 복지재단이 추진하고 있는 주요 사업을 통해서 확인해볼 수 있다. 우선 경기복지재단의 주요 업무 유형은 '복지 분야 정책연구', '복지시설 품질경영', '복지 인재 육성', '취약계층 지원' 그리고 '민·관 협력 강화' 등으로 구분할 수 있다.

'복지 분야 정책연구'는 정책현안의 경중(輕重)에 따라 4개 유형의[72] 정책 연구보고서를 발간(發刊) 중인데, 2022년 한 해 동안 정책연구 26건과 단기 현안 및 수탁과제 57건을 수행하여 총 83건의 정책연구 보고서를 발간하였으며, 2023년 사업 계획에서도 전년도와 비슷한 총 82건의 정책연구를 계획하고 있음을 볼 수 있다. 또한 정책연구사업의 주목적을 도정(道政) 및 시·군 현안 해결을 지원하는 연구·조사 서비스로 밝히고 있어, 정책연구 성과물 제공 대상을 의회(議會)와 도(道) 각 부서 및 시·군으로 설정하고 연구 결과를 공유(sharing)하고 있으며,[73] 매년 신규연구과제 수요조사를 경기도 산하 시·군·구 및 경기도민 등을 대상으로 폭넓게 시행하고 있다.[74]

---

72) 1개월 미만 단기 현안 대응보고: 복지이슈포커스, 1~3개월 중단기 연구: GGWF, 4~6개월 장기 연구: 정책연구, 그 외 수탁 연구는 별도 계약기간에 따라 추진되고 있다.

73) 경기복지재단. '2023년 주요 업무보고'. (2023.02.08.). p.9, 27.

74) 안경환. "경기복지재단, 9월 6일까지 내년 연구과제 등 수요조사". 경기신문, 2019년 8월 26일. https://www.kgnews.co.kr/news/article.html?no=559249

'복지시설 품질경영'은 '사회복지시설 평가 및 컨설팅 · 인증사업', '사회복지종사자 역량 강화교육'으로 추진되는데, 2023년 기준으로 사회복지시설 평가 및 컨설팅 · 인증사업은 7개 유형,[75] 404개소에 대한 평가와 40개소의 컨설팅 그리고 품질경영시스템 인증 5개소를 통해 사회복지시설 경영 품질향상 서비스를 제공하고 있으며, 사회복지종사자 역량 강화교육은 교육 요구 분석을 통해 55개 과정 약 7,000여 명에게 관리역량, 직무역량, 전문역량 강화교육 등을 진행하여 사회복지 영역의 인재 육성 교육 서비스를 제공하고 있다.

'취약계층 지원 사업'은 '경기도 청년 노동자 통장 사업', 장애인복지 종합지원센터의 자립 지원이나 협력 지원 등과 같은 '누림 장애인복지사업' 그리고 '불법사금융 피해지원 사업'과 '경기 극저신용대출 사업' 등으로 구성된다.[76] 우선 '청년 노동자 통장 사업'과 '경기극저신용대출' 그리고 '불법사금융 피해지원 사업'은 경기도민의 금융역량 제고(improve)를 위한 것으로, '청년 노동자 통장'은 청년 노동자가 24개월간 매월 10만 원을 저축하면 경기도가 2년 후 지역화폐 100만 원을 포함하여 최대 약 580만 원을 적립하여 지급하는 사업이며, '경기극저신용대출'사업은 저신용(低信用)으로 고금리와 불법사금융에 노출된 경기도민에게 연 1% 저금리 신용대출 사업으로 '청년 노동자 통장'과 '경기극저신용대출' 모두 현금 급여를 제공하는 사업이라고 볼 수 있다. 반면 '불법

---

75) 사회복지시설 7개 유형: 노숙인생활시설, 아동공동생활가정, 정신재활공동생활가정, 정신요양시설, 정신재활시설, 장애인공동생활가정, 장애인복지관.

76) '경기도 청년 노동자 통장'은 '자산형성지원사업'의 일종인데, 이는 저축을 통해 자산을 형성하도록 지원하여 미래의 위기에 대비시키는 것이며, '불법사금융 피해지원', '경기 극저신용대출사업' 등은 '금융복지'로 표현되는데, 이는 과도한 빚으로 인한 어려움을 해소하고 부채의 악순환에서 해방시켜 주는 지원으로, 특히 '경기 극저신용·대출사업'은 코로나19 긴급사업으로 시행된 후 2022년을 끝으로 일몰(日沒)되었다.

사금융 피해지원 사업'은 불법사금융을 사용해 불법추심을 받거나 고금리 등의 피해를 겪고 있는 경기도민을 대상으로 실질적인 상담과 연계를 통해 피해구제 방안을 마련해주는 전반적인 금융복지 활동으로 서비스 급여를 제공하고 있다고 할 수 있다.

한편 경기복지재단은 장애가 있는 도민에게 필요한 복지 급여를 장애인복지 종합지원센터를 통해 '누림'이라는 브랜드로 제공하고 있는데, 주요 서비스로는 '장애인복지실태 조사' 등을 통해 장애인 정책을 지원하고, 장애인복지 종사자들을 대상으로 장애인 전문 인력 양성 교육을 제공하고 있으며, '누림 통장', '누림 하우스' 등을 통하여 장애인 권익증진과 자립을 지원하고 있음을 볼수 있다.[77] 이와 더불어 '장애인복지시설·단체와 정기 간담회'를 통해 각종 현안(懸案)과 이슈(issue)에 대한 공동 논의로 정책 결정에의 일정한 영향력을 재분배하고 있으며, 장애인시설과 단체 등의 연간 주요 추진 사업을 상호(相互) 간알 수 있게 '정보 공유를 위한 사업설명회'를 개최하고 주요 행사 후원과 함께 다양한 현장 지원을 하고 있는데, 가령, '사회복지 현장 지원'의 경우 지역의 현안을 해결하기 위한 현장 지원 서비스로 복지 현안 우선 지원, 인권 친화(human rights-friendly) 시설 운영지원,[78] 단계적 일상 회복,[79] 사회복지시설 차량 지원, 어

---

77) '누림 통장'은 중증 장애인들이 사회 구성원으로서 자립할 수 있도록 자산 형성의 기회를 제공하는 것으로, 2년 동안 월 10만 원 이내에서 1:1 매칭 적립으로 현금지원을 통한 자산 형성을 지원하고 있으며, '누림 하우스'는 경기도 내 장애인 자립생활 주택으로 장애인과 비장애인이 함께 지역 사회에 어우러져 살아갈 수 있도록 지역사회 거주 기회를 제공하는 것을 말한다.

78) 인권 경영 기반 조성을 위한 사회복지기관 단계적 운영지원으로 지원 사업 공모를 통해 최대 300만 원 지원.

79) 사회적 취약계층의 디지털 격차 해소 지원으로 노인복지관 대상 교육용 키오스크를 공모하여 보급.

르신 문화 즐김[80] 등으로 세분되어 추진되고 있는 것을 볼 수 있다. 결국 장애인복지 분야에 대한 경기복지재단의 급여 유형의 형태는 현금, 현물, 기회, 서비스, 권력 등으로 다양하게 분포(分布)되어 있음을 찾아볼 수 있다.

마지막으로, '복지협력 강화 사업'은 '경기복지 거버넌스'와 '지역사회보장 균형 발전소' 등으로 구체화되어 추진되고 있는데, '경기복지 거버넌스'는 경기도민의 복지 체감도 향상을 위해 민·관이 상시 소통하는 쌍방향 협의체(consultative group)로, 사회보장 관련 단체 및 전문가와 경기도 등이 함께 참여하여 각종 복지 현안을 논의하고 합의하는 기구로 운영되고 있어, 사회복지 직능단체(職能團體) 네트워크(network)의 활성화 도모와 경기도지역사회보장계획 및 연차별 시행계획 모니터링 등에 참여하면서 지역사회 복지의 다양한 정책 결정에 관여(關與)하고 있음을 볼 수 있다.

이와 더불어 '지역사회보장 균형 발전소'는 경기도 내 31개 시·군 간 사회보장 수준 격차를 완화하고 사업의 내실화를 위해 경기도 및 시·군 지역사회보장계획 수립을 지원하고 있으며 경기도 및 시·군 균형발전을 위한 사회보장 정책현안을 논의하는 역할을 하게 되는데, 이 역시 다양한 지역사회 복지 영역에 참여할 수 있는 소통의 장(場)을 마련하고 있다고 볼 수 있다. 이에 따르면 경기복지재단의 복지협력 강화를 위한 지역사회 구성원들과의 소통과 참여는 복지재단의 자원(資源)과 재화(財貨) 등에 관련하여 어느 정도의 영향력을 참여시킬 수 있어 권력(power)의 급여 형태를 지니고 있다고 할 수 있다.

---

80) 어르신 주도 문화 향유 및 문화 소외 어르신 대상 프로그램 예산 지원 사업으로 작품공모전, 동아리 경연대회, 기자단 등을 지원함.

이상의 논의를 종합해보면, 경기복지재단의 급여 유형과 형태는 주요 사업의 종류와 특성에 따라 가장 기본적 유형인 현금 급여와 현물 급여뿐만 아니라 기회, 서비스, 권력 등을 다양하게 병행(竝行) 또는 혼합하여 제공하고 있음을 볼 수 있다. 이처럼 급여 유형이 다양하게 제공되는 것은 복지 욕구가 다양하게 발현(發現)된다는 것을 의미하는 것이며, 그만큼 복지정책이나 사업 추진에 있어서 점점 더 복잡해지고 고도화(高度化)되고 있다는 것을 의미한다.

결국 이런 문제의 해결은 복지서비스를 받는 대상자, 즉 복지대상자들의 욕구에 적합한 급여를 제공하는 것이 복지정책이나 복지사업의 효과성 또는 실효성(實效性)을 높이는 방법이라고 할 수 있는데, 이런 면에서 경기복지재단은 지역사회 자원과 구성원들과의 간담회나 수요조사 등을 통하여 급여 제공자들의 욕구에 적절히 대응하고 있다고 볼 수 있다.

다만, 급여 유형과 관련한 계획 수립이나 그 과정에서의 의견 수렴(collect feedback)에 따른 참여와 논의를 위한 협력일 뿐 결정적이고 직접적인 급여에 관련한 의사결정을 할 수 있는 구조를 갖추었다고 할 수는 없을 것인데, 이는 '경기복지재단 정관'에 의하면 경기복지재단은 재단의 최고 의사결정기구로 '이사회'를 두고 있으며 재단 운영에 관한 자문(諮問)을 위해 '운영위원회'와 '정책위원회'를 협력기구로 두고 있기 때문이다.

결국 경기복지재단의 급여 유형의 결정 권리는 급여 제공자인 복지재단이 결정적으로 가지고 있어, 공급자의 의사에 따라 지배적인 급여의 선택과 제공이 이루어질 수밖에 없는 한계(限界)는 피할 수 없을 것으로 보인다.

그러나, 이와 같은 상황에도 불구하고 급여와 관련한 소통(疏通)을 위한 참여와 논의 등을 최대한 확보하고자 노력하는 점은 긍정적으로 볼 수 있다. 왜냐하면 사회복지 현장과의 지속적인 소통과 참여는 상호신뢰(信賴)를 확고히 할 수 있으며, 이는 급여 대상자의 특성 및 욕구를 제대로 반영할 수 있는 기본 전제 (前提)가 될 수 있기 때문이다.

**〈표 12〉 경기복지재단 급여 유형**

| 주요 업무 | | 현금 | 현물 | 증서 | 기회 | 서비스 | 권력 |
|---|---|---|---|---|---|---|---|
| 정책<br>연구 | 복지 분야 정책연구 | | ○ | | | | |
| 시설<br>품질<br>경영 | 사회복지시설 평가 및<br>컨설팅·인증 | | | | | ○ | |
| 복지<br>인재<br>육성 | 사회복지종사자<br>역량 강화교육 | | | | | ○ | |
| 취약<br>계층<br>지원<br>사업 | 청년 노동자 통장 | ○ | | | | | |
| | 장애인복지<br>종합지원센터 운영 | ○ | ○ | | ○ | ○ | ○ |
| | ▸ (정책지원) | | ○ | | | ○ | |
| | ▸ (교육지원) | | | | | ○ | |
| | ▸ (자립지원) | ○ | ○ | | ○ | | |
| | ▸ (협력지원)[81] | | | | ○ | | ○ |
| | 불법사금융<br>피해지원 사업 | | | | | ○ | |
| | 경기 극저신용대출 | ○ | | | | | |
| 민관<br>협력<br>강화 | 경기복지 거버넌스 | | | | | | ○ |
| | 지역사회보장<br>균형 발전소 | | | | | | ○ |

---

81) 장애인 문화·예술 지원, 관광·이동지원(경기여행누림, 팔도누림카운영), 민·관 네트워크 지원 사업 등을 말한다.

## 6.2. 남양주시복지재단

남양주시복지재단의 주요 서비스 유형은 '정책연구', '복지시설 운영·지원', '후원 개발·배분', '취약계층 지원 사업' 등으로 구분할 수 있다. '복지정책 연구·조사'는 남양주시 지역사회 특성을 기초하여 추진되며, 2022년 연구용역으로 3건의 정책연구 보고서가 생산되었으며, 2023년에는 연구용역과 직접 연구를 통해 더 다양한 연구과제 보고서를 계획(plan)하고 있음을 볼 수 있다. 또한 전문가들의 발표, 종합토론, 질의응답 등의 복지정책 포럼(forum)을 통해 사회복지 현안과 과제를 도출(導出)하는 집단 토의 서비스를 제공하고 있으며, 매년 복지정책연구 주제(agenda) 제안 요청을 남양주시 복지 관련 부서에[82] 요청하고 있다.

'복지시설 운영·지원'은 '사회복지시설 컨설팅', '사회복지 종사자역량 강화교육'으로 구성되는데, 사회복지시설 컨설팅사업은 인사·노무 및 재무·회계 등의 시설 운영 안정을 위한 컨설팅과 외부 자원 확보를 위한 프로포절(proposal) 컨설팅 등의 형태로 서비스되고 있으며, 사회복지 종사자역량 강화교육은 남양주시 내(內) 사회복지 시설·기관·단체 종사자들의 전문성 향상을 위해 다양한 교육의 형태로 서비스되고 있으며, 교육에 앞서 사회복지시설 종사자들의 교육 선호도 등과 같은 교육 욕구 조사 등을 실시하여 맞춤형 교육훈련을 시도(try)하고 있음을 확인할 수 있다.[83]

---

82) 남양주시복지재단은 2023년까지 남양주시청 복지정책과, 복지행정과, 노인복지과, 장애인복지과, 여성아동과, 보육정책과, 일자리복지과에 복지정책연구주제 제안 요청을 하였으며, 2024년 처음으로 16개 읍면동까지 확대하여 사회복지 정책연구 연구주제 제안을 요청하였다.

83) 남양주시복지재단. "사회복지시설 종사자 역량강화 교육 욕구조사". 남양주시복지재단 블로그. 2022년 3월 24일. https://blog.naver.com/nyj-welfare/222681841270

'후원 개발 및 배분 사업'은 '후원자 개발 및 예우(禮遇)'와 '공모사업'으로 추진되고 있으며, 이는 지역사회에 '기부문화 정착과 확산'이라는 의제(議題, agenda)를 설정해놓고 꽤 비중 있게 추진되고 있는데, 매년 '나눔이 빛나는 밤' 개최로 기부(후원)자들에게 우수후원자 표창 및 축하공연, 만찬 등으로 전반적인 기부나 후원 활동의 촉진을 위한 우대 서비스를 제공하고 있으며, 2023년 사업계획서를 통해 1억 원 이상 고액 후원자 모임인 '나누리'[84] 정기 모임 창단을 계획하고 있어 후원자 예우 서비스를 강화(强化)하고 있음을 확인할 수 있었다. 이와 더불어 공모사업에서는 사회복지 시설·단체·기관 중 사회복지 우수 프로그램과 사회복지시설 기능보강, 남양주시 16개 읍·면·동 지역사회보장협의체의 복지사업비를 공모 신청을 통한 심사로 선정하여 예산(budget)의 형태인 현금 급여로 지원하고 있다.

'취약계층 지원 사업'에서는 다양한 유형의 급여 형태가 나타나는데, 우선 '소외계층 직능교육사업'은 교육기관과의 협업을 통하여 취업 기술 교육을 진행하는 것으로, 저소득층에게 취업의 기회를 마련해주고 있으며, '온(溫)택트 나눔 사업'은 저소득층에게 계절과 시기에 따라 명절 선물 세트나 여름철 폭염(暴炎) 물품 또는 겨울철 한파(寒波) 대비(對備) 온열 물품 등의 현물을 지원하고 있으며, '스마트 온라인 공부방 사업' 역시 남양주시 내(內) 저소득가구 아동과 청소년에게 코로나19로 비대면 수업에 따른 학습 환경 개선을 위해서 책상, 의자, LED 조명 등과 같은 물품을 지원하고 있음을 볼 수 있다. '다둥이 多가치 키움 사업'은 남양주시 거주자로 다자녀(4명 이상) 저소득가구를 대상으로 학비 및 양육비 명목으로 가구당 1백만 원의 현금을 지원하고 있으나, 예산의 범위 내 지

---

84) 나눔으로 나누는 리더들의 모임, 남양주시복지재단 2023년 사업계획서, p.6.

급으로 사업예산 초과(超過) 시 조기(早期) 마감될 수 있다. 'UP!케스트라 사업'은 발달장애 아동과 청소년들에게 악기 연주로 지역사회와의 소통의 기회를 제공함과 동시에 악기 등의 현물급여도 지원해주고 있다.

한편, 남양주시복지재단은 '희망케어센터'를 수탁 운영 중인데, 희망케어센터에서는 돌봄, 생활, 건강·의료, 주거, 정서, 자활, 금융, 고용 등의 8개 사업 분야를 지원하고 있다. 우선 돌봄 지원은 소외계층에게 정기적인 안부 확인과 계절에 따른 변화에 맞춰 물품을 지원하고 있으며, 생활 지원은 일상생활 수행에 어려움을 겪는 사람에게 생활비 지원, 가사(家事) 지원, 외출 보조 등의 일상생활 전반을 지원하고 있으며, 건강과 의료에서는 소외계층이 경제적 이유로 치료 시기를 놓치지 않도록 의료비를 지원하며, 주거 지원은 주거 안정을 위한 거주지 마련뿐만 아니라 주거환경개선 서비스도 지원하고 있음을 볼 수 있다. 또한 정서 지원에서는 문화 나들이, 말벗 등의 심리안정지원 및 전반적인 복지 관련 정보 등을 제공하고 있으며, 자활 지원에서는 근로빈곤층의 자립을 위해 교육부터 취업까지 전반적인 복지서비스 등을 다양하게(various) 제공하고 있음을 찾아볼 수 있으며, 금융지원은 저소득 계층을 대상으로 안정적인 생활을 영위할 수 있도록 자금지원, 채무조정, 무료법률상담 등을 통한 법적 문제 해소 등을 지원하고 있으며, 고용연계지원에서는 저소득층의 일자리 상담과 취업 알선 등의 취업 관련 서비스를 제공하고 있다.[85]

상기와 같이, 남양주시복지재단의 급여 유형은 현금과 현물 그리고 증서,[86]

---

85) 희망케어센터 홈페이지 '희망케어서비스' 부분 발췌 정리. https://hope.nyj.go.kr/hope/contents.do?mId=0100000000

86) '서부희망케어센터'에서는 시 보조금으로 '장애아동발달재활서비스', '우리아이심리지원서비스'를, 교육청 보조금으로 '꿈이든서비스' 바우처(증서) 사업을 추진하고 있다.

| | 주요 업무 | 현금 | 현물 | 증서 | 기회 | 서비스 | 권력 |
|---|---|---|---|---|---|---|---|
| 정책 연구 | 복지정책 연구·조사 | | ○ | | | | |
| | 사회복지정책 포럼 | | | | | ○ | |
| 복지 시설 운영 지원 | 사회복지시설 컨설팅 | | | | | ○ | |
| | 사회복지종사자 역량 강화교육 | | | | | ○ | |
| 취약 계층 지원 사업 | 스마트 온라인 공부방 | | ○ | | | | |
| | 소외계층 직능교육 | | | | ○ | | |
| | 온(溫)택트 나눔 | | ○ | | | | |
| | UP!케스트라 지원 사업 | | ○ | | ○ | | |
| | 다둥이 多가치 키움 지원 사업 | ○ | | | | | |
| | 희망케어센터 운영 (수탁기관 內 사업) | ○ | ○ | ○ | ○ | ○ | |
| 후원 개발 배분 | 우수프로그램 및 기능보강 공모사업 | ○ | | | | | |
| | 지역사회보장협의체 지원 사업 | ○ | | | | | |
| | 후원자 개발 및 예우 | | | | | ○ | |

※ 2023년 신규사업은 시기 미도래 및 추진현황 및 결과 보고 미발표로 제외함.

기회, 서비스 등으로 제공되고 있음을 볼 수 있으며 권력의 유형은 찾아보기 어려웠다. 특히 수탁 운영 중인 희망케어센터의 희망케어서비스 8개 분야에서 다양한 급여 유형이 활용되고 있음을 확인할 수 있었으나, 남양주시복지재단이 직접 수행하는 취약계층지원사업의 경우에는 현금 급여와 현물 급여가 선호되는 경향을 읽을 수 있었으며, 그 외 기회 급여가 보조적(補助的)으로 활용되고 있음을 확인할 수 있었다.

## 6.3. 비교 논의

경기복지재단과 남양주시복지재단은 주요 사업으로 '복지 분야 정책연구', '복지시설 운영·지원', '취약계층 지원 서비스'라는 큰 틀의 유사성을 가진다. 그러나 안으로 들여다보면, 경기복지재단에서는 '복지정책 조사·연구'에 주력함과 동시에 민간이 사회복지 영역에서 접근하기 어려운 자산형성지원사업이나 금융복지와 같은 중앙부처와 맥(脈)을 같이하는 규모(scale) 있는 사업을 실행(實行)함과 동시에 지역사회 복지협력 강화와 참여를 위한 '경기복지 거버넌스'를 구축하는 반면, 남양주시복지재단에서는 '후원(기부) 개발·배분'과 그에 따른 '기부(후원)자 예우'에 상당 부분의 역량을 할애(割愛)하고 집중하는 점은 큰 차이점이라고 할 수 있다.

또한 각각의 복지재단은 급여의 유형에서 현금, 현물, 기회, 서비스를 활용하고 있다는 것에서는 유사성을 보이나, 경기복지재단은 '권력' 급여 유형을, 남양주시복지재단은 '증서' 급여 유형을 각각 활용하고 있다는 점에서는 차이를 보여주고 있으며,[87] 경기복지재단에서는 급여의 유형별 종류를 고르게 활용하여 간접적인 서비스를 선호하고 있으나, 남양주시복지재단에서는 현금 급여와 현물급여 지원을 선호(選好)하는 경향을 찾아볼 수 있었다.

각각의 복지재단의 주요 사업을 상세히 비교(比較) 논의하자면, 우선 경기복지재단은 정책연구의 실용성 중시로 연구 결과를 시·군으로 찾아가는 포럼을 개최하고 공유함으로써 소통 지향적 연구 활동을 보여주고 있으며,[88] 남양주시

---

87) 남양주시복지재단의 급여 유형 중 '증서'는 남양주시복지재단에 수탁 운영 중인 시설 '희망케어센터'의 제공 급여에서 찾아볼 수 있다.

88) 실례로 경기복지재단의 2022년 정책연구 주요 성과를 보면, 대선, 지방선거 등에 따른 복지정책의 주요 변화에 대한 현안 대응 보고서, 시·군 현안 과제 수탁 연구 진행, 수시로 발생하는 현안

복지재단은 남양주시 복지서비스 현황과 문제점을 발견하고 개선(改善)하는 데 기초하여 정책의 연구·조사를 추진하고는 있으나 아직 미비(未備)한 수준을 벗어나지 못하고 있음을 볼 수 있다. 또한 정책연구의 급여 유형을 연구보고서라는 현물로 제공하고 있으나, 연구보고서 산출 전(前) 연구과제 선정을 위해서는 경기복지재단은 경기도 및 그 산하 시·군(읍·면·동 포함) 및 경기도민까지 수요조사를 하고 있으나, 남양주시복지재단은 남양주시청의 복지 관련 부서 및 16개 읍면동을 대상으로만 수요조사를 하고 있음을 볼 수 있었다. 이는 앞서 논의한 할당의 차원과도 연결되는데, 경기복지재단은 연구조사의 주요 고객으로 의회, 경기도, 시·군 공무원 등 다양한 고객을 명시적으로 밝힘에 따라 연구과제 수요조사를 통한 과제선정에서도 주요 고객뿐만 아니라 경기도민까지도 포함하고 있지만, 남양주시복지재단은 서비스 대상을 명확히 밝히고 있지 않아, 연구과제 수요조사 또한 남양주시의 복지부서를 제외한 일반적인 남양주시민을 대상으로는 하고 있지 않았다.

경기복지재단의 복지시설 운영·지원 서비스와 남양주시복지재단의 복지시설 운영·지원 서비스는 매우 유사한 서비스 형태를 보여주고 있다. 복지시설 컨설팅이나 사회복지종사자 역량 강화교육 등이 그것인데, 다만, 사회복지시설이 보건복지부의 평가 또는 경기도형 평가 및 시·군의 지도·점검에 민감하다는 점을 고려하고 복지종사자들의 복지 정책적 적시(適時) 교육지원의 효과성을 따져본다면, 각각의 복지재단의 복지시설 운영·지원 또는 품질경영 서비스는 그 효율성과 서비스 내용을 재고(再考)해볼 필요가 있다. 이를 달리 해석하면, 사회복지시설에 종사하는 현장 실무자들의 교육에 관련한 인식(awareness)을

---

사항의 연구사례를 볼 수 있다.

살펴보는 일이 우선적 수행과제가 될 것인데, 이는 사회복지시설이나 그 종사

자들의 교육 프로그램 수나 교육 이수자 명수(number of persons) 등의 급격한 양적

팽창의 성장이 아닌 현실적이고 실체적 대안 모색에 따른 질적으로 우수한 교

육으로 사회복지시설의 품질 향상과 그 종사자들의 전문성(expertise) 향상을 도

모해야 한다는 말과 같다고 할 수 있다.

### 〈표 14〉 경기복지재단과 남양주시복지재단 급여

| 구분 | 기준 | 경기복지재단 | 남양주시복지재단 |
|---|---|---|---|
| 급여 | 주요 사업<br>유형 | • 정책연구(83건)<br>• 복지시설 운영·지원<br>• 취약계층 지원 사업<br>• 복지 협력(거버넌스) 강화 | • 정책연구(3건)<br>• 복지시설 운영지원<br>• 취약계층 지원 사업<br>• 후원 개발·배분 |
| | 급여제공<br>유형·형태 | • 현금<br>• 현물<br>• 기회<br>• 서비스<br>• 권력 | • 현금<br>• 현물<br>• 증서<br>• 기회<br>• 서비스 |
| | 급여 대상자<br>소통·참여 | • 소통·참여 활발 | • 소통·참여 부족 |

취약계층 지원 급여 유형은 경기복지재단과 남양주시복지재단이 기본적으

로 전통적 급여 형태인 현금과 현물을 모두 활용하고 있으며, 이 외에도 경기복

지재단은 기회, 서비스, 권력을, 남양주시복지재단은 증서, 기회, 서비스를 급

여 유형으로 추가 활용하고 있다. 경기복지재단은 금융 취약계층의 자립(自立)

과 자활(自活)을 위해 현금 급여로 자산 형성을 지원하고 있으며 실질적 상담과

교육 등의 서비스 급여로 금융복지를 실행하고 있다. 또한 장애인들의 지역사

회 참여를 위한 기회(opportunity) 급여 유형 등을 활용하고 있으나, 이 가운데 가

장 특징적인 점은 장애인복지 현장과의 협력을 통하여 당사자 현장 지원 서비스를 수행하고 있다는 점이다. 즉 이해관계자 의견 수렴이나 장애인 자조 모임 지원, 만족도 조사를 통해 급여 유형 중 권력(power)을 적절히 활용하여 협업사업 네트워크(network)를 확대하고 있는 면을 볼 수 있었다.

반면 남양주시복지재단은 '다둥이 多가치 키움 사업'에서 현금 급여를 제공하고 있으며, '온(溫)택트 나눔 사업'이나 '스마트 온라인 공부방 사업'에서는 현물급여를 제공하고 있다. 이를 통해 보면, 남양주시복지재단의 급여 유형 특징은 현물과 현금 급여를 선호(選好)하는 경향을 찾아볼 수 있으며, 이와 더불어 '소외계층의 직능(職能)교육'이나 'UP!케스트라 지원 사업' 등의 실행으로 저소득자 또는 장애인과 같은 소외계층의 기회 불평등을 제거하고자 하는 사업도 추진하고 있음을 찾아볼 수 있었다.

지금까지의 논의를 종합해보면, 경기복지재단과 남양주시복지재단의 가장 큰 급여의 차이점은 경기복지재단은 '복지정책 연구 · 조사', '금융복지사업', '복지협력 강화' 등에 주력하고 있으며, 남양주시복지재단은 '후원(기부) 개발 · 배분', '후원자 예우(禮遇)'에 주력하고 있다는 점이다. 이와 같은 차이는 급여 유형에서 재화나 자원의 재분배 결정에 참여할 수 있는 '권력(power)' 또는 '권한(right)'과도 연관되는데, 경기복지재단은 '경기복지 거버넌스', '지역사회보장 균형 발전소' 등을 통해 민 · 관이 상시 협의하여 현안을 논의하고 복지정책을 도출하는 등의 의사결정에 공동(共同)으로 참여하고 있어 '권력'의 급여 유형을 활용하고 있다고 볼 수 있으나, 남양주시복지재단은 급여 유형별 관련자 또는 대상자가 참여할 수 있는 소통 창구가 뚜렷하게 드러나지 않고 있다고 볼 수 있다.

물론 남양주시복지재단에는 '배분심의위원회'가 있어 지역사회보장협의체, 지역사회복지협의회, 사회복지사협회, 경기북부사회복지공동모금회 등에서 각각 추천한 4인과 시민 대표, 남양주시 공무원이 위원으로 위촉되어 후원금·품의 배분에 참여하고 있음을 확인할 수는 있지만,[89] 참여 인원의 양(quantity)과 그역할 등에서 지역사회 문제의 현안(懸案) 논의와 정책 결정을 위한 과정에 참여하는 수준(standard)으로는 볼 수 없을 것이다.

결국, 각각의 복지재단은 급여제공 유형의 다양성을 일정 부분 확보하고 있기는 하지만, 경기복지재단은 소통과 참여가 일정 부분 이루어지고 있으나, 남양주시복지재단에서는 소통과 참여 부족으로 공급자 위주의 서비스 제공이 이루어지고 있다고 해석할 수 있다.

한편 남양주시복지재단은 '후원자 예우 강화', '공모사업 선정과 지원' 등의 서비스를 제공하고 있으나, 경기복지재단은 기부금품을 모집하지 않고[90] 있으며 공모사업은 남양주시복지재단과 마찬가지로 예산 교부의 형태로 이루어지고 있어, 각각의 복지재단은 공모사업을 통한 서비스 지원에서는 추진 주체에게 최대의 선택권을 보장해주고 있음을 찾아볼 수 있었다.

---

89) 김희우. "복지재단 '배분심의위원회' 첫발!." 남양주뉴스. 2023년 4월 21일.
http://www.nyjnews.net/38225

90) 경기복지재단은 '기부(후원)금 모집 현황' 정보공개 청구(2023.5.16.)에 따른 정보공개 회신 답변으로, 「기부금품의 모집 및 사용에 관한 법률」 제5조 제1항 "국가나 지방자치단체 및 그 소속 기관·공무원과 국가 또는 지방자치단체에서 출자·출연하여 설립된 법인·단체는 기부금품을 모집할 수 없다. 다만, 대통령령으로 정하는 국가 또는 지방자치단체에서 출자·출연하여 설립된 법인·단체는 기부금품을 모집할 수 있다"는 법령을 들어 기부금을 모집하지 않고 있음을 밝혔다.

# 제7장 전달체계

## 7.1. 경기복지재단

경기복지재단의 서비스 조직체계는 정관에 따르면 4실 1관 1센터 43명이며, 무기계약직까지 포함하면 71명까지 규정한다고 볼 수 있다. 그러나 실질적인 서비스 조직체계는 4실 1관 1센터 10팀 70명으로 운영되고 있다. 4실은 기획조정실, 정책연구실, 역량강화실, 지역복지실로 구성되며 1관은 대외협력관, 1센터는 북부센터이며,[91] 10팀은 기획팀, 경영기획팀, 전략연구팀, 사회정책팀, 평가컨설팅팀, 복지교육팀, 복지협력팀, 복지사업팀, 청년통장사업팀, 감사팀으로 구성된다.

이 중 직접적인 복지서비스 제공을 위한 사업 운영은 기획조정실 산하 2개 팀과 감사팀을 제외한 3실 7팀이라고 할 수 있는데, 이는 기획조정실 산하 기획팀과 경영지원팀은 경기복지재단의 운영(operation)과 경영(administration)에 관련된 업무인 이사회 운영, 예산과 결산(決算), 회계(會計), 재무(財務) 등의 재원과 재정에 관련된 사항과 직원들의 인사(人事) 및 복무 관리 등을 담당하고, 감사팀은 복지재단 내 부패 방지와 인권 경영 등을 전담하며 복지재단 조직의 효율성과 투명성 향상을 전담하고 있기 때문이다.

우선 정책연구실은 전략연구팀과 사회정책팀으로 구성되어 복지정책에 관한 조사·연구와 정책개발을 담당하며, 경기도 복지정책 및 사업에 대한 기본

---

91) 1센터는 '경기복지재단 북부센터'를 의미하며, 경기복지재단의 복지서비스를 북부권역을 대상으로 동일 서비스를 펼치고 있어 별도 상세 논의를 하지 않고자 한다.

방향을 제시하고 복지 현안 발굴 및 정책모니터링 등을 담당하고 있다. 역량강화실은 사회복지시설의 평가와 인증(認證) 그리고 컨설팅 등을 전문적으로 수행하는 평가컨설팅팀과 사회복지종사자들의 역량 강화를 위하여 특화되고 전문적인 교육·훈련을 위해 복지교육팀을 두고 있다. 지역복지실은 민·관 협력 강화와 확대를 위한 복지협력팀과 경기도 및 대내·외 복지사업 업무협력의 중점 추진을 위한 복지사업팀 그리고 경기도 청년들의 근로 동기 및 금융·재무 역량 강화를 위한 청년통장사업팀을 두고 있다.

이와 더불어, 대외협력관에서는 지방자치단체 등 공공기관과 사회복지기관 협력 및 재단 업무의 대내외적 업무협의와 고객 만족 관리를 위한 제반 업무를 총괄하고 있으며, 서민금융재단 설립추진단에서는 금융사업팀과 불법 사금융 피해지원팀을 두고 극저신용대출사업과[92] 불법사금융 피해지원사업을 전담하여 서비스하고 있다.[93]

---

92) 경기도는 코로나19로 인해 경제적 어려움이 가중되고 있는 금융소외계층의 사회안전망 강화 및 실질적 재기 지원을 위해 2020년부터 추진하던 경기극저신용대출(긴급 생계자금 대출) 지원 사업을 코로나19 긴급 상황 완화로 2022년을 끝으로 종료하였으며, 이후 기존 이용자들을 위한 금융복지상담서비스(채무·재무·금융복지 등)를 경기복지재단 금융사업팀, 불법사금융피해지원팀 및 경기도서민금융복지센터에서 수행하게 하였다.

93) 경기서민금융재단 설립추진단은 '경기서민금융재단'을 별도 설립하여 극저신용대출 및 불법사금융 피해지원 사업 등을 전담시키려고 하였으나, 행정안전부의 '지방자치단체 출자·출연 기관 설립 기준' 개정안 발표로 설립이 어렵게 되자 경기서민금융재단 설립을 포기하고, 이전부터 사업을 수행해 왔던 경기복지재단에 극저신용대출 기능을 계속해서 수행하게 하였다(기호일보, 道 '경기서민금융재단 설립' 포기로 가닥, 2023.03.10.).

## 〈그림 3〉 경기복지재단 운영 조직체계

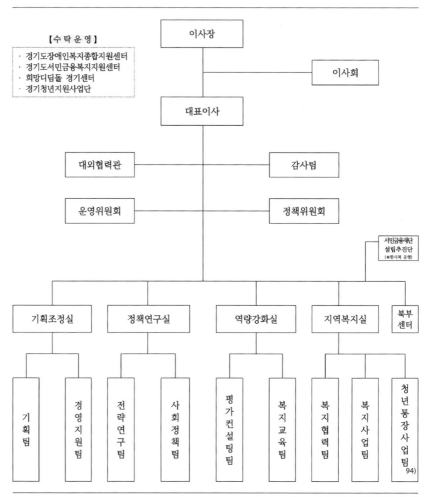

**【수탁운영】**
· 경기도장애인복지종합지원센터
· 경기도서민금융복지지원센터
· 희망디딤돌 경기센터
· 경기청년지원사업단

이사장

이사회

대표이사

대외협력관 ─ 감사팀

운영위원회 ─ 정책위원회

서민금융재단 설립추진단 (※한시적 운영)

기획조정실 / 정책연구실 / 역량강화실 / 지역복지실 / 북부센터

기획팀 / 경영지원팀 / 전략연구팀 / 사회정책팀 / 평가컨설팅팀 / 복지교육팀 / 복지협력팀 / 복지사업팀 / 청년통장사업팀94)

※ 출처: 경기복지재단 홈페이지.(검색일: 2023.7.6.)
https://ggwf.gg.go.kr/gfinfo/groganization###

---

94) '청년통장사업'은 경기도 복지사업을 경기복지재단이 수탁받아 운영 중인 사업으로, 경기복지재단 홈페이지에서는 지역복지실 아래 팀으로 위치하며, 경기복지재단 2023년 주요 업무보고 내 일반현황에서는 수탁 운영 5개소 현황으로 별도 기재되어 있으나, 수탁 사무의 인력이 경기복지재단의 정원 내 인력으로 운영되고 있어, 〈그림 3〉에서는 경기복지재단 홈페이지에서와 같이 지역복지실 아래 팀으로 구성하였음을 밝힌다.

경기복지재단의 서비스 인력은 기본적으로 실(室) 아래 팀(team)제에 따라 다층(多層)제 다(多) 부서로 구성되며, 직무의 종류에 따라 사무직과 연구직으로 구분되고 있다. 사무직과 연구직 정원은 각각 24명과 18명으로 규정되어 있으나, 실제로는 무기계약직 채용으로 업무수행에 필요한 인원을 충원하고 있다.[95] 경기복지재단 '2023년 주요 업무보고서'에 따르면 임원, 사무직, 연구직, 무기계약직을 포함한 총 정원은 71명이나 현원은 70명이며, 이 중 연구 분야 관련 종사자는 25명으로, 전체 현원의 약 35%를 차지하고 있다.

〈표 15〉 경기복지재단 인력 현황

| 구분 | 합계 | 소계 | 임원 | 사무직 | | | 연구직 | | | 무기계약직 |
|------|------|------|------|--------|------|------|--------|--------|------|------------|
| | | | | 3~4급 | 5~6급 | 7~9급 | 선임연구위원 | 연구위원 가~나급 | 전문연구원 | |
| 정원 | 71 | 43 | 1 | 5 | 7 | 12 | 3 | 9 | 6 | 28 |
| 현원 | 70 | 41 | 1 | 5 | 7 | 12 | 3 | 9 | 4 | 29 |

※ 출처: 경기복지재단(2023년 2월 8일). 2023년 주요 업무보고, p.4. / (단위: 명)

서비스 인력 채용은 그 자격, 채용시험성적, 연구실적, 경력, 특수자격(면허 등)과 기타 능력의 검증 등과 같은 기준에 따라 행하여지고 있다. 사무직의 직급은 9급부터 3급까지 일곱 단계로 구성되며 각 직급에 따른 자격 기준은 〈표 17〉과 같다. 사무직 채용 시에는 〈표 17〉의 자격 기준 중 1개 이상에 해당하는 자가 응시할 수 있도록 하고 있으며,[96] 사무 9급에서 사무 5급까지는 사회복지사 자격증 소지자, 해당 분야 학사학위 이상 소지자, 국가 또는 지방자치단체,

---

95) 경기복지재단의 무기계약근로자에 관한 사항은 '경기복지재단 직제 및 정원 규정' 제8조 및 '경기복지재단 무기계약근로자 관리 규정'에 따라 규정되며, 수탁 운영사업 인력은 정원 외 관리한다.

96) [공고 제2023-23호] "2023년 제1회 경기복지재단 직원 통합채용 공고" 참고(공고일: 2023.4.13.).

공공기관, 사회복지시설 또는 유관 단체 등에서 일정 기간 이상의 근무 경력을 요구하는 기준이 공통으로 존재하나, 사무 4~3급은 사회복지사 자격증 소지와 함께 경력 사항과는 별도로 리더십과 관리 능력, 대외적 교섭 능력, 추진력, 소통 능력 등의 관리자 역량을 자격 기준으로 두고 있다. 한편 사무 8급에서 사무 5급까지는 직급이 높아질수록 타 기관에서의 근무 경력을 증가시키는 임용 자격 기준을 볼 수 있으나, 사무 3~4급 및 사무 9급에서는 구체적인 경력 연수 없이 경력의 유·무로만 기준을 설정하고 있음을 찾아볼 수 있다.

**〈표 16〉 경기복지재단 직위 및 직급**

| 구분 | | 직급 |
|---|---|---|
| 사무직 | 실·센터·단장·관 | 4급(계약직 사무 4급 상당) 이상 |
| | 팀장 | 6급 이상 |
| 연구직 | 실·센터장 | 연구위원 '가'급 이상 |
| | 팀장 | 연구위원 '나'급 이상 |

※ 출처: 경기복지재단 규정집. (2021). 경기복지재단 직제 및 정원 규정, p.25.

**〈표 17〉 경기복지재단 사무직 직급별 임용 자격 기준**

| 구분 | 직급 | 임용 자격 기준 |
|---|---|---|
| 사무직 | 사무 3~4급 | 1. 공모 분야에 풍부한 지식과 경험을 가진 자<br>2. 리더십과 조직 관리능력을 갖춘 자<br>3. 추진력, 소통, 공익성을 조화시킬 능력을 갖춘 자<br>4. 대외적 교섭 능력이 탁월한 자<br>5. 변화·개혁지향의 사업 능력을 갖춘 자<br>6. 사회복지사 자격증 소지자로서 사회복지시설 또는 유관 단체 등에서 근무한 경력이 있는 자<br>7. 상기 각항과 동등한 자격이 있다고 인정되는 자 |

| 구분 | 직급 | 임용 자격 기준 |
|---|---|---|
| 사무직 | 사무 5급 | 1. 국가 또는 지방자치단체에서 5급(상당) 이상 또는 6급(상당)으로 5년 이상 근무한 경력이 있는 자<br>2. 공공기관 등에서 10년 이상 사무직으로 근무한 경력이 있는 자<br>3. 사회복지사 자격증 소지자로서 사회복지시설 또는 유관 단체 등에서 10년 이상 근무한 경력이 있는 자<br>4. 해당 분야 학사학위 이상의 소지자로서 관련 업무 10년 이상의 경력이 있는 자<br>5. 상기 각항과 동등한 자격이 있다고 인정되는 자 |
| | 사무 6급 | 1. 국가 또는 지방자치단체에서 6급(상당) 이상 또는 7급(상당)으로 5년 이상 근무한 경력이 있는 자<br>2. 공공기관 등에서 7년 이상 사무직으로 근무한 경력이 있는 자<br>3. 사회복지사 자격증 소지자로서 사회복지시설 또는 유관 단체 등에서 7년 이상 근무한 경력이 있는 자<br>4. 해당 분야 학사학위 이상의 소지자로서 관련 업무 7년 이상의 경력이 있는 자<br>5. 상기 각항과 동등한 자격이 있다고 인정되는 자 |
| | 사무 7급 | 1. 국가 또는 지방자치단체에서 7급(상당) 이상으로 근무한 경력이 있는 자<br>2. 공공기관 등에서 5년 이상 사무직으로 근무한 경력이 있는 자<br>3. 사회복지사 자격증 소지자로서 사회복지시설 또는 유관 단체 등에서 5년 이상 근무한 경력이 있는 자<br>4. 해당 분야 학사학위 이상의 소지자로서 관련 업무 5년 이상의 경력이 있는 자<br>5. 상기 각항과 동등한 자격이 있다고 인정되는 자 |
| | 사무 8급 | 1. 국가 또는 지방자치단체에서 8급(상당) 이상으로 근무한 경력이 있는 자<br>2. 공공기관 등에서 2년 이상 사무직으로 근무한 경력이 있는 자<br>3. 사회복지사 자격증 소지자로서 사회복지시설 또는 유관 단체 등에서 3년 이상 근무한 경력이 있는 자<br>4. 해당 분야 학사학위 이상의 소지자로서 관련 업무 2년 이상의 경력이 있는 자<br>5. 상기 각항과 동등한 자격이 있다고 인정되는 자 |
| | 사무 9급 | 1. 국가 또는 지방자치단체의 9급(상당) 이상으로 근무한 경력이 있는 자<br>2. 공공기관 등에서 사무직으로 근무한 경력이 있는 자<br>3. 학사학위 이상의 사회복지사 자격증 소지자<br>4. 해당 분야 학사학위 이상의 소지자<br>5. 상기 각항과 동등한 자격이 있다고 인정되는 자 |

※ 출처: 경기복지재단 규정집. (2021). 경기복지재단 인사관리 규정, p.38.

이와 달리, 연구직은 전문연구원, 연구위원 '나'급, 연구위원 '가'급, 선임연구위원 등과 같이 네 단계로 구분되며 각 직급에 따른 자격 기준은 〈표 18〉과 같다. 연구직 채용 시에는 〈표 18〉의 자격 기준 중 1개 이상에 해당하는 자가 응시할 수 있도록 하고 있으며,[97] 해당 분야 석사학위 및 박사학위 소지자, 직급별 일정 기간 이상의 근무 경력과 연구실적 등의 자격 기준을 두어 전문성을 강조하고 있다. 특히 연구직에서는 실·센터장 직위의 연구위원 '가'급 이상의 직급에 대해서는 사무직과 다르게 자격 기준을 연구직 내 다른 직급보다 더 까다롭게 두고 있음을 확인할 수 있다.

한편 서비스 전달 인력 단위를 살펴보면, 기획조정실은 실장을 포함한 총 13명의 사무직으로 기획팀 5명, 경영지원팀 7명으로 구성되며, 정책연구실은 총 23명의 연구직으로만 조직되어 실장과 전략연구팀 13명, 사회정책팀 9명으로 구성되어 있다. 역량강화실은 실장을 포함한 총 10명으로 사무직 9명과 연구직 1명이 협업(collaboration) 중으로 평가컨설팅팀 6명, 복지교육팀 3명으로 구성되며, 지역복지실 또한 실장을 포함한 총 18명의 서비스 인력 중 사무직 17명과 연구직 1명이 협업 중이다. 이는 경기복지재단이 기본적으로 연구인력과 사무(사업)인력 간의 협업을 통한 전달체계를 지향(志向)하고 있으며, 정책연구실에 가장 많은 인력을 배치함으로써 경기복지재단의 주요 기능이 무엇인지를 알 수 있게 하였다.

---

97) [공고 제2021-26호] "2021년 제3차 경기복지재단 직원 채용 공고" 참고(공고일: 2021.3.30.).

**〈표 18〉 경기복지재단 연구직 직급별 임용 자격 기준**

| 구분 | 직급 | 임용 자격 기준 |
|---|---|---|
| 연구직 | 선임연구위원 | 1. 4년제 대학 정교수 자격자 또는 해당 분야 박사학위 소지자로서 8년 이상 관련 연구경력을 가진 자<br>2. 연구위원 '가'급으로 5년 이상 근무하고 연구실적이 우수한 자<br>3. 상기 각항과 동등한 자격이 있다고 인정하는 자 |
| | 연구위원 '가'급 | 1. 해당 분야 박사학위 소지자로서 3년 이상 관련 연구경력을 가진 자<br>2. 연구위원 '나'급으로 3년 이상 근무하고 연구실적이 우수한 자<br>3. 상기 각항과 동등한 자격이 있다고 인정하는 자 |
| | 연구위원 '나'급 | 1. 해당 분야 박사학위 소지자<br>2. 전문연구원으로 4년 이상 근무하고 연구실적이 우수한 자<br>3. 상기 각항과 동등한 자격이 있다고 인정하는 자 |
| | 전문연구원 | 1. 해당 분야 석사학위 소지자<br>2. 상기 각항과 동등한 자격이 있다고 인정하는 자 |

※ 출처: 경기복지재단 규정집. (2021). 경기복지재단 인사관리 규정, p.37.

경기복지재단은 서비스 이용 절차에 있어 기본적으로 신청·접수에 따라 서비스를 제공함을 볼 수 있다. 가령 취약계층 지원을 위한 '청년 노동자 통장 사업'이나 '누림 통장 사업'의 경우 인터넷 포털이나 유선 연락 그리고 읍·면·동 주민센터 등의 온·오프라인 절차를 통해 서비스 대상자가 자격 기준에 따른 신청과 접수를 거치도록 하였으며,[98] '사회복지종사자 교육'의 경우에도 '사회복지학습 포털'을 통하여 교육 서비스가 이루어지고 있으나 교육내용과 교육유형(집합 또는 온라인)은 포털을 통해 신청해야 한다는 점에서 신청·접수 절차를 거치고 있음을 찾아볼 수 있다. 반면 복지정책 연구사업은 연구 결과 공유로 별도의 신청이 없어도 연구보고서 결과를 서비스받을 수 있지만, 매년 복지정책

---

98) 경기복지재단의 취약계층지원사업은 신청 자격에 따라 온·오프라인 신청·접수를 통해 서비스를 제공하나 기준 중위소득이 신청 자격의 경우에는 복지수급자로 미리 인정받거나 또는 건강보험료 확인을 통해 신청받고 있다.

연구의 주제 선정을 위하여 경기도 내 시·군 및 경기도민을 대상으로 신규연구과제 수요조사를 하고 있다는 점은 서비스 신청과 어느 정도 유사성을 가지고 있다고 볼 수 있다.

한편 경기복지재단은 자의든 타의든 서비스 전달을 위해 지역사회 네트워크를 활용하여 효율적이고 효과성 있게 서비스 전달을 시도하고 있는데, 이와 관련한 대표사례로 '경기복지 거버넌스' 협의기구와 '경기도장애인복지종합지원센터', '경기도서민금융복지센터', '희망디딤돌경기센터', '경기청년지원사업단' 등의 수탁(受託) 운영 기관을 들 수 있다.[99]

경기복지 거버넌스는 민·관의 다양한 이해관계자들이 모여 복지 현안을 의논하는 '복지협의 시스템'이라고 할 수 있으며, 궁극적으로는 경기도민의 복지체감도(體感度) 향상을 위한 논의와 합의를 위해 구성된 기구라고 볼 수 있다. 이에 참여하는 민간위원은 복지 단체, 시설 종사자 등의 복지 현장 종사자와 복지 분야 전문가 등으로 공개 모집되며, 공모대상은 사회보장 10대 영역(총괄, 아동 돌봄, 성인 돌봄, 보호·안전, 건강, 교육, 고용, 주거, 문화·여가, 환경) 해당 전문가와 시·군 간 사회보장정책 연계(connection) 및 균형발전(동·서·남·북부 권역) 관련 전문가 등이 참여하고 있다.[100]

---

99) 경기복지거버넌스는 「경기도 사회보장위원회 구성 및 운영 조례」 제10조 및 '경기복지거버넌스 운영 규정'에 근거하며, 「경기도 사회보장위원회 구성 및 운영 조례」 제11조에 근거하여 경기복지거버넌스의 효율적인 운영을 위한 사무 처리 전담 기구를 '경기복지재단 복지협력팀'으로 지정하여 운영 중이다.

100) [경기복지재단 공고 제2022-50호] 제4기 경기복지거버넌스 민간위원 모집 공고문에 따르면 모집인원은 약 180명이며 위촉 기간은 2년이며, 경기도 사회보장위원회 아래 실무위원회와 산하 경기도 사회보장 전문위원회(사회보장 10개 영역) 및 시·군 사회보장 전문위원회(4권역) 위원으로 위촉한다.

이때 경기복지재단은 상시적인 소통과 참여 그리고 협력을 위한 민·관 협의 구조의 효율적이고 체계적인 운영을 지원하게 되는데, 이를 위해 경기복지재단은 주기적(週期的)으로 협력 회의를 개최하고 있으며 전문위원회별 의제의 정책화를 위한 포럼이나 사회복지 직능단체 네트워크 활성화, 지역사회보장계획 및 연차별 시행계획 모니터링 등을 지원하고 있다.

또한 경기복지재단은 경기도장애인복지종합지원센터, 경기도서민금융복지지원센터, 희망디딤돌 경기센터, 경기청년지원사업단을 경기도로부터 수탁(受託)받아 운영하고 있다. 경기도장애인복지종합지원센터는[101] 경기도가 요구하는 장애인 친화적 복지서비스를 제공하는 민간 전달체계로서 경기도립 장애인복지기관으로써의 기능과 역할을 담당하고 있다. 센터장 아래 사무국장을 비롯하여 산하(傘下) 7개 팀으로 운영 조직체계를 두고 있으며 장애인복지 정책 연구개발, 장애인권익증진을 위한 자립 지원(주거·교육·소득), 장애인복지 종사자와 장애인 역량 강화교육, 민·관 협력 플랫폼 기능 강화 등의 서비스를 제공하고 있다.

경기도서민금융복지지원센터는 재무상담, 채무조정, 복지서비스 연계 등을 통해 경기도민의 서민금융 안전망을 마련하기 위해 설립된 기관으로 중앙센터 1개소 아래 동·서·남·북부 권역별 센터 각 1개소와 그 산하에 지역센터 각 14개소를 두고 있어 총 19개소의 서민금융복지지원센터와 정원 48명의 조직을 갖추고 서비스를 제공하고 있다. 방문·유선·인터넷으로 상담을 신청하면 상담사 배치(connecting) 후 심층(深層) 상담을 통해 고객 맞춤형 방안을 제시하고 있다.

---

101) 2004년 경기도장애인 종합복지관으로 개관한 후, 2016년 경기도 장애인복지종합지원센터(누림 센터)로 전환하였다.

희망디딤돌 경기센터는 경기도 내(內) 아동복지시설에서 자립을 준비 중인 아동을 대상으로 자립 준비를 지원하는 것으로 화성시와 고양시 2곳에 센터를 두고 있으며, 신청서 작성 후 이메일(e-mail) 발송하면 프로그램 참여 대상을 선정(selection)하고 있다.[102]

경기청년지원사업단은 청년지원팀과 청년허브팀의 2개 팀으로 편제(編制)되어 있으며 연구사업, 청년단체 조직화 및 네트워크 사업, 청년 포털 운영, 민·관 협력사업 등을 추진하며 경기도 청년정책을 운영·지원하고 있다.[103]

**〈표 19〉 경기복지재단 정원 및 직급별 정원**

| 구분 | | | 정원 | 비고 |
|---|---|---|---|---|
| 정원 | | | 71 | |
| 계 | | | 43 | |
| 임원 | | | 1 | (상근) |
| 직원 | 사무직 | 소계 | 24 | |
| | | 3급 | 5 | |
| | | 4급 | | |
| | | 5급 | 7 | |
| | | 6급 | | |
| | | 7급 | 12 | |
| | | 8급 | | |
| | | 9급 | | |

---

102) 경기도 내 아동복지시설에서 자립을 준비 중인 아동(만 15세~만 24세)이 모집 대상이며, 심리·정서, 진로·탐색, 기술교육, 경제교육, 주거교육, 근로(법률)교육 등의 프로그램을 제공하고 있다. 한편, 희망디딤돌 사업은 삼성전자 임직원의 기부로 마련된 50억 원의 지정기부금 공모사업으로 경기복지재단이 경기센터의 사업수행기관을 맡게 되었다(머니투데이, '희망디딤돌 경기센터' 개소..., 경기도 내 청년 홀로서기 지원, 2021.11.30.).

103) 「경기도 청년 기본조례」 제17조를 근거로 설립되었으며, 경기도와 경기복지재단의 사무 위·수탁 계약 체결로 2021년 2월부터 경기복지재단에서 수탁 운영 중이다.

| 구분 | | | 정원 | 비고 |
|---|---|---|---|---|
| 직원 | 연구직 | 소계 | 18 | |
| | | 선임연구위원 | 3 | |
| | | 연구위원 '가'급 | 9 | |
| | | 연구위원 '나'급 | | |
| | | 전문연구원 | 6 | |
| 계 | | | 28 | |
| 무기 계약근로자 | 사무직 | 6급 | 2 | |
| | | 7급 | 2 | |
| | | 8급 | 24 | |
| | | 9급 | | |

※ 출처: 경기복지재단 직제 및 정원 규정. (2021), p.21 / 경기복지재단 무기 계약근로자 관리 규정. (2021), p.136.

## 7.2. 남양주시복지재단

남양주시복지재단의 서비스 조직체계는 대표이사, 복지실장 아래 복지기획부와 나눔사업부로 구성되어 총 11명의 인력으로 운영되고 있다.[104] 복지실장은 대표이사를 보좌하고 복지기획부와 나눔사업부를 관장하며 복지재단의 사무업무를 총괄(總括)하며 총 1명의 인력으로 구성되어 있다.

복지기획부는 예산과 재무(회계 · 계약 · 급여 등), 조직 분야 및 직원의 인사, 이사회 운영 등의 복지재단 경영과 복지정책 연구 · 조사, 복지시설 컨설팅, 취약계층 지원 사업 및 사회복지시설 종사자 교육, 읍 · 면 · 동 협의체 지원 등의 사업을 총 7명의 인력으로 수행하는 반면, 나눔사업부는 모금개발 및 대외협력및 후원금 · 품 관리와 배분 그리고 후원자 관리 · 예우 등을 전담하며 총 2명의인력으로 구성되어 있다.

---

104) 남양주시복지재단 직제 및 정원 규정 제4조(기구), 제5조(정원), 제6조(직위), 제7조(직원) 및 남양주시복지재단 홈페이지 참고.

이에 따르면, 남양주시복지재단은 1실 2부 형태로 관리 운영되고 있다고 볼 수 있으나, 실무적으로는 '복지'와 '나눔'으로 2개 부(部)의 단층(單層)제 단일부서로 구성되어 있다. 이에 따른 서비스 인력은 '남양주시복지재단 직제 및 정원 규정'에 따라 복지실장 1명, 복지기획부 5명, 나눔사업부 4명으로 규정하고 있으나, 실체적으로는 복지실장 1명, 복지기획부 7명, 나눔사업부 2명으로 운영되고 있으며 총 정원은 〈표 20〉과 같이 11명의 직위·직급별 정원으로 규정되어 있다. 직종의 구분은 계약직, 일반직, 업무직 등의 세 개 유형으로 1급부터 5급까지의 직급으로 구분되고 있는데, 대표이사와 실장은 계약직으로 1급과 2급이며, 부장, 대리, 주임은 일반직으로 각각 3급, 4급, 5급에 해당하며, 그 외

**〈그림 4〉 남양주시복지재단 관리 운영체계**

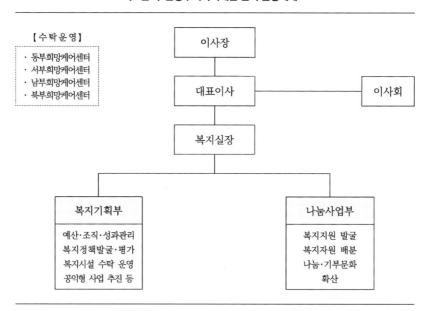

※ 출처: 남양주시복지재단 홈페이지. http://www.nyjwf.or.kr/Home/12(검색일: 2023.7.7.). 발췌 재정리.

단순·반복적인 업무 등 보조적 업무의 수행을 위한 업무직은 직위, 직급이 따로 규정되어 있지 않다.

서비스 인력 채용은 공개모집을 원칙으로 하며, 직급과 직책에 따른 자격 기준은 〈표-20〉에 따르고 있다. 5급~4급 일반직은 사회복지사 자격을 보유하거나 복지 관련 기관, 단체, 시설 등에서 1년 이상 근무 경력을 요구하고 있으나 3급 부장, 2급 복지실장은 사회복지사 자격 보유 기준이 없으며, 직급과 직위가 높아짐에 따라 경력 자격 기준이 비례하여 증가하고 있음을 볼 수 있다. 특히, 1급 대표이사에서는 학사·석사·박사학위 취득에 따라 해당 분야 경력 기준에 차등을 두고 있고 사회복지사 자격 보유 기준도 없다는 점이 눈에 띄고 있다. 이와 더불어, 서비스 전달 인력 단위를 살펴보면 아래의 〈표-21〉와 같다.

**〈표 20〉 남양주시복지재단 직종·직급·직위별 정원 및 채용 자격 기준**

| 직종 | 직급 | 직위 | 정원 | 자격 기준 |
|---|---|---|---|---|
| | 계 | | 11 | - |
| 계약직 | 1급 | 대표이사 | 1 | • 사회복지 또는 행정 분야 관련 박사학위 이상을 취득 후 해당 분야 5년 이상 경력자<br>• 사회복지 또는 행정 분야 관련 석사학위 이상을 취득 후 해당 분야 7년 이상 경력자<br>• 사회복지 또는 행정 분야 관련 학사학위 이상을 취득 후 해당 분야 10년 이상 경력자<br>• 5급 이상 공무원으로서 근무한 경력이 있는 자<br>• 기타 위와 동등하다고 임원추천위원회에서 인정하는 자 |
| | 2급 | 실장 | 1 | • 국가 및 지방자치단체에서 3년 이상 공무원으로 근무한 경력이 있는 자<br>• 사단법인 및 재단법인에서 3년 이상 근무한 경력이 있는 자<br>• 사회복지 단체 및 시설 등에서 3년 이상 근무한 경력이 있는 자<br>• 기타 위와 동등한 자격이 있다고 인정되는 자 |

| 직종 | 직급 | 직위 | 정원 | 자격 기준 |
|------|------|------|------|-----------|
| 일반직 | 3급 | 부장 | 2 | • 국가 및 지방자치단체에서 1년 이상 공무원으로 근무한 경력이 있는 자<br>• 사단법인 및 재단법인에서 1년 이상 근무한 경력이 있는 자<br>• 사회복지 단체 및 시설 등에서 1년 이상 근무한 경력이 있는 자<br>• 기타 위와 동등한 자격이 있다고 인정되는 자 |
|  | 4급 | 대리 | 2 | • 사회복지사 2급 이상 자격을 보유한 자 |
|  | 5급 | 주임 | 5 | • 복지 관련 기관, 단체, 시설 또는 기타 교육, 기업 등에서 1년 이상 근무한 경력이 있는 자 |
| 업무직 | - | - | - | - |

※ 출처: 남양주시복지재단 직제 및 정원 규정. (2021), p.56. / 남양주시복지재단 인사 및 복무규정. (2021), p.106. 2023년 7월 기준 발췌 재정리.

〈표 21〉 남양주시복지재단 조직 및 업무 현황

| 편제 | 직위 | 인원 | 정원 |
|------|------|------|------|
| 계 |  | 11 | - |
| 대표이사 |  | 1 | • 남양주시복지재단 대표이사 |
| 복지실장 |  | 1 | • 남양주시복지재단 사무국 총괄 |
| 복지<br>기획부 | 부장 | 1 | • 복지기획부 운영총괄, 근무평정 및 성과관리, 대외협력 |
|  | 대리 | 1 | • 복지정책 연구·조사(정), 복지정책포럼, 사회복지시설 컨설팅<br>• 수탁시설(희망케어센터) 운영 및 배분, 임직원 봉사활동 |
|  | 대리 | 1 | • 복지시설 공모사업, 자립준비청년 지원사업<br>• 다둥이 多가치 키움사업, UP!케스트라, 나눔이 빛나는 밤 |
|  | 주임 | 1 | • 인사 및 복무 관리, 직원교육(법정의무교육)<br>• 이사회 및 위원회 운영, 정관 및 규정 등 제·개정 |
|  | 주임 | 1 | • 읍·면·동 협의체 지원사업, 진로박람회, 뮤직피크닉<br>• 홍보 및 홈페이지 관리, 남양주 안심케어, 사랑의 온도탑 |
|  | 주임 | 1 | • 예산·회계·세무·계약, 서무(사무실 운영, 제증명, 문서관리)<br>• 물품 및 자산관리 |
|  | 주임 | 1 | • 복지정책 연구·조사(부), 사회복지시설 종사자 및 시민교육<br>• 사회복지시설 종사자 해외연수, 무엇이든 복지보살 |
| 나눔<br>사업부 | 부장 | 1 | • 나눔사업부 운영총괄, 모금개발 및 대외협력, 후원물품 플랫폼 구축 |
|  | 주임 | 1 | • 후원금·품 관리 및 배분, 후원자 관리 및 예우, 나눔바자회 |

※ 출처: 남양주시복지재단 홈페이지 조직 및 업무
http://www.nyjwf.or.kr/Home/12). (검색일: 2023.7.7.).

남양주시복지재단의 서비스 이용 절차는 복지서비스를 제공하기 위하여 자격에 맞는 대상자의 신청과 접수 절차를 거치고 있다. 취약계층 지원 사업의 경우에는 복지서비스 신청과 접수 대상자가 저소득층 또는 기준 중위소득 일정 기준 이하 등으로 수급자나 차상위계층 등을 대상으로 정하고 있는데, 이는 남양주시복지재단이 초기상담을 통한 진단과 사정(assessment)이 아닌 복지서비스 수급 자격을 이미 취득한 대상자에 한정하여 신청·접수를 받고 있음을 확인할 수 있게 한다. 쉽게 말해서 남양주시복지재단의 취약계층 지원 사업의 서비스 이용에 있어서는 복지서비스 수급 자격이 이미 있어야 가능하다고 볼 수 있는 것이다. 실례로, '다둥이 多가치 키움사업'에서는 기준 중위소득 40% 이하인[105] 자를 대상으로 거주지 인근의 행정복지센터 및 읍·면·동 방문 신청 및 온라인을 통해 신청·접수를 하며,[106] '소외계층 직능교육 사업'이나 '스마트 온라인 공부방 지원 사업' 역시 저소득층을 대상으로 신청·접수를 통해 서비스를 지원하고 있다.

복지정책 연구·조사 사업은 2023년까지 남양주시청에 복지정책연구 주제 제안 요청을 하여 정책연구 주제에 관한 의견을 수렴하였으며, 연구 결과를 복지재단 홈페이지에 게시하여 누구나 열람(閱覽)할 수 있도록 하고 있다. 다만 매년 연구주제 제안 요청을 남양주시청을 대상으로만 하고 있었던 점과 기타 16개 읍·면·동을 대상으로는 정책연구 주제 제안 요청을 별도로 하지 않았던

---

105) 「국민기초생활 보장법」 제7조~제15조에 근거하여 생계급여, 의료급여 해당.

106) 다둥이 多가치 키움사업은 남양주시에 거주하며 다자녀(4자녀 이상) 저소득가구를 대상으로 하며, 소득 기준으로 4자녀 이상은 기준 중위소득 40% 이하(생계 및 의료급여 수급자) 자를 대상으로 하며, 5자녀 이상은 소득에 상관없이 전체를 대상으로 하고 있으나(남양주시복지재단 홈페이지, 2023)(검색일: 2023.6.30.), 2023년 남양주시의회 행정사무 감사에서 소득 기준과 무관하게 지급하는 것은 형평성에 어긋난다는 의견을 들어야 했다.

점 그리고 남양주시민 전체의 참여를 보장하지 않고 있는 점은 눈여겨볼 사항으로 보인다.[107] 또한 사회복지시설 운영지원의 경우, 남양주시복지재단은 사회복지시설 컨설팅을 원하는 시설, 단체 등을 공개 모집하여 온라인 신청·접수를 받아 기관별 개별 컨설팅을 제공하고 있으며, 사회복지종사자 역량 강화 교육 또한 복지재단에서 직급별 프로그램을 기획하여 남양주시 사회복지종사자를 대상으로 온라인 신청·접수를 받아 연간 계획으로 무료 교육하고 있다.

한편 남양주시복지재단은 동·서·남·북 4개 권역별 희망케어센터를 수탁 운영 중인데, 주요 서비스로는 독거노인, 장애인, 수급자 등의 소외계층을 대상으로 돌봄 지원, 생활 지원, 건강 의료, 주거지원, 정서 지원, 자활 지원, 금융·법률, 고용 연계 서비스 등이 있다.[108] 희망케어센터의 권역별 서비스 전달체계를 살펴보면, 동부희망케어센터는 센터장 아래 선임팀장이 있으며 그 산하로 운영지원팀, 마을돌봄팀, 마을협력팀이 있으며 총 14명의 직원으로 구성되며, 서부희망케어센터는 센터장 아래 선임팀장과 운영지원팀, 서비스제공팀, 지역사회조직팀, 사례관리팀, 병원모심카팀으로 구성되어 총 23명의 직원이 업무를 수행하고 있다. 또한, 남부희망케어센터는 센터장 아래 사례관리팀, 지역조직화팀, 운영지원팀으로 구성되어 총 11명의 직원으로 구성되며, 북부희망케어센터는 센터장 아래 운영지원팀, 사례관리팀, 통합돌봄팀으로 구성되어 총 13명의 직원이 업무를 수행하고 있다. 사실 희망케어센터는 2007년부터 사회

---

107) 남양주시복지재단은 2023년 이전까지는 사회복지 정책연구 연구주제 제안 요청을 남양주시청에 국한하였으며, 2024년부터 16개 읍면동까지 연구주제 제안 요청을 확대하였으나, 아직도 남양주시민 전체를 대상으로 하는 참여를 보장하고 있지는 않고 있다. 반면 경기복지재단은 신규 연구사업 발굴 수요조사 시 경기도민 전체의 참여를 보장하고 있다.

108) 희망케어센터와 관련한 더 자세한 사항은 홈페이지를 참고하여 주기 바란다.
https://hope.nyj.go.kr/hope/main.do

복지 통합서비스 제공을 위한 전달체계로 설치되어 운영되었으며 남양주시복지재단이 설립되기 전까지는 남양주시의 정보교환, 물적 자원 교류(交流) 등의 지역사회 네트워크의 중심에는 항상 희망케어센터가 있었음은 부인할 수 없는 사실이다(박경숙, 유란희, 2022).

지금까지의 논의를 종합해보면, 남양주시복지재단의 서비스 조직체계는 대표이사, 복지실장 아래 복지기획부와 나눔사업부로 편제 · 운영되어 나눔사업부에서의 복지자원 관리 · 배분과 기부문화 확산을 제외한, 예산과 조직, 복지정책 조사연구, 각종 공익형 사업 등의 대다수의 복지재단 관련 업무를 복지기획부 한 곳에서 모두 수행하고 있음을 볼 수 있다. 또한 서비스 인력에서는 계약직, 일반직, 업무직으로 구성되며 계약직인 1~2급과 일반직 3급은 사회복지사 자격 기준을 요구하지 않고 있으며 일반직 4~5급에서만 사회복지사 자격 보유자를 자격 기준 항목에 포함하고 있음을 볼 수 있으며, 대표이사인 1급에서만 학사, 석사, 박사 등의 학위를 자격 기준에 포함하고 있음을 볼 수 있다. 서비스 이용 절차에서는 신청 · 접수를 기본으로 하며 복지서비스 수급 자격이 이미 있어야 가능한 저소득층에게 접근성이 집중되고 있음을 알 수 있다.

마지막으로 지역사회 네트워크와 관련하여서는 남양주시복지재단은 설립 4년 차에 접어들고 있지만, 지역사회와 눈에 띄는 교류 협력의 형태가 보이지 않고 있다. 이와 같은 상황은, 결국 남양주시복지재단의 서비스 전달체계를 공급자인 복지재단 중심으로 더욱더 심화(deepen)시킬 것으로 보이며, 궁극적으로는 서비스 수혜자들에게 서비스가 전달되는 과정에서 참여의 기회를 배제(排除)하고 소외(疏外)시켜 소극적이고 피동적(passive) 의사소통에 따른 기계적 욕구에 대응하는 단순하고 단편적인 서비스 전달이 주류를 이루는 편향(偏向)적인 전달체계로 굳어질 가능성이 크다고 할 수 있다. 이는 사회복지 서비스 당사자의 욕구나 수요가 제대로 반영되지 못하는 오류(mistake)를 만들 수 있으며, 종국에는 욕구에 기반하지 못하는 상황 속에서 문제 해결을 위한 서비스 전달로 비효율적이고 효과성 없는 서비스를 제공하게 될 우려(憂慮)가 크다고 할 수 있다.

## 7.3. 비교 논의

전달체계의 중요한 요소라고 한다면, 서비스 조직체계, 서비스 전문인력, 서비스 이용 절차 그리고 지역사회 네트워크 등을 들 수 있다. 이와 같은 요소들이 어떻게 구축되어 상호작용하는가에 따라 복지서비스의 질(質)과 양(量)이 달라지고 복지서비스가 효율적이고 효과적으로 전달될 수 있기 때문이다.

경기복지재단의 서비스 조직체계는 다층 구조를 통한 효율적 분업(分業)으로 기획, 연구, 교육, 복지 등을 수평적 공조(共助)와 연계로 생산성을 극대화하고 있으나, 남양주시복지재단은 단층 구조로 편제되어 기부(후원) 관련 업무를 제외한 대다수 업무를 단일부서(복지기획부)에서 처리하고 있어 중앙집권화의 우려와 업무 혼잡(chaotic)에 따른 규모 있는 사업 운영의 어려움 등으로 종국(終局)에는 서비스 조직체계의 전문화에 일정한 한계(limit)가 있을 것으로 우려된다.[109]

경기복지재단은 사무직과 연구직 인력의 전문성을 위해 일정한 자격 기준을 정하고 있는데, 사무직에서는 모든 직급에 대해서 사회복지사 자격증 소지자 기준을 두고 있으며 사무 9급에서부터 사무 5급까지에서는 해당 분야 학사학위 이상의 기준과 더불어 공무원, 공공기관, 사회복지시설 또는 유관 단체 등에

---

109) 한국지방세연구원 임상빈은 '단층제 지방자치단체 세정부서 조직 및 인력 모델 연구'에서 세종시의 단층제 단일부서를 복층제 다부서 체계로 전환하여 행정 효율성과 고객의 편의성 증진을 제안하였으며, '지방자치론'의 김병준은 단층제와 중층제(또는 다층제)의 장·단점을 설명하고 있는바, 상세 내용은 김병준 著, 「지방자치론」 중 pp.176-180을 참고 바란다.

서의 경력 등에 차등(差等)을 두고 있다. 물론 이 모든 자격 기준을 모두 충족해야 하는 것은 아니며 한 가지 이상의 자격 기준에 해당하면 된다. 사무 4급과 3급은 실·센터·단장·관의 직위로 학력 기준은 따로 없으며 리더십과 조직 관리능력, 추진력, 소통, 대외적 교섭 능력이 탁월한 자 등을 자격 기준으로 두고 있어 관리능력을 더 선호하는 경향을 볼 수 있다. 연구직에서는 학력 기준으로 석사 및 박사학위 소지자로 규정하고 있으며 연구위원 '나'급 이상부터 박사학위 및 연구실적과 근무 경력을 기준으로 제시하고 있다. 특히 실·센터장 직위의 연구위원 '가'급 이상 중 선임연구위원은 4년제 대학 정교수 또는 박사학위 소지자로서 8년 이상 관련 연구경력을 자격 기준으로 제시하고 있어 복지정책 연구를 위한 자격 기준에 상당한 전문성을 고려하고 있음을 볼 수 있다.

반면, 남양주시복지재단은 서비스 인력으로 계약직과 일반직으로 5급부터 1급까지 5단계 직급으로 구성되는데, 사회복지사 자격증 소지 기준은 일반직 5급 주임과 4급 대리에 한정되고 있다. 그 외 직급인 3급, 2급, 1급에서는 사회복지사 자격증 소지 기준이 포함되어 있지 않으며, 3급 부장과 2급 실장은 공무원, 법인, 사회복지 단체·시설 등에서의 경력을 자격 기준으로 포함하고 있으며, 1급 대표이사는 5급 이상 공무원 경력 또는 학력 기준으로 학사·석사·박사학위 취득 후 해당 분야 경력에 차등을 두어 자격 기준을 제시하고 있음을 볼 수 있다. 또한 복지정책 조사·연구를 주요 사업으로 표방하고 있으나 이를 전담하거나 수행할 석사·박사학위의 전문인력은 찾아볼 수 없었다.

이와 같은 서비스 인력의 유사점과 차이점을 살펴봤을 때, 상대적으로 남양주시복지재단의 서비스 인력의 전문성(專門性)이 경기복지재단에 반하여 상당 부분 부족함이 우려되는 게 사실이다. 서비스 인력의 전문성 부재(不在, absence)는 곧 서비스 전달의 공백으로 이어질 수 있으며 결국에는 서비스 지속성과 효과성 결여(lack)라는 근원적(根源的) 문제로 이어질 수 있어 중요한 문제이기 때문이다.

**〈표 22〉 경기복지재단과 남양주시복지재단의 전달체계**

| 구분 | 기준 | 경기복지재단 | 남양주시복지재단 |
|---|---|---|---|
| 전달체계 | 서비스 조직체계 | • 실과 팀 다층 구조로 편제·운영<br>• 기획·연구·교육·복지 등 팀 업무 분업으로 수평적 공조와 연계 | • 실과 부 구조이나 단층 편제·운영<br>• 복지기획부 중심의 중앙집권화 및 단일부서 내 각 분야 업무 혼재 |
| | 서비스 전문인력 | • 사무직 인력 사회복지사 자격증 소지자로 채용하고<br>• 연구직 인력 석·박사학위 소지자 및 연구실적, 경력 등의 자격 기준을 두어<br>• 해당 분야의 전문지식과 기술을 가진 인력이 업무 담당 | • 대표이사, 실장, 부장은 사회복지사 자격 기준이 없으며, 대리, 주임에서만 사회복지사 2급 이상 자격 기준 둠<br>• 복지정책 조사·연구사업은 있으나 전담 연구인력 채용은 없음<br>• 각 분야 부서별 전문성과 역할이 분명하지 않음 |
| | 서비스 이용절차 | • 신청·접수<br>  – 상담 통한 진단·사정과 복지서비스 수급 자격 기(旣) 취득자 혼합<br>  – 능동적 참여 | • 신청·접수<br>  – 복지서비스 수급자격 기(旣) 취득자<br>  – 수동적 참여 |
| | 지역사회 네트워크 | • 민·관 협력 의견 반영 활성화 | • 비활성화 |

경기복지재단과 남양주시복지재단은 복지서비스 수급 자격을 이미 취득한 대상자를 신청·접수를 통해 서비스를 제공한다는 점에서는 어느 정도 유사점을 갖는다. 그러나 경기복지재단에서는 불법 사금융피해지원, 경기극저신용대출 등과 같은 지원을 통해 상담을 통한 진단과 사정으로 적정 서비스 연계를 시도한다는 점에서 남양주시복지재단과 차이를 보인다고 할 수 있다. 이는 서비스 전달체계에서 서비스 결정에 관하여 당사자가 참여할 수 있는가와 연결되는데, 가령 남양주시복지재단의 경우, 취약계층지원사업에서 저소득층, 발달장애

인, 기준 중위소득 40% 이하와 같이 이미 서비스 공급자인 복지재단에서 결정하여 대상자는 수동적(passive)으로 자격 기준에 따라 신청 · 접수를 하고 있으나, 경기복지재단의 경우에는 상대적으로 일정 부분 인테이크(intake)[110]를 통한 서비스 제공 여부를 결정하고 적정 서비스를 연계한다는 점에서 서비스 대상자가 어느 정도 능동적(active)으로 서비스 결정에 참여한다고 볼 수 있을 것이다.

경기복지재단의 지역사회(local community) 네트워크를 살펴보면, 경기복지 거버넌스와 수탁 운영 기관을 통하여 민 · 관 협력이 실행되며 지역사회와의 의견수렴과 연계 및 협력 등이 상대적으로 활발히 이루어지고 있음을 볼 수 있으나, 남양주시복지재단은 지역사회와의 협력과 연계가 눈에 띄게 두드러지지 않고 있으며, 권역별 희망케어센터 수탁 운영으로 민 · 관협력의 접점(接點, agreement)을 유지하고 있다고 말하기에는 오히려 희망케어센터가 남양주시의 지역사회 네트워크의 중심에 있음을 부인할 수 없는 상황으로 해석된다.[111] 이와 같은 지역사회 네트워크 논의가 서비스 전달체계에서 중요한 것은 서비스 공급자는 지역사회 네트워크를 통해 다양한 영역의 의견을 수렴할 수 있어 논의의 폭과 깊이를 더할 수 있기 때문이며, 결국에는 소통 채널(channel) 다양화를 통한 상호 간의 정보 공유로 지역사회 네트워크 지원체계의 연계와 협력의 극대화(maximize)를 이룰 수 있기 때문이다.

다만, 경기복지재단과 남양주시복지재단은 모두 수탁 운영에 참여하고 있는데, 위 · 수탁(委 · 受託) 사무는 주민 친화적인 접근성 향상과 자격 기준에 맞

---

110) 도움을 받기 위해 찾아온 대상자를 상담하여 그 대상자가 필요로 하는 도움이 무엇인지를 파악하고 그 대상자가 필요로 하는 도움을 제공할 수 있는지, 여부를 결정하는 과정.

111) 희망케어센터는 2007년 설립되어 복지재단이 설립되는 2021년까지 약 15년 전후의 기간 동안 지역사회로부터 후원금 모집을 통한 지역사회복지 네트워크의 구심(求心) 역할을 하였다.

는 대상자 선정의 전문성 그리고 서비스 전달체계의 전문적 운영관리와 책임 소재가 명확하다는 장점을 발휘하나, 위탁 기간과 위탁 대상의 한정성(限定性)을 지닌다는 한계를 지니고 있음은 부인할 수 없는 사실이다. 그러나 지역사회 네트워크에 기반을 둔 민간 기관이 공공의 성격을 지닌 기관보다 더 효율적으로 서비스를 전달할 수 있는 것은 분명한 장점(advantage)이라고 할 수 있다(이진숙, 2008).

한편 길버트와 테렐(N. Gilbert & P. Terrell)은 전달체계 개선 전략으로 여섯 가지 범주(範疇)를 제시하였는데, 경기복지재단과 남양주시복지재단에서는 이 여섯 범주를 어떻게 활용하고 있는지 살펴볼 필요가 있다. 왜냐하면 앞서 언급한 바와 같이, 서비스 전달의 일관성(一貫性)과 접근성(接近性) 향상 또한 전달체계의 중요한 의제(agenda)이기 때문이다.

경기복지재단은 앞서 살펴본 것처럼 기본적으로 연구인력과 사무인력 간의 협업을 통한 전달체계를 이루고 있으며 장애인복지시설 · 단체와 같은 관계기관 협력사업 및 현장 지원 프로그램 확대 등으로 지역복지 생태계를 조성하여 조직과 기관 간의 협력체계를 구성 · 활용하고 있다. 또한 경기복지 거버넌스 운영과 사회복지 현장 요구에 따른 콘텐츠(content) 개설 등으로 시민을 참여시키는 의사결정을 활용하고 있으며, 서비스 진입의 편의성을 위해 인터넷 포털(portal) 신청이나 사회복지 현장의 민간 네트워크 조직 그리고 공모를 통한 사업 수행 기관 확보 등으로 전달체계 내의 서비스 접근성 향상을 도모하고 있다.

이와 더불어 경기복지재단 북부센터 개소와 경기도서민금융복지지원센터의 19개 지역센터에서 금융복지와 관련한 전문적인 상담 · 접수 · 대출 실행으로 이용자인 경기도민의 편의를 고려하고 있음을 볼 때, 경기복지재단은 '조정'과 '시민참여' 그리고 '전문화된 접근구조'와 '의도된 중복'의 전략을 바탕으로 의사결정의 단편화를 개선하고 서비스에로의 접근성을 극대화하고 있음을 볼 수 있다. 한편 서비스 전달이 어려운 경우를 사회계층의 문제로 인식하여 비전문가에게 전문가의 역할을 맡기는 '역할 부과' 전략이나 관료적 획일성(劃一性)에서 이탈하는 '전문가 이탈' 전략 등은 활용하고 있지 않음을 볼 수 있다.

**〈표 23〉 경기복지재단과 남양주시복지재단의 전달체계 개선전략 활용도**

| 구분 | 정책 결정 권한 재구조화 | | 과업 분담 재조직화 | | 전달체계 구조 변화 | |
|---|---|---|---|---|---|---|
| | 조정 | 시민참여 | 역할 부과 | 전문가이탈 | 전문화된 접근구조 | 의도된 중복 |
| 경기 복지재단 | ○ | ○ | × | × | ○ | ○ |
| 남양주시 복지재단 | △ | △ | × | × | △ | △ |

※ ○: 활용도가 있는 경우, △: 활용도가 명확하지 않은 경우, ×: 활용도가 없는 경우.

반면, 남양주시복지재단은 하나의 부서에서 기부(donation) 관련 업무를 제외한 대다수 업무를 취급하여 집중화(集中化)를 추구하고 있으나 서비스 조직 간 조정 및 협조 또는 인력 간의 원조나 협력 등은 혼잡(混雜)해 보이며, '시민참여' 전략에서는 실질적인 의사결정 권한에 변화를 일으킬 만한 시민참여를 찾아보기 힘들어 보인다. 또한 서비스 접근을 쉽게 하기 위한 전략인 '전문화된 접근구조'와 '의도된 중복'에서는 상대적으로 만족할 만한 수준의 전략을 추구하고 있다고 보기는 어려워 보인다. 한편 남양주시복지재단 역시 경기복지재단과 마찬가지로 비전문가에게 전문가의 역할을 맡기는 '역할 부과'나 공공조직에서 흔한 관료적 획일성에서 이탈하는 '전문가 이탈' 전략 등은 활용하고 있지 않음을 볼 수 있었다.

# 제8장 재정

## 8.1. 경기복지재단

경기복지재단 운영과 관련한 경기도 조례(條例)에 따르면 경기복지재단의 운영 재원은 경기도 출연금, 자체 수익사업으로 인한 수익금, 그 밖의 수익금으로 규정하고 있으며,[112] 경기복지재단 정관(定款)에 따르면 출연전입금, 자체 수익사업으로 인한 수익금, 위탁사업 수입금, 기타 수입금으로 규정되고 있다. 이에 따른 경기복지재단의 2023년 예산 개요는 〈표 24〉와 같다.

우선 경기복지재단은 2023년 일반회계 기준으로 총 수입액이 29,168백만 원으로 이 중 출연금이 차지하는 비중이 약 26%이며, 수탁사업 수입이 차지하는 비중은 약 71%이다. 또한 출연금과 수탁사업 수입을 합하면 일반회계 총수입 대비 약 98%를 차지하고 있음을 알 수 있다.

반면 이용자 부담이라고 할 수 있는 교육·훈련 수입은 미미(微微)하며 후원금 등의 민간 수입 재원은 찾아볼 수 없었다. 이처럼 출연금과 수탁사업 수입원에 의존하고 있는 경기복지재단의 지출예산을 들여다보면, 인건비 지출이 일반회계 기준 약 15% 정도를 차지하고 있으며, 자체 사업이 약 8% 정도이며 대부분의 지출이 수탁사업 지출로 약 71% 정도를 차지하고 있음을 볼 수 있다.

경기복지재단의 주 수입원 중 하나인 출연금은 매년 경기도지사(京畿道知事)가 예산의 범위 안에서 지원할 수 있는데, 이를 위해 경기복지재단은 사전 절차로 사업계획서, 예산서 및 운영 방법 등을 작성·제출하여 경기도지사의 승인

---

112) 「경기복지재단 설립 및 운영 지원에 관한 조례」 제5조(재산 및 운영재원).

<표 24> 2023년도 경기복지재단 예산 개요

| 수입예산 | | | 지출예산 | | |
|---|---|---|---|---|---|
| 사업별 | | 예산액 | 사업별 | | 예산액 |
| **총합계** | | 65,138,103 | **총합계** | | 65,138,103 |
| 계 | | 29,168,627 | 계 | | 29,168,627 |
| 일반회계 | 출연금 | 7,778,540 | 일반회계 | 자체사업 | 2,449,352 |
| | 예탁금 및 예수금 | 45,000 | | 수탁사업 | 20,920,087 |
| | 교육·훈련수입 | 25,000 | | 인건비 | 4,432,673 |
| | 수탁사업수입 | 20,920,087 | | 기본경비 | 947,118 |
| | 잉여금 | 400,000 | | 성과급 | 319,397 |
| | 이월금 | 0 | | 예비비 | 100,000 |
| 특별회계 | 계 | 35,969,476 | 특별회계 | 계 | 35,969,476 |
| | 청년 노동자 통장 지원금 | 31,891,486 | | 청년 노동자 통장 지원금 | 31,891,486 |
| | 극저신용대출 지원금 | 975,506 | | 극저신용대출 지원금 | 975,506 |
| | 재도전론 지원금 | 3,102,484 | | 재도전론 지원금 | 3,102,484 |

※ 출처: 경기복지재단. (2023). 2023년도 본예산(2023년 1월) 기준. / (단위: 천 원)
https://ggwf.gg.go.kr/gfma/gfmanagem

(approval)을 얻어야 한다.[113] 또한 출연금은 국비(國費, 나라의 재정으로 부담하는 비용)가 아닌 전액(全額) 경기도 자체(自體) 재원(財源)으로 충당되고 있으며, 매년 경기도의회의 승인을 받고 있다. 이와 더불어 또 하나의 주 수입원인 수탁사업 수입은 관련 조례에 따라 위·수탁이 이루어지고 있으며 출연금과 마찬가지로 예산의 범위 안에서 위·수탁 사업비를 지원받고 있다.[114]

결국, 경기복지재단의 주 운영 재원은 공공재원인 출연금과 경기도 사무의

---

113) 「경기복지재단 설립 및 운영 지원에 관한 조례」 제6조(운영지원), 제12조(사업계획서·예산서 등의 제출).

114) 「경기도 사무위탁 조례」, 「경기도 장애인복지 기본조례」 제39조(장애인복지종합지원센터 설치 운영), 「경기도서민금융복지지원센터 설치 및 운영 조례」 제4조(운영의 위탁) 등.

수탁사업 운영 수입에 의존하고 있음을 볼 수 있다. 한편 경기도는 출연금의 규모를 매년 증액하고 있는데, 실례로 2020년 6,652백만 원, 2021년 7,257백만 원, 2022년 7,584백만 원, 2023년 7,778백만 원으로 매년 연평균 약 5% 내외의 출연금 규모를 증액시키고 있음을 볼 수 있다. 이는 매년 물가상승률(inflation rate)을 반영한 경기복지재단의 운영 적정성 확보를 위한 출연금 증액(increase)으로 해석할 수 있다.

## 8.2. 남양주시복지재단

남양주시복지재단의 정관(定款)에 따르면 재단법인(財團法人) 남양주시복지재단은 기본재산 및 보통재산에서 발생한 과실(果實)과 수익사업에 따른 수익금, 후원금, 찬조금, 기부금 그 밖의 수입을 재원으로 하며, 남양주시복지재단 예산·회계 규정에 따르면 재단은 출연금, 출자·출연 및 공기관 등에 대한 위탁사업비, 보조금, 후원금, 사업수입금, 기타 수입금, 전년도 순 세계 잉여금,[115] 민간위탁금 등의 수입을 그 재원으로 한다고 규정하고 있다.[116] 이에 따른 남양주시복지재단의 2023년 예산 개요는 〈표 25〉와 같다.

남양주시복지재단의 2023년 총 수입액은 1,838백만 원으로, 출연금과 후원금 수입이 총 수입액의 약 98% 이상을 차지하고 있음을 볼 수 있다. 이 중에서 출연금은 817백만 원으로 총 수입액의 약 44%를 차지하고 있으며, 후원금 수입은 1,000백만 원으로 약 54%를 차지하고 있다. 이를 통해 보면 남양주시복

---

115) 1년 동안의 세입에서 세출을 뺀 총금액으로, 한 해 동안 집행하고 순수하게 남은 돈을 말한다.

116) 「재단법인 남양주시복지재단 정관」 제9조(재원), 「재단법인 남양주시복지재단 예산·회계 규정」 제5조(지출 재원의 근간).

지재단은 공공재원인 출연금 수입보다 민간재원인 후원금 수입이 더 큰 비중을 차지하고 있음을 볼 수 있다. 한편 지출과 관련하여서는 인건비와 운영비 명목으로 756백만 원으로 전체 세출예산의 약 41%를 차지하고 있으며, 취약계층 지원을 위한 나눔 사업으로 약 55%를 사용하고 있음을 볼 수 있다.

**〈표 25〉 2023년도 남양주시복지재단 예산 개요**

| 세입 | | | | 세출 | | | |
|---|---|---|---|---|---|---|---|
| 예산과목 | | | 예산액 | 예산과목 | | | 예산액 |
| 관 | 항 | 세항 | | 관 | 항 | 세항 | |
| 총계 | | | 1,838,595 | 총계 | | | 1,838,595 |
| 사업 수익 | 영업 수익 | 출연금 수익 | 817,787 | 사업 비용 | 영업 비용 | 일반관리비 (인건비/운영비) | 756,795 |
| | | 후원금 수익 | 1,000,000 | | | 정책연구 | 20,000 |
| | | 전년도 이월사업비 | 19,800 | | | 정책포럼 | 20,000 |
| | 영업 외 수익 | 이자수익 | 1,008 | | | 복지시설지원 | 9,000 |
| 자본적 수익 | 유보 자금 | 순 세계 잉여금 | 0 | | | 나눔사업 | 1,013,000 |
| | | - | | | | 전년도 이월사업 (복지재단홍보사업) | 19,800 |

※ 출처: 남양주시복지재단. (2023). 2023년 남양주시복지재단 예산서(본예산 기준).
　　http://www.nyjwf.or.kr/Home/52?document_category_srl=6

남양주시복지재단의 출연금 수입은 경기복지재단과 마찬가지로 운영 관련 조례에 근거하여 매년 남양주시장이 예산의 범위에서 출연금 또는 보조금을 지원할 수 있는데, 이를 위해 남양주시복지재단은 회계연도 개시(開市) 전까지 연간 사업계획서 및 예산서를 작성하여 남양주시장에게 제출하여 승인을 얻어야 한다. 또한 출연금은 국비나 도비(道費, 도(道))에서 부담하는 비용이 아닌 전액(全

**〈그림 5〉남양주시복지재단 후원 절차도**

額) 남양주시의 자체 재원으로 충당되고 있으며, 매년 남양주시의회의 승인을 얻어 확정되고 있다. 한편 가장 많은 수입액을 차지하고 있는 후원금 수입은 온라인(on-line) 또는 오프라인(off-line) 신청을 통해 남양주시복지재단에 후원금을 신청하면 사회복지공동모금회에서 후원금을 관리하는 구조로 되어 있으며 기부금 영수증(Receipt of a donation) 발급으로 기부자들에게 세액공제(tax credit) 혜택을 주고 있다.[117]

지금까지의 논의를 종합해보면, 남양주시복지재단은 공공재원인 출연금과 민간재원인 후원금이 운영 재원 수입의 대부분을 차지함을 볼 수 있으며, 그 비율로만 본다면 공공재원보다는 민간재원의 비중이 더 큰 부분을 차지하고 있음을 알 수 있었다. 한편 남양주시복지재단은 출연금 규모가 2021년 730백만 원에서 2022년에는 899백만 원으로 증액되었다가 2023년 817백만 원으로 다시 감소하였음을 찾아볼 수 있었다.[118]

---

117) 근로소득금액의 100% 내에서 세액공제 가능, 세액공제율 15%, 1천만 원 초과 시 30% 적용(남양주시복지재단, http://www.nyjwf.or.kr/Home/29). (검색일: 2023.7.5.)

118) 2022년 남양주시복지재단 예산서, 2023년 남양주시복지재단 예산서.

## 8.3. 비교 논의

경기복지재단과 남양주시복지재단은 관련 운영조례 또는 정관 및 규정에 따라 운영 재원으로 지방자치단체의 출연금, 위탁사업비, 자체 수익사업에 따른 수익금, 보조금 등으로 규정하는 유사성을 찾아볼 수 있다. 여기에 더하여 남양주시복지재단은 기부금 또는 후원금을 수입 재원으로 추가로 규정하고 있어, 이와 같은 사항은 경기복지재단과 남양주시복지재단의 재원 조달의 가장 큰 차이점이라고 할 수 있다.

〈표 26〉 경기복지재단과 남양주시복지재단의 재정

| 구분 | 기준 | 경기복지재단 | 남양주시복지재단 |
|------|------|------------|----------------|
| 재정 | 재원 조달 | • 공공재원 | • 공공재원<br>• 민간재원 |
|      | 부담 주체 | • 지방자치단체 | • 지방자치단체<br>• 기부(후원)자 |

사회복지정책에 필요한 재원을 충당하는 방법은 큰 틀에서 공공재원과 민간재원으로 구분할 수 있다. 이에 따르면 경기복지재단은 공공재원이 수입 재원의 대부분을 차지하고 있는 형태로, 특히 출연금에서는 경기도가 국비 지원 없이 자체 재원만으로 출연하고 있음을 볼 수 있다. 반면, 남양주시복지재단은 재원 조달에 있어 민간재원과 공공재원을 모두 취하면서 다양성을 확보하고 있다고 할 수 있는데, 이는 출연금 외에도 기부(후원)금 등을 통하여 재원을 확보하고 있기 때문이다. 또한 남양주시복지재단의 출연금 역시 국비나 도비 지원 없이 남양주시 자체 재원만으로 지원되고 있음을 볼 수 있다.

재원의 마련은 운영의 안정성과 효과성 등을 확보하기 위한 중요한 전제조건(precondition)이라고 할 수 있다. 즉 복지재단의 서비스 전달을 위해서는 충분하고 안정적인 재정 확보가 필요하다고 할 수 있는데, 이러한 이유로 지방자치단체 출연 복지재단의 재정 마련을 공공재원으로만 충당(充當)하는 일은 지방자치단체에 상당한 부담(負擔)으로 작용할 것이다. 왜냐하면 지방자치단체의 재정 여력(餘力) 역시 지역별 편차가 있고 제한적이기 때문이다.[119] 따라서 지방자치단체가 출연한 복지재단의 재정의 원천 또는 재원 조달은 공공재원에만 의존할 것이 아니라, 비교적 다양한 민간재원을 적극적으로 활용할 필요가 있을 것이다.

119) 박진석. "갈수록 떨어지는 재정자립도... 무너지는 지방경제." 데일리안. 2023년 4월 4일.
    https://www.dailian.co.kr/news/view/1218989

제3부

# 결론

# 제9장 연구 결과 요약

지방자치단체가 출연하여 설립되는 복지재단은 1991년과 1995년 두 차례 지방선거로 지방자치제가 본격적으로 부활된 후, 지방자치단체의 자체적인 의사결정이 가능해지고 지방분권의 일환에 따라 사회복지사업의 지방이양이 포괄적으로 이루어져 복지 분권(分權)이 시작되는 2005년 전후의 시기에 즈음하여 본격적으로 설립되기 시작하였다. 2003년 서울시복지재단이 처음으로 지방자치단체가 출연하여 설립된 복지재단으로 출범된 후 현재까지 48개의 지방자치단체에서 출연한 복지재단이 설립되어 운영 중이며, 향후 5년 이내 약 11개 지역의 지방자치단체에서 출연(出捐)을 통한 복지재단 설립(foundation)을 계획하거나 설립 절차를 밟고 있다.

그러나 이런 상황에도 불구하고, 최근 행정안전부는 지방자치단체 출자 · 출연 기관의 남설(濫設) 및 방만(放漫) 운영을 억제하고 지방공공기관 운영의 건전성을 확보하고자 '지방자치단체 출자 · 출연 기관 설립기준'을 개정하여 지방자치단체가 출연하는 복지재단의 설립에 제동(制動)을 걸고 나섰는데, 이는 그동안 지방자치단체가 출연하여 설립한 복지재단이 제 기능을 다하고 있는지 확인하고 점검해야 하는 과제를 안겨주었다고 할 수 있다. 특히 우리나라 지방자치단체는 광역복지재단과 기초복지재단이 같은 지리적 영역을 두고 설립(設立)되고 있어 행정안전부의 우려와 불신에 결코 자유로울 수 없는 상황임은 분명해 보이기 때문이다.

이런 면에서 경기도와 남양주시를 비교사례로 선정하였는데, 이는 경기도가 전국에서 가장 많은 인구(population)를 보유한 지방자치단체이고 남양주시는 그 산하(傘下)의 시·군으로 같은 지리적 영역이라는 공통점을 갖기 때문이며, 이와 더불어 경기도에는 약 15년 이상의 오랜 경륜(experience and knowledge)을 지닌 '경기복지재단'이 소재하고, 남양주시에는 이제 막 출범하여 약 4년 차를 맞이한 '남양주시복지재단'이 소재하고 있어, 이와 같은 사례를 바탕으로 지방자치단체가 출연하여 설립한 복지재단을 좀 더 명확하게 이해하고 현행의 문제와 개선방안 등의 탐구를 위해서는 광역복지재단과 기초복지재단을 비교 연구하는 것이 상당히 유효(有效)할 것으로 판단되기 때문이다.

따라서 본 연구에서는 광역자치단체인 경기도에서 출연하여 설립한 '경기복지재단'과 기초자치단체인 남양주시에서 출연하여 설립한 '남양주시복지재단'을 비교 분석하고, 이를 바탕으로 지방자치단체에서 출연하여 설립하는 복지재단의 설립과 운영의 기초자료 제공과 방향성을 제시하고 궁극적으로는 정책적 함의(含意)와 시사점(示唆點)을 도출한 후 지방자치단체가 출연하여 설립하는 복지재단의 지속가능성을 위한 정책적 제언(提言)을 하고자 하였다.

이를 위하여, 우선 설립 배경을 시간적 순서에 따라 순차적으로 분석하고자 하며, 이후 길버트와 테렐(Gilbert & Terrell)의 정책 분석 틀을 활용하여 본 연구에 적합한 할당, 급여, 전달체계, 재정 등 네 가지 차원으로 분석 틀을 구성하여 분석하였으며, 그 결과를 요약하면 다음과 같이 정리할 수 있다.

첫째, 설립 배경의 측면에서 경기복지재단과 남양주시복지재단 모두는 복지재단 설립의 결정과 그 시작에서 지역사회복지 협력적 거버넌스(collaborative governance) 결핍(lack)이 공통으로 존재한다. 경기복지재단은 애당초 사회복지종합지원센터 설립을 위한 연구용역을 진행하였으나, 민선 4기 출범에 이르러 경기복지재단 설립 추진으로 그 계획이 변경되었으며, 남양주시복지재단 역시 민선 7기 출범과 함께 복지재단 설립이 결정되고 추진되었다. 다만 경기복지재단은 설립추진단이 구성되어 공청회(public hearing), 간담회 등을 수행하면서 거버넌스 회복을 시도하였으나, 남양주시복지재단은 기획 단계에서부터 출범 시까지 뚜렷한 거버넌스 운영방식이 나타나지 않아 지역사회로부터 많은 비판을 받았다.

둘째, 할당의 차원에서 경기복지재단과 남양주시복지재단은 기본적으로 조례와 정관을 통해 모두 보편주의 할당 원칙을 기반(基盤)으로 하고 있다. 그러나 직접적인 복지 급여 또는 서비스 제공을 위해서는 대상자 선정에 우선순위를 두고 있는데, 경기복지재단은 보편적 요소와 선별적 요소를 적절히 병행·혼합하고 있으나, 남양주시복지재단은 경기복지재단보다는 선별적 요소를 더 적극적으로 활용한 대상자 선정이 주를 이루고 있다. 이는 남양주시복지재단 재정의 원천이 상당 부분 기부와 후원으로 조성되었기 때문으로, 이와 관련한 기부(후원)자들에게 사회적 예우(禮遇) 서비스를 제공하는 남양주시복지재단의 '보상'이라는 대상자 선정원칙은 경기복지재단에서는 찾아볼 수 없었다.

셋째, 급여의 차원에서 경기복지재단과 남양주시복지재단 각각은 사회복지 급여 유형을 다양하게 활용하고 있기는 하나, 경기복지재단에서는 '증서' 급여 유형을, 남양주시복지재단에서는 '권력' 급여 유형을 활용하지 않고 있으며, 이를 제외한 급여 유형에 있어서는 경기복지재단은 비교적 고르게 활용하고 있는 것과 다르게 남양주시복지재단은 현물급여 지원을 선호(選好)하는 경향을 보인다. 특히, 경기복지재단은 민·관 협력을 통한 권력 급여 유형 활용으로 재화나 자원의 급여 배분에 참여할 수 있는 구조를 마련하고 있으나, 남양주시복지재단은 공급자 중심의 급여 유형 선정과 서비스 제공 구조를 지니고 있음을 볼 수 있다. 결국, 경기복지재단과 남양주시복지재단은 급여 유형의 다양성을 일정 부분 확보하고 있기는 하지만 급여 유형을 결정하는 과정에서 경기복지재단은 급여 제공자와 수혜자 간의 소통과 참여가 어느 정도 가능하나 남양주시복지재단은 소통과 참여를 통한 급여 유형 결정 과정을 찾아볼 수 없었다.

넷째, 전달체계 차원에서 경기복지재단은 다층(多層)제 다(多) 부서로 효율적 분업을 통한 협력과 연계로 능률성을 극대화하고 있으나, 남양주시복지재단은 단층(單層)제 단일부서 편제로 기부(후원) 관련 업무를 제외한 모든 업무가 하나의 부서에 혼재(混在)되어 있어 서비스 조직의 전문성 향상에 상당한 장애 (barrier)가 있어 보이며 대규모 사업 추진의 어려움과 함께 중앙집권화(中央集權化)가 우려되는 게 사실이다. 이는 서비스 전문인력과도 연계되는 사항으로, 경기복지재단은 사무직 인력을 사회복지사 자격증 소지자로 채용하고, 연구직 인력은 석·박사학위 소지자 및 연구실적과 경력 등의 자격 기준을 두고 채용하고 있어 해당 분야의 전문지식과 기술을 가진 인력이 업무를 담당하게 하여 서비스 인력의 전문성을 제고(提高)하고 있으나, 남양주시복지재단은 대리와 주임의 직위에서만 사회복지사(socialworker) 자격 기준을 두고 있으며 부장, 실장, 대표이사에서는 사회복지사 자격 기준을 두고 있지 않으며 복지정책 조사·연구 사업은 있으나 정작 전문(專門) 연구인력 채용은 하지 않고 있어 전반적으로 각 분야의 부서별 전문성과 역할이 분명하지 않음을 볼 수 있다.[1]

또한, 서비스 이용 절차에 있어서는 경기복지재단과 남양주시복지재단 모두 신청과 접수 절차를 거치게 되는데, 경기복지재단은 상담을 통한 진단과 사정 (assessment)을 통한 복지서비스 제공과 수급 자격을 이미 취득한 대상자에게 급여 서비스를 제공하는 형태를 병행하고 혼합하여 사용하고 있으나, 남양주시복

---

1)   최근 남양주시 복재단은 '인사 및 복무규정' 일부 개정(2024.2.26.)으로 사회복지사 자격 기준을 '부장'까지 확대하였다.

지재단은 기초생활보장수급자 또는 차상위계층 등의 복지서비스 수급 자격을 이미 취득(取得)한 대상자에게 서비스를 제공하고 있음을 볼 수 있었다. 이는 경기복지재단에서는 복지대상자가 상담과 사정의 과정을 거치면서 소통과 참여로 일정 부분 능동적(active)인 서비스 결정에 참여할 수 있음을 볼 수 있으나, 남양주시복지재단에서는 이미 결정된 수급 자격과 조건에 따라 신청과 접수를 하는 수동적(passive)인 면에 그치고 있다고 볼 수 있다. 한편 서비스 전달체계의 지역사회 네트워크 활성화(活性化) 측면에서는 경기복지재단은 경기복지 거버넌스와 수탁 운영 기관 등을 통하여 지역사회와의 의견 수렴과 연계, 협력 등이 활발하게 이루어지고 있으나, 남양주시복지재단은 지역사회와의 협력과 연계가 눈에 띄게 포착(捕捉)되지는 않고 있었다.

다섯째, 재정 차원을 보면 경기복지재단은 공공(公共)재원이 수입 재원의 대부분을 차지하고 있어 지방자치단체가 공공재원을 전적(completely)으로 부담하고 있으나, 남양주시복지재단은 공공재원과 민간재원을 모두 취하여 공공재원은 지방자치단체가 부담하며 민간재원은 기부(후원)금 등을 통하여 재원을 확보하고 있다. 공공재원은 각각의 복지재단 모두 국비의 보조(補助) 없이 지방자치단체 자체 재원으로 마련되고 있으며, 민간재원인 기부(후원)금의 경우에는 경기사회복지공동모금회와 업무 협약(MOU)으로 남양주시복지재단에 기부(후원)금을 신청하면 사회복지공동모금회에서 후원금을 관리(管理)하는 구조로 운영되고 있다.

# 제10장 연구 의의 및 한계

이 책에서의 논의는 그동안 사회복지 정책(policy) 영역에서 지방자치단체 출연 복지재단 설립이 꾸준히 증가하고 있음에도 불구하고 행정안전부의 관련 기준 개정으로 무분별한 설립과 운영에 제동을 걸고 나선 최근의 상황에서, 지방자치단체 출연 복지재단의 현황 파악을 시작으로 지방자치단체 출연 복지재단이 지역사회에서 제 역할을 다하고 그 기능에 하자(瑕疵)가 없는지 반추(反芻)함과 동시에, 향후 설립을 계획 중인 지방자치단체에 기초자료를 제공하고 더 나아가서는 지방자치단체 출연 복지재단의 지속가능성에 대한 정책적 함의와 제언을 위하여 문헌조사를 중심으로 다양한 자료수집을 통한 실질적인 분석을 하였다는 점에서 의의를 지닌다. 특히, 이전까지 광역복지재단과 기초복지재단을 직접(directly) 비교 분석한 사례가 없었다는 점과 지방자치단체 출연 복지재단과 관련한 사회복지정책 영역에 있어 다각적이고 종합적인 분석을 위해 길버트와 테렐(N. Gilbert & P. Terrell)의 사회복지정책의 분석 틀을 활용하여 분석하였다는 점에서 그 의미가 더욱 크다고 할 수 있다.

그러나, 이와 같은 연구 의의에도 불구하고 분명히 그 한계(限界)도 존재하는데, 우선 연구 대상에 있어서 광역복지재단과 기초복지재단을 비교 분석하기 위해 광역복지재단은 경기복지재단을, 기초복지재단은 남양주시복지재단을 대표사례로 채택하였으나, 전국에 소재하는 다른 광역자치단체와 기초자치단체 그리고 복지재단 각각이 처한 환경과 조건이 다르다는 점을 고려한다면 본 연구를 통해서 얻은 결론만으로 광역복지재단과 기초복지재단 전반을 일반화(一般化)하기에는 다소 무리가 있는 게 사실이다. 이는 결국 대도시와 중·소도시 또는 농·어촌과 도농복합(都農複合) 도시 등과 같이 인구, 생활환경, 경제적 여건 등에 따라 다양한 요소로 그 격차가 표현된다는 점을 고려해볼 때 각 지역에 따른 특성을 반영한 후속(後續) 연구가 필요함을 방증(傍證)한다고 할 수 있다.

한편 연구 방법론에서는 문헌 연구를 통해 경기복지재단과 남양주시복지재단을 비교 연구하였는데, 이는 기존에 존재하는 자료의 확보와 활용에 있어 일정 부분의 제약(制約)과 한계(限界)로 인해 복지재단의 구체적인 비교데이터 발굴과 활용에 어려움이 있었다. 물론 이를 보완하고자 인터넷 자료 검색과 정보공개 청구를 통한 전자자료 수집 등을 병행(竝行)하였으나, 이 또한 검색 용어의 가변성(可變性) 등으로 심도 있는 분석이 이루어질 수 없는 한계는 존재하였다.

따라서, 향후(follow-up) 연구에서는 위와 같은 한계를 극복하기 위해서 지방자치단체별 특성에 따른 지방자치단체 출연 복지재단 설립 연구와 그에 따른 설립 및 운영에 관계하는 종사자와 복지서비스 대상자 그리고 외부 전문가 등을 포함한 심층 면접을 통해 복지재단의 실체적 문제에 관한 깊이 있는 연구 분석이 필요할 것이다.

# 제11장 정책적 함의와 제언

지금까지의 논의와 연구를 마무리하며 본 책에서는 광역자치단체인 경기도가 출연하여 설립한 경기복지재단과 기초자치단체인 남양주시가 출연하여 설립한 남양주시복지재단을 비교 분석하고자 사회복지정책 분석 도구인 길버트와 테렐(N. Gilbert & P. Terrell)의 분석 틀을 적용(適用)하였으며, 이를 더욱더 효율적이고 효과적으로 활용(活用)하기 위해 본 논의의 비교연구 대상에 맞게 종합적으로 재(再)구성하여 설립 배경을 시작으로 할당, 급여, 전달체계, 재정 등의 차원으로 분석하고 비교하여 지방자치단체 출연 복지재단의 정책적 함의(含意)를 밝히고 지속 가능한 발전 방향을 제언(提言)하고자 한다.

## 11.1. 정책적 함의

현재 우리나라 지방자치단체는 출연을 통한 '복지재단' 설립을 적극적으로 검토하는 추세(趨勢)인 것은 앞서 살펴본 바와 같이 부정할 수 없는 현실(現實)임을 확인할 수 있다. 그러나 이와 같은 현실은 지방자치단체 출연 복지재단 설립을 위해 규모 있는 세금(稅金)이 동원된다는 점에서 과연 각각의 지방자치단체별로 출연을 통한 복지재단 설립이 바람직한가에 대한 원론적(原論的)인 의문이 드는 건 사실이다.

다만, 앞서 언급한 바와 같이 조세(租稅)를 통한 지방자치단체의 복지정책 확대의 한계와 경제적 이득이 불분명한 공공의 복지를 민간 기업이나 기관, 단체 등에만 의존할 수만은 없는 상황에서 지방분권과 지방자치의 고도화(高度化)는 지방자치단체 출연 복지재단을 지역사회복지의 새로운 영역으로 성장시키고 또 다른 전달체계 대안으로 만들었음은 부인할 수 없는 사실임과 동시에 이와 같은 현실은 결국 광역자치단체든 기초자치단체든 복지재단 설립은 인위적(人 爲的)으로는 막을 수 없는 변화의 큰 물결(big-wave)이라는 사실을 증명해준다고 도 할 수 있다.

결국 지금까지의 논의에서와 같이 지방자치단체 출연 복지재단 설립과 운 영이 꾸준히 증가할 것이 전망(展望)되는 시점(時點)에서는 오히려 원론적인 의 문에 대한 해답(solution)을 구하느라 정책적 혼잡도(混雜度)를 증가시키며 필요와 욕구에 반(反)하여 설립과 운영을 제한(制限)하기보다는 기초자치단체별 특성을 고려한 '선택과 집중' 그리고 광역과 기초의 '조화와 균형'을 통한 복지재단의 설립과 운영을 체계화하고 정책적 유도(lead)를 통한 복지재단의 설립과 운영의 선진화(先進化) 작업이 더 현명(賢明)한 일이라고 할 수 있다.

이를 위해서는, 우선 큰 틀에서 광역복지재단과 기초복지재단 각각의 기능 이나 역할 그리고 관계 등의 조정을 위한 공론(公論)의 장(place)을 마련할 필요가 있다. 이와 같은 논의의 끝에서는 법(law)과 규정(rule)의 마련으로 제도화를 이 루어낼 필요가 있는데, 이는 지금의 지방자치단체 출연 복지재단 설립 근거 법 률과 규정에서는 광역복지재단과 기초복지재단에 관련한 역할과 기능 그리고 관계에 관해서 언급하고 있지 않기 때문으로, 궁극적으로는 서비스 중복(重複) 을 피하고 복지 급여의 질(quality) 향상과 운영 재원의 안정적 확보 그리고 효율 적이고 효과적인 서비스 전달과 분배 등의 종합적인 시너지 효과(synergy effect)를 기대할 수 있기 때문이다.

사실, 앞선 두 복지재단의 비교 분석을 거시적(巨視的)으로 해석(解釋)해보면, 경기복지재단은 중앙부처에서 계획하고 추진하는 복지정책과의 연계(連繫, link) 를 고려하는 사업 전개의 의의(意義)를 보여주고 있으며, 남양주시복지재단은 이보다 좁거나 적은 영역으로의 지역사회 중심의 사업 구조를 보여주고 있음을 볼 수 있어, 광역복지재단과 기초복지재단의 기능과 역할 그리고 관계 정립을 위한 논의의 장은 광역 및 기초복지재단의 차이를 반영한 정책(政策)적 우선순위 결정에 상당한 의의를 가져다줄 것이다.

두 번째로는, 지방자치단체 출연 복지재단의 성장과 발전을 위해서는 어느 정도의 자율성(自律性)과 책임성(責任性)을 부여(grant)할 필요가 있다. 지방자치단체 출연 복지재단은 설립 주체가 지방자치단체이므로 광역자치단체와 기초자치단체 각각의 고유 역할과 사무가 각각의 복지재단에 투영(projection)되어 있다고 볼 수 있으며, 이는 앞선 비교 분석에서 두 복지재단의 결정적 차이 발생의 원천(原泉)이라고도 볼 수 있다. 이와 같은 출생의 한계(limit)는 자율과 책임 등을 스스로 불편해하는데, 그런 의미에서 지금의 지방자치단체 출연 복지재단은 완성된 조직(organization)이나 기관(agency)이라고 볼 수는 없을 것으로, 앞으로 시행착오(試行錯誤, trial and error)를[2] 겪으며 성장하고 발전해야 할 조직과 기관이라고 할 수 있다.

따라서 이를 극복하기 위해 협력적 거버넌스(collaborative governance)의 적절한 활용이 최적(最適)의 대안(代案)이 될 수 있을 것인데, 쉽게 말해 지방자치단체 출연 복지재단은 민간 역량의 융통성과 유연성(flexibility)을 확보하여 관료제의 한계를 극복할 수 있는 것으로, 이를 통해 복지재단은 인력의 전문화, 재정의 효율화, 급여 할당과 전달체계의 적정성과 효과성 개선을 기대할 수 있다.

마지막으로, 지방자치단체 출연 복지재단의 지역복지 만능주의(萬能主義)를

---

2) 심리학자인 손다이크(Thorndike)는 목표에 도달하는 확실한 방법을 모를 경우, 본능, 습관 따위에 의하여 시행과 착오를 되풀이하다가 우연한 성공의 경험을 계속함으로써 목표에 도달할 수 있다는 학습 원리를 발견하고 제시하였다.

경계하여야 한다. 즉 지역사회의 모든 복지 문제에 대하여 복지재단이 관여할 의무가 있는 것이 아님에도 불구하고 지나치게 많은 사업이 한데 뒤엉켜 있다는 시선(視線)을 지울 수가 없는데, 이는 오히려 민간 설립 복지재단이 아닌 지방자치단체 출연 복지재단이라는 특수성(特殊性)이 지역사회의 기대감으로 증폭(增幅)되어 사업 유형과 종류의 복잡함으로 귀결된 것으로 볼 수 있다. 따라서 지방자치단체 출연 복지재단은 지역사회가 처한 상황을 토대로 정선(careful selection)과 응집(凝集)을 통하여 설립과 운영의 최적화를 도모(圖謀)하여야 한다.

## 11.2. 제언

지방자치단체 출연 복지재단의 지속 가능한 발전 방향은 다음과 같이 제언(提言)할 수 있다.

첫째, 설립 배경의 차원에서 볼 때, 지방자치단체 출연 복지재단의 설립은 광역복지재단과 기초복지재단을 막론하고 공통으로 지역사회의 '완전한 이해(a complete understanding)'를 바탕으로 해야 할 필요가 있다. 이런 면에서 경기도와 남양주시의 복지재단 설립의 출발은 전형적인 관료제(官僚制, bureaucracy) 형태로 지역사회의 완전한 이해를 구했다고 보기는 어려운 게 사실이다. 지역사회의 완전한 이해는 지방자치단체 출연 복지재단 설립에 앞서 지역사회와의 소통(communication)을 통하여 복지재단 설립의 구체적인 장단점(長短點)과 역할 그리고 그 기능을 명확히 할 수 있는 충분한 검토와 시민사회와의 공통적 이해 범위를 바탕으로 복지재단 운영방안에 대한 구체적인 대안 등을 논의하여 지역사회의 모든 집단이 공동(共同, joint)의 목적을 달성하기 위한 협력과 협상을 이루는 것이라고 할 수 있는데, 이는 '완전한 동의(同意, consent)'와는 구별되는 것으로, 지방자치단체의 행위를 승인하거나 추인(追認)하는 것이 아닌, 지방자치단체가 정기적으로 지역사회와의 상호교류 체계 마련으로 일시적이고 개별적인 의견 청취가 아닌 지속적인 소통과 신뢰(信賴)를 확보하는 것이라고 할 수 있다.

결국, 완전한 이해는 지방자치단체 출연 복지재단의 지속가능성(sustainability)을 구현시키는 가장 훌륭한 전제조건이 될 것인데, 이는 지방자치단체 출연 복지재단은 시민과 지방정부(地方政府) 그리고 지역 소재 기관과 단체 및 기업가 등의 협력이 복지재단의 기능과 역량을 더욱 발전시키기 때문으로 이들의 원활한 협력과 교류가 복지재단의 자원 총량(總量)을 확대하고 갈등을 예방하며 서비스의 효과성과 효율성을 더욱더 극대화할 수 있게 만들 것이다.

이에 따라 지방자치단체(地方自治團體)는 지방자치단체 출연 복지재단의 설립을 시작하며 단순히 관련 조례(안) 입법 예고에 따른 의견 수렴이나 형식적인 공청회(公聽會) 개최 등이 아닌 지역사회와 함께 충분한 의사소통을 위해 실체적이고 폭넓은 숙의(熟議)의 장(場)을 마련하여 지역사회와의 계속적 교류와 신뢰(信賴)를 구축해야 할 필요가 있다. 이와 같은 완전한 이해를 위한 소통의 장을 통해서만이 지방자치단체 출연 복지재단의 출범에 따른 지역사회와의 갈등을 피하고 지방자치단체의 일방적인 관료제적 폐해(弊害)를 막을 수 있을 것이다.

따라서 지방자치단체는 지방자치단체 출연 복지재단 설립을 시작하며 지역사회와의 협력적 거버넌스(collaborative governance)를 반드시 선행적으로 구축하고 이들의 역할을 지방자치단체의 보조적 역할이 아닌 동등한 상호작용의 주체로 인식해야 할 필요가 있다. 이와 같은 과정을 통해서 지방자치단체는 지방자치단체 출연 복지재단의 설립과 운영의 방향성과 우선순위 등을 정하는 기준을 찾을 수 있을 것이며, 장기적으로는 복지재단의 지속가능성을 유지하고 발전시킬 수 있는 역량의 근원(根源)을 마련할 수 있을 것이다.

둘째, 할당의 차원에서는, 기본적으로 서비스 대상을 보편주의 할당 원칙에 따라 설정하고 실행하여야 할 것이나, 여러 가지 복잡한 사유로 그 원칙을 당장 실현하기 어려운 경우에는 지방자치단체 출연 복지재단의 주 수혜자가 누구인지 명확히 구체화하여 욕구에 근거한 다양하고 고른 서비스를 제공할 필요가 있다. 즉, 복지대상자 선정원칙에 있어 보편주의와 선별주의의 균형적인 혼합 활용이 필요하다고 할 수 있는데, 이는 복지대상자 선정원칙에서 귀속적 욕구, 보상, 진단적 차등, 자산조사에 의한 욕구 등을 균제(均提) 있게 활용하여야 함을 의미한다고 볼 수 있다.

가령 앞선 비교사례에서, 경기복지재단은 보편주의와 선별주의를 혼합 활용하고 있었으며 남양주시복지재단은 선별주의 활용도가 높은 비율을 차지하고 있음을 볼 수 있었으나, 공통적으로는 서비스 대상자의 우선순위 선정기준을 두고 있음을 볼 수 있었다. 그러나 기초복지재단인 남양주시복지재단에서는 자산조사에 의한 욕구에 근거한 대상자 선정원칙으로 기초생활보장수급자, 법정 한부모가족, 차상위계층 등과 같이 이미 공공부조(公共扶助)에 따라 수급 자격 일부분을 취득한 대상자 등을 주요 대상으로 삼고 있어 대상자 선정에 있어 일정 부분 편중된 경향을 보이고 있음을 볼 수 있었는데, 이는 결국 복지서비스 수혜 대상을 제한(制限)시키는 결과를 초래하게 되어 복지재단의 지속가능성을 저해(沮害)하게 될 것이다.

따라서 지방자치단체 출연 복지재단은 원칙적으로 보편적 서비스 제공을 목표로 설립되고 운영되어야 하는데, 이를 쉽게 말하면, 주요 고객을 기본적으로 '시민' 또는 '주민'으로 삼아야 한다는 말과 같으며, 만약 설립 초기의 역량 부족으로 보편주의 서비스 제공이 어렵다면 보편주의 서비스와 선별주의 서비스의 균형적인 대상자 선정원칙으로 편향된 급여 선정이 이루어지지 않도록 노력하여야 할 것이다. 또한 서비스 주요 고객을 명확히 하여 복지재단 서비스의 효과성을 극대화할 필요가 있는데, 이는 남양주시복지재단이 복지정책 조사 · 연구의 주요 고객을 뚜렷이 밝히고 있지 않아 그 연구 결과에 따른 후속 정책적 연결이 부족한 것과 같이, 주요 고객이 누구인가를 밝히지 않고 실행(實行)되는 사회복지 서비스는 야단(惹端)스러운 첫 출발과 다르게 점점 그 목표를 잃어버려 결국에는 그 끝이 흐지부지되는 악순환(惡循環)을 반복할 수 있기 때문이다.

셋째, 급여의 차원에서 살펴보면, 지방자치단체 출연 복지재단의 주요 역점 사업과 수혜 대상의 특징을 충분히 고려하여 민간 영역에서 진행하기에 어려움이 있는 급여 서비스 등을 개발하고 수행함과 동시에 급여 서비스 유형을 선정하고 고르게 분포시키기 위해서 복지대상자와 사회복지 영역을 포함한 지역사회와의 소통과 참여, 협력을 적극적으로 구(求)해야 할 것이다. 이를 위해서는 우선 복지대상자를 대상으로 복지서비스 욕구 조사가 선행(先行)되어야 할 것인데, 이는 급여 유형을 개발하고 결정하는 일은 복지대상자의 욕구에 기초하여야 효과적인 급여 서비스가 이루어질 수 있음을 전제하는 것으로, 서비스 수혜자의 참여와 협력 그리고 소통을 통해 복지서비스의 양(量)과 질(質)을 결정하고 급여 서비스 진행과 종결 후 평가를 통한 피드백(feedback)으로 점진적 확대가 이루어져야 할 것이다.

이와 관련하여서는 이미 경기복지재단과 남양주시복지재단의 비교를 통해 급여 서비스 유형별 대상자 또는 관련자가 참여할 수 있는 소통 창구의 유무에 따라 급여 유형을 다양하고 고르게 활용하거나 반대로 편향된 급여 유형의 모습을 보이고 있음을 이미 확인할 수 있었는데, 결국 이런 결과에 근거한 함의(含意)는 소통과 참여 그리고 협력의 부족은 공급자로서의 복지재단 중심의 급여 서비스가 개발되고 제공된다는 것을 말하며, 이는 반대로 해석(解釋)하면 급여 서비스 대상자, 즉 복지 수혜자들에게는 본인들의 욕구(needs)와는 상관없는 효과적이지 못한 서비스를 받고 있다는 말과 같다고 할 수 있다.

한편, 광역복지재단인 경기복지재단에서는 복지정책 연구 · 조사와 민간 사회복지 영역에서 수행하기 어려운 금융복지사업 등의 특화된 사업 등에 주력하는 모습을 볼 수 있는 반면, 기초복지재단인 남양주시복지재단에서는 현금과 현물급여를 활용한 지역사회의 복지대상자들에게 직접적인 서비스 제공과 후원(기부) 개발 · 배분에 집중하는 모습을 볼 수 있었는데, 이를 확장(擴張)하여 해석해보면, 광역복지재단에서는 기초자치단체에서 접근하기 어려운 규모(scale) 있는 사업 등을 수행하고 있으며, 기초복지재단에서는 규모 있는 사업의 수행보다는 지역사회의 취약계층에 밀착(密着)하는 직접적인 지원 서비스를 제공하는 경향을 볼 수 있다.

그러나 지방자치단체 출연 복지재단의 설립 배경을 논(論)하며 민간 사회복지계(界)에서는 대부분 '복지재단의 민간 사회복지조직과의 기능과 역할 중복(重複)'을 우려하였다는 점을 되짚어 볼 때, 민간 사회복지 영역에서 이미 하고 있고 앞으로도 할 수 있는 역량(力量)이 충분할 때는 복지재단에서는 역할과 기능의 중복을 피해 민간 영역에서 접근하기 어려운 복지 사각지대를 없애는 정책적 노력이 필요할 것으로 보이며, 기존 민간 사회복지 영역에서 수행하는 사업 등의 급여 수준이 부족한 경우 사업 대상의 범위 확대나 지원 내용 등을 더 넓혀 복지 급여 서비스를 보편적 서비스로 확대 제공할 수 있는 지원 기능과 역할에 그 역량을 활용(application)해야 할 것이다.

아울러 이와 같은 광역복지재단과 기초복지재단 각각의 급여 전개(展開) 특징을 고려한다면 광역복지재단과 기초복지재단 상호 간의 연계와 협력을 위한 '정례화된 협업체계 구축'이 필요하다고 할 수 있는데, 이는 각각의 복지재단이 가지고 있는 주력 사업 및 기타 사업 등에 있어서 복지 급여 서비스의 효율성

강화뿐만 아니라, 복지재단의 모든 영역에서 상생(相生)의 여건을 만들어 궁극적으로는 복지재단의 지속가능성 향상의 한 축(軸)을 담당할 수 있기 때문이다.

넷째, 서비스 전달체계의 차원에서는, 서비스 조직 및 인력의 전문화가 이루어져야 하며 서비스 이용 절차에서 민·관 협력의 네트워킹으로 지역사회가 복지서비스 및 자원의 개발과 나눔에 참여하여 고객 참여형 서비스 전달체계를 마련하여야 할 것이다. 우선 서비스 조직과 인력의 전문화를 도모하기 위해서는 분업(分業)을 통하여 전문적인 조직체계를 구성해야 하며, 이와 같은 조직체계를 바탕으로 복지재단 종사자들에게 사회복지사 자격을 의무화(義務化)하고 관리자에게는 사회복지사 자격과 더불어 관련 분야 전문 경력(professional career)을 더하여 전문화를 강화할 필요가 있다.

이와 같은 사례는 앞선 비교연구에서 이미 확인한 바 있는데, 경기복지재단의 경우 실과 팀 구조의 다층제 다(多) 부서로 편제되어 분업화와 전문화된 조직으로 운영되면서 사무직과 연구직의 상호 협력과 연계로 운영되는 반면, 남양주시복지재단은 실(室)과 부(部)로 편제되어 있기는 하나 후원(기부) 발굴·배분 업무를 제외한 모든 업무를 '복지기획부' 한곳에서 처리하고 있는 단층제 편제로 분업(分業)에 의한 전문화를 기대하기에는 어려워 보이는 게 사실이며, 정책연구·조사를 위한 전문 연구직이 없는 것 역시 같은 상황으로 인식되고 있다. 물론, 남양주시복지재단의 경우 설립 초기라는 특수성(特殊性)을 고려해볼 수 있지만, 2023년 기준으로는 이미 설립된 지 4년 차가 되는 해로 다양한 기능적 확장(擴張)을 위한 제2의 도약(跳躍)의 시기에 접어들었다는 점에서 복지재단을 더욱더 효율적인 조직체계로 변화를 주어야 할 시기로 봐도 무방할 것으로 판단(判斷)되는 게 사실이다.

결국 지방자치단체 출연 복지재단은 서비스 조직체계를 분업화하여 전문화를 추구(追求)해야 하며 이를 위해서는 전문적이고 충분한 조직과 인력으로 운영되어야 하나, 그 인력의 전문성을 위해서는 사회복지사 자격을 의무화할 필요가 있으며 복지재단의 설립과 확장의 시기에 맞춰 서비스 조직과 인력의 전문화를 꾸준히 발전시키고 조직체계의 한계(限界)를 시정할 수 있도록 그 한계 시점에 맞춰 조직개편(안)을 마련하여 시행할 필요가 있다. 이 시점에서 길버트와 테렐(N. Gilbert & P. Terrell)의 전달체계 개선전략을 적용하여 복지재단의 발전적 환경에 발맞춰 전달체계 개선을 위하여 조정, 시민참여, 역할 부과, 전문화된 접근구조, 의도된 중복 등의 전략(strategy)을 적극적으로 활용할 필요가 있다.

한편 서비스 이용 절차에 있어서 복지대상자의 능동적 참여를 보장하기 위해서는 민·관 협력의 네트워킹(networking)이 제도화될 필요가 있는데, 이를 위해서는 경기복지재단의 사례와 같이 민(民)·관(官), 민(民)·민(民) 등의 협치(協治) 기반 마련을 위한 협력적 거버넌스(collaborative governance) 구성이 필요하다. 시민, 의회, 공무원, 사회복지종사자, 복지 분야 전문가, 기업, 관계 기관 등이 참여하여 사회복지정책 어젠다(agenda, 議題) 형성부터 현안 논의 그리고 협의하고 합의하는 일련의 과정을 통한 범(汎) 복지협의기구 마련은 복지 수혜자의 복지서비스로의 참여를 보장해줄 것이며, 지역사회의 자원연계와 활용 그리고 전문인력의 서비스 연계 등을 더욱 수월(easy)하게 할 수 있을 것이다.

다섯째, 재정의 차원에서 볼 때, 재정 원천(源泉)의 다양화 또는 다변화를 추구해야 할 것이다. 지방자치단체 출연 복지재단의 주요 재정의 소진(消盡)은 운영비와 사업비가 대부분을 차지하는데, 복지재단 각각의 설립목적을 이루기 위해서는 운영비와 사업비의 안정적 확보(確保)가 절대적으로 필요하다고 할 수 있다. 이런 면에서, 지방자치단체 출연 복지재단의 재정 원천은 지방자치단체의 출연금, 자체 수익금, 보조금, 기부금 또는 후원금 등으로 이루어져 있음을 확인할 수 있었는데, 그 가운데 경기복지재단에서는 출연금, 자체 수익금, 보조금 등에 의존하고 있었으며, 남양주시복지재단에서는 출연금, 자체 수익금, 보조금 그리고 후원(기부)금에 의존하고 있음을 확인할 수 있었다. 쉽게 말해, 광역복지재단인 경기복지재단은 공공재원에 의존도(依存度)가 높았으며, 기초복지재단인 남양주시복지재단은 공공재원과 민간재원 모두 의존하고 있으나, 비율로 따지자면 민간재원 수입(income)이 더 많았음을 확인할 수 있었다.

그러나 지방자치단체의 재정 취약성(weakness)을 고려한다면 경기복지재단과 같이 공공재원에 전적으로 의존하는 일은 지방자치단체에 상당한 부담이 될 것으로 보인다. 재정의 확보 차원에서는 오히려 남양주시복지재단의 경우처럼 공공재원과 민간재원 등을 모두 활용하며 다양하면서도 효과적인 방법으로 재원 마련을 모색하는 것이 필요할 것이다. 지방자치단체 출연 복지재단의 민간재원, 즉 후원(기부)금 모집 현황을 〈부록〉을 통해 살펴보면 각각의 복지재단별로 산발적(散發的)인 모습을 보여주고 있음을 볼 수 있는데, 남양주시복지재단과 같이 기부금·품을 모집 중인 복지재단의 경우를 살펴보면 '사회복지공동모금회와 후원금·품 모집 관련 업무 협약(MOU)'을 통해 복지재단에 후원금 기부 의사를 밝히면 사회복지공동모금회 지정 계좌(計座)로 입금(deposit)되어 사회복지공동모금회에서 후원금을 관리하며 기부금 영수증 발급으로 기부자들에게 세액공제(tax-credit) 혜택(惠澤)을 제공하는 시스템을 구축(構築)하고 있음을 확인할 수 있었다.

따라서, 지방자치단체 출연 복지재단의 재정의 조달(調達)은 공공재원에만 의존하기보다는 복지재단이라는 정체성(identity)을 적극적으로 활용하여 후원(기부)금과 같은 민간재원을 적극적으로 복지재단의 재정으로 확보해야 할 것이다. 물론 이 또한 지역사회와의 소통과 이해 그리고 협력으로 완전한 이해가 전제되어야 하겠지만, 이는 한정된 자원의 제로섬(zero-sum)게임이 아니라 그동안 발굴되지 못한 지역사회복지 영역의 민간재원의 총량(total)을 증가시킨다는 점에서 윈윈(win-win) 전략이 될 것이다.

**【보론(補論)】**

## 재단법인, 사단법인 그리고 사회복지법인은 무엇인가?

앞서 살펴본 바와 같이, 지방자치단체 출연 복지재단은 대다수 비영리법인 중 재단법인의 형태로 설립되고 있으며, 간혹 사회복지법인으로 설립되는 사례를 찾아볼 수 있었다. 이에 본 장의 보충 설명을 통해 보건복지부 소관 비영리법인 중 재단법인과 사단법인 그리고 사회복지법인의 의의를 살펴 지방자치단체 출연 복지재단 설립의 이해를 제고하고자 한다.

「민법」 제32조에 근거하여 설립되는 재단법인과 사단법인은 비영리법인에 해당하는데, 「민법」 제32조에 따르면 "비영리법인은 학술, 종교, 자선, 기예, 사교, 기타 영리 아닌 사업을 목적으로 하는 재단 또는 사단법인"이라고 설명하고 있다. 물론 이 외에도 보건복지부 소관 비영리법인으로는 사회복지법인 또는 의료법인 등도 있다.

사단법인은 「민법」 제32조 및 「보건복지부 및 질병관리청 소관 비영리법인의 설립 및 감독에 관한 규칙」 제4조를 설립 근거로 하여 사람들 다수가 공동의 목적을 달성하기 위하여 결합한 집합체로서 회원을 기초로 하는 구성원의 단체 의사와 목적에 따른 공동사업을 통해 회원들의 권익 보호와 자질 향상 등을 도모하여 총회를 통해 자신들의 의사를 결의하고 집행기관에 의해 대외적으로 집행되는 형태를 가진다.

재단법인은 「민법」 제32조 및 「보건복지부 및 질병관리청 소관 비영리법인의 설립 및 감독에 관한 규칙」 제4조를 설립 근거로 하여 일정한 목적을 위하여 출연한 재산에 대하여 법인격이 인정된 단체로 재산의 집단이 실체이며 설립자의 설립 의지와 기본재산을 기초로 하여 주로 연구사업, 복지사업 등과 같은 목적사업 등을 수행하며 설립자의 의사에 의하여 의사결정이 일정 부분 구속되는 경향을 보인다.

사회복지법인은 「사회복지사업법」 제2조에서 정한 '사회복지사업'을 행할 목적으로 「사회복지사업법」 제16조에 근거하여 설립되는 법인으로 사(私)법인이면서 비영리 공익법인이며, 재단법인의 성격을 동시에 지닌다고 볼 수 있다(보건복지부, 2003). 사회복지법인과 관련 법규의 적용 관계를 살펴보면 사회복지법인은 원칙적으로 사회복지사업법의 적용을 받음과 동시에 목적사업에 따라 관련 법률의 적용도 받게 되는데, 예를 들어, 노인복지사업을 하는 사회복지법인의 경우 사회복지사업법, 노인복지법, 국민기초생활 보장법 등이 적용된다고 할 수 있다. 또한 사회복지법인에 관하여 법률에서 정하고 있지 아니한 사항에 대해서는 「민법」의 법인에 관한 규정과 「공익법인의 설립·운영에 관한 법률」을 준용하게 된다.

이와 더불어, 사회복지법인은 시설법인과 지원법인으로 나뉘는데, 시설법인은 「사회복지사업법」 제2조 제4호에 따른 사회복지시설의 설치와 운영을 목적으로 하며 지원법인은 사회복지사업 지원을 목적으로 설립되어 사회복지시설의 설치와 운영을 목적으로 하지 않는다(보건복지부, 2024). 물론 시설법인과 지원법인 간 전환도 가능한데, 가령 시설법인이 지원법인으로 또는 지원법인이 시설법인으로의 변화를 꾀한다면 사업의 변경이나 추가에 대한 사업계획서, 출연자의 의도, 재원확보 등의 구체적이고 면밀한 검토를 통한 정관의 변경 절차를 통해 가능하다.

한편, 재단법인과 사단법인 그리고 사회복지법인과 그 형태와 역할이 유사하여 구별하여 볼 필요가 있는 개념이 있는데, 바로 '비영리민간단체'와 '공익법인'이 그것이다.

비영리민간단체는 영리가 아닌 공익활동을 주된 목적으로 수행하는 민간단체로 이 역시 비영리를 목적으로 하고 있기는 하지만, 설립 근거는 「비영리민간단체 지원법」에 의하며 국가나 지방자치단체의 지원을 받기 위해 행정청에 등록하는 단체라고 할 수 있다. 즉 비영리법인이 비영리민간단체가 되기 위해서는 별도의 등록이 필요한 것이다. 비영리민간단체 등록을 위해서는 사업의 직접 수혜자가 불특정 다수여야 하며, 구성원 상호 간에 이익분배를 하지 아니하고, 사실상 특정 정당 또는 선출직 후보를 지지·지원하거나 반대할 것을 주된 목적으로 하거나, 특정 종교의 교리 전파를 주된 목적으로 설립되거나 운영되지 않아야 하고 상시 구성원 수가 100인 이상이어야 하며 최근 1년 이상 공익활동실적이 있고 그 형태가 법인이 아닌 단체의 경우에는 대표자 또는 관리인이 있어야 한다.

공익법인은 「공익법인의 설립·운영에 관한 법률」 제1조를 통해 "법인의 설립과 운영 등에 관한 「민법」의 규정을 보완하여 법인이 그 공익성을 유지하며 건전한 활동을 할 수 있도록 하는 데 그 목적이 있음"을 밝히고 있다. 따라서 공익법인은 학자금이나 장학금 또는 연구비의 보조나 지급, 학술, 자선에 관한 사업 등 사회 일반의 이익에 이바지하기 위한 목적으로 「공익법인의 설립·운영에 관한 법률」에 의하여 설립된다고 할 수 있다. 그러나 자선사업을 주목적으로 하며 다양한 세제(tax system) 혜택을 받고 공익적 관점을 지닌 재단법인이나 사단법인이라고 할지라도, 「공익법인의 설립·운영에 관한 법률」에 근거하여 허가받은 법인이 아니라면 공익법인이라고 할 수 없다.

| 구분 | 설립 근거 | 법인 성격 |
|---|---|---|
| 재단법인 | 「민법」 제32조 및 「보건복지부 및 질병관리청 소관 비영리법인의 설립 및 감독에 관한 규칙」 제4조 | 출연자산을 기초로 하는 지원 단체 성격이 강하며 주로 연구사업, 지원 사업을 수행하며 이사회를 구성 |
| 사단법인 | 「민법」 제32조 및 「보건복지부 및 질병관리청 소관 비영리법인의 설립 및 감독에 관한 규칙」 제4조 | 회원을 기초로 하는 회원단체로서 회원의 권익보호 및 자질향상 등을 도모하며 총회 및 이사회를 구성 |
| 사회복지법인 | 「사회복지사업법」 제16조 | 사회복지시설 설치·운영 및 사회복지 지원 사업 등을 수행하며 시·도지사가 허가[1) |
| 특수법인 | 「대한적십자사조직법」과 같이 개별 법률에 의하여 설립된 법인 | 개별 법률에서 정하고 있는 목적사업 수행 |
| 의료법인 | 「의료법」 제48조 | 의료기관 운영을 목적으로 하며, 주된 사무소 소재지 시·도지사가 허가 |

※ 출처: 보건복지가족부. (2009). 비영리 사단·재단법인 업무편람. 서울: 보건복지가족부, p.4

마지막으로, 법인 설립 허가의 의미를 살펴볼 필요가 있는데, 「민법」에서는 제31조(법인성립의 준칙)를 통해 "법인은 법률의 규정에 의함이 아니면 성립하지 못한다"고 규정하고 있으며, 「사회복지사업법」 제16조(법인의 설립허가)에서는 "사회복지법인을 설립하려는 자는 대통령령으로 정하는 바에 따라 시·도지사의 허가를 받아야 한다"고 규정하고 있어 법인의 자유 설립을 부정하고 있음을 볼 수 있는바, 결국 재단법인, 사단법인, 사회복지법인의 설립은 허가주의를 채택하고 있음을 알 수 있다.

그러나 현행 법령상에서는 비영리법인의 설립 허가와 관련한 어떤 구체적인 기준이 정해져 있지 아니하므로 비영리법인의 설립 허가의 여부(與否)는 주무관

---

1) 「사회복지사업법」의 개정으로 사회복지법인의 관리·감독 업무가 2012.8.5.(법률 제11239호, 2012.1.26., 일부개정)부터 시·도 고유사무로 되었다.

청(법인정관에 기재된 목적사업을 주관하는 행정관청)의 정책적 판단에 따른 재량(裁量) 사항으로 판단하고 있다.

## 〈대법원 1996. 9. 10. 선고, 95누18437, 판결〉

【판시사항】

비영리법인 설립 허가의 성질과 주무관청의 재량의 정도

【판결요지】

민법은 제31조에서 "법인은 법률의 규정에 의함이 아니면 성립하지 못한다."고 규정하여 법인의 자유설립을 부정하고 있고, 제32조에서 "학술, 종교, 자선, 기예, 사교 기타 영리 아닌 사업을 목적으로 하는 사단 또는 재단은 주무관청의 허가를 얻어 이를 법인으로 할 수 있다."고 규정하여 비영리법인의 설립에 관하여 허가주의를 채용하고 있으며, 현행 법령상 비영리법인의 설립허가에 관한 구체적인 기준이 정하여져 있지 아니하므로, 비영리법인의 설립허가를 할 것인지 여부는 주무관청의 정책적 판단에 따른 재량에 맡겨져 있다. 따라서 주무관청의 법인설립 불허가처분에 사실의 기초를 결여하였다든지 또는 사회관념상 현저하게 타당성을 잃었다는 등의 사유가 있지 아니하고, 주무관청이 그와 같은 결론에 이르게 된 판단과정에 일응의 합리성이 있음을 부정할 수 없는 경우에는, 다른 특별한 사정이 없는 한 그 불허가처분에 재량권을 일탈·남용한 위법이 있다고 할 수 없다.

※ 출처: 법제처 국가법령정보센터.
  https://www.law.go.kr/LSW/precInfoR.do?vSct=*&precSeq=197360

# 참고문헌

## 단행본·보고서

Anheier, Helmut K.. (2002). 재단이란 무엇인가. (이형진 역). 서울: 아르케.

Gilbert, Neil. Terrell, Paul. (2007). 사회복지정책론. (남찬섭 외, 역). 서울: 나눔의집.

Gilbert, Neil. Terrell, Paul. (2023). 사회복지정책론. (남찬섭 외, 역). 경기도: 지식터.

감사원. (2015). 감사 결과 보고서: 지방자치단체 출자·출연 기관 운영실태.

강현주. (2013). 경기도 지역사회서비스 품질관리 현황 및 제고 방안. 경기도: 경기복지재단.

구인회. (2009). 사회복지 지방분권 개선방안: 경기도 사례 연구. 서울: 서울대학교 사회복지연구소.

국민권익위원회. (2012). 자치단체 출자·출연기관 운영 투명성 제고.

김고은, 박성애, 허종구. (2012). 경남복지재단의 역할 및 활성화 방안. 정책포커스, 12(22), 1-64.

김귀환 외. (2010). 사회복지 법제론(제2판). 서울: 나눔의집.

김규정. (1998). 행정학 원론 (p.366).

김미현, 김범용, 박성호, 이형진. (2015). 지속가능한 지역재단 운영방안 연구. 서울: 서울시복지재단.

김미현, 태미화. (2014). 서울형 지역재단 모델 개발 연구. 사회복지공동모금회. 서울시복지재단.

김병준. (2022). 지방자치론(제4판). 경기도: 法文社.

문정화 외. (2022). 고양복지재단의 필요성과 설립방안. 경기도: 고양시정연구원.

민효상. (2018). 경기도 사회복지법인 관리 매뉴얼 제작 연구. 경기도: 경기복지재단.

박경일. (2007). 사회복지정책론. 경기도: 공동체.

박민정. (2022). 지방자치단체 출연기관의 재정 및 운영분석을 통한 개선방안. 국회입법조사처.

박병현. (2007). 사회복지정책론-이론과 분석. 서울: 학현사.

박석돈. (2005). (핵심) 사회복지법제론. 서울: 三英社.

박석돈. (2021). 사회복지법제와 실천. 경기도: 수양재.

박원순. (2011). 지역재단이란 무엇인가. 강원도: 아르케.

박찬호. (2006). 비교법 연구 방법론에 대한 고찰. 서울: 한국법제연구원.

백완기. (2007). 행정학 (p.100). n.p.: 박영사.

보건복지부. (2023). 2023 사회보장제도 신설·변경 협의 운용지침.

보건복지부. (2023). 2023년 국민기초생활보장사업안내. 세종시: 보건복지부 기초생활보장과.

성은미. (2009). 경기도의 효율적인 복지서비스 전달체계 구축방안 연구. 대한민국: 경기복지재단.

아름다운재단. (2007). 지역기부문화 활성화를 위한 지역재단 연구보고서.

아름다운재단 기부문화연구소. (2017). 2017년 기획연구 보고서.

오연천, 곽채기, 김상헌, 오영균, 이원희. (2007). 경기도 재정 운용정책 개선방안 연구. 서울대학교.

오영민, 박노욱, 원종학, 하연섭, 이혜영, 조윤직. (2014). 신공공관리론의 평가와 정책적 시사점. 한국조세재정연구원.

우명동, 민기, 김재훈. (2021). 지방분권시대의 지방재정. 서울: 서울특별시.

유병선. (2016). 경기도 복지정책 분석체계 연구. 경기도: 경기복지재단.

유정원. (2022). 경기도 사회복지법인 등 지원방안. 경기도: 경기복지재단.

이병화. (2018). 경기도장애인복지종합지원센터(누림센터) 중·장기발전계획 수립 연구. 경기복지재단.

이정훈. (2006). 경기도 사회복지종합지원센터 설립과 운영방안 연구. 경기도: 경기도.

이진숙. (2008). 사회복지정책론. 경상북도: 대구대학교 출판부.

이진숙, 주은선, 신지연, 윤나리, 노승택. (2009). 사회복지정책론. 파주: 양서원.

이현주, 유진영, 권영혜. (2007). 복지전달체계 개편을 위한 행정기능 재조정 방안. 한국보건사회연구원. 1-487.

임승빈. (2019). 비교지방정부론. 경기도: 대영문화사.

정홍원. (2019). 사회복지사업 지방이양 추진의 쟁점과 제도적 보완. 세종: 한국보건사회연구원.

조은희. (2019). 은평구 복지생태계 구축방안. 서울: 은평구청(은평정책연구단).

최인수, 김건위, 양은경. (2016). 한국형 지역재단 모델 개발 연구(보고서 번호: 2016-5). 한국지방행정연구원.

한국법제연구원. (2019). 자치분권 강화와 국가사무의 지방이양에 따른 지방재정 정립을 위한 법제연구. 세종: 한국법제연구원.

현외성. (2012). 사회복지정책강론. 서울: 양서원.

Gilbert, Neil. (1974). Dimensions of social welfare policy. New Jersey: Prentice-Hall.

Gilbert, Neil. Terrell, Paul. (2005). Dimensions of social welfare policy, 6th Edition. Massachusetts: Allyn and Bacon.

Gilbert, Neil. Terrell, Paul. (2014). Dimensions of social welfare policy, 8th Edition. UK: Pearson.

Kahn, Alfred J.. (1979). Social policy and social services. New York(State): Random House.

Wilensky, Harold L.. (1965). Industrial society and social welfare. New York(State): Free Press.

## 일반논문

고상현. (2012). 민법상 재단법인설립에 관한 비교입법사적 연구. 法學論文集, 36(2), 29-56.

김나영, 유영미. (2020). 한국인 원자폭탄 피해자 지원 조례 분석-길버트와 테렐의 정책분석모형을 중심으로-. 가천법학, 13(1), 61-90.

김미현. (2015). 국내 지역재단(Community Foundation) 유형 및 정책과제. 한국지역사회복지학회 학술대회, 2015(5), 239-265.

김범석, 하병규, 김우섭. (2021). 뉴스 빅데이터 분석을 통한 지방출자·출연기관 동향에 관한 연구: 지방출자출연법 개정 시점을 중심으로. 한국지방공기업학회보, 17(2), 73-105.

김병규, 이곤수. (2010). 지방분권화와 장애인복지정책 수준의 결정요인 분석: 대구·경북 기초자치단체를 중심으로. 한국사회와 행정연구, 20(4), 479-497.

김수연. (2020). 지방일괄이양법의 의미와 한계 및 향후 과제. 지방자치법연구, 20(4), 27-52.

김순희. (2022). 적극 행정과정과 협력적 관리전략: 협력구조와 협력 활동의 분석. 한국 행정연구, 31(2), 125-178.

김윤태. (2016). 리처드 티트머스와 복지국가. 사회사상과 문화, 19(4), 133-165.

김진우. (2013). 사회복지법인 제도신설 배경에 대한 탐색적 연구. 사회복지정책, 40(4), 137-156.

김형진, 한인섭. (2015). 지방자치단체 출자·출연 기관의 성장실태와 관리개선 방안 연구. 한국행정연구, 24(4), 67-98.

남찬섭. (2016). 지방자치와 복지국가 간의 관계와 복지분권에의 함의. 한국사회정책, 23(4), 3-33.

노혜진, 이현옥. (2017). 지역재단의 운영실태와 문제점. 한국콘텐츠학회 논문지, 17(8), 226-240.

박경숙, 이화윤. (2014). 서비스공급자의 공공복지전달체계 통합성 인식 비교. GRI 연구논총, 16(2), 233-263.

박경숙, 유란희. (2022). 지역사회 사회복지 네트워크 거버넌스 구조 변화 사례연구: 남양주시의 2012~2017년의 변화를 중심으로. 지방행정연구, 36(1), 349-390.

박종관, 이태종. (2014). 행정기능 이양의 방향과 과제. 한국지방자치연구, 16(1), 189-210.

백종만. (2007). 사회복지 지방분권 1년의 평가와 대안. 비판사회정책, (23), 37-87.

소순창. (2011). 역대 정부의 지방분권 정책의 평가. 韓國地方自治學會報, 23(3), 39-68.

손선옥, 김소영, 노연희. (2018). 기초자치단체 출연 지역복지재단의 유형별 역할과 성격. 한국사회복지학, 70(2), 33-59.

송혁, 원일, 오단이. (2019). 기초자치단체 출연 지역복지재단의 역할과 과제: 김포복지재단 사례를 중심으로. 한국비영리연구, 18(2), 215-231.

송호영. (2020). 문화재단의 법적 고찰 -지역문화재단을 중심으로-. 法學論叢, 47(-), 183-213.

신동석. (2016). 한국의 장사(葬事)정책 발전방안 연구: 길버트(Gilbert)와 테렐(Terrell)의 분석틀을 중심으로. 정부행정, 12, 117-143.

신연희. (2013). 미국의 수용자자녀 지원정책의 내용분석: 길버트와 테렐(Gilbert & Terrell)의 정책분석틀의 적용. 교정담론, 7(2), 225-256.

신용덕, 정창훈. (2013). 지방자치단체 출자·출연기관 운영 개선방안에 관한 연구: 테크노파크를 중심으로. 한국지방행정학보(KLAR), 10(2), 75-113.

심석순. (2017). 장애인활동지원제도의 비판적 고찰: Gilbert와 Terrell의 정책분석모형과 활동지원서비스 기본원칙을 중심으로. 비판사회정책, 56, 237-268.

양난주. (2020). 사회서비스원은 공공성을 강화하는가?: 사회서비스원 시범사업 초기성과 분석. 한국사회정책, 27(4), 107-135.

오민수. (2014). 복지분야 민간자원연계체계에 관한 지역별 비교사례 연구. 지방행정연구, 28(4), 195-229.

오민수. (2016). A Study on Isomorphism and Policy Diffusion in Welfare Foundation Establishment by Local Governments. 융합사회와 공공정책, 10(3), 64-93.

원일, 오단이, 이민영, 송혁. (2017). 지역분권화시대 지역복지재단의 역할과 과제. 한국지역사회복지학회 학술대회, 2017(5), 5-34.

이명석. (2010). 협력적 거버넌스와 공공성. 현대사회와 행정, 20(2), 23-53.

이부하. (2016). 비교헌법학의 기능과 방법. 法學研究, 26(3), 85-107.

이상용. (2015). 사회복지사업법 개정의 시사점 - 사회복지법인 및 시설을 중심으로. 보건복지포럼, 220(-), 102-114.

이승계. (2008). 지방공기업 경영의 문제점과 혁신방안에 관한 연구. 經營法律, 18(3), 43-82.

이용재. (2017). "지역분권화시대 지역복지재단의 역할과 과제"에 대한 토론. 한국지역사회복지학회 학술대회, 2017(5), 37-40.

이재완, 박순우. (2013). 신제도주의적 관점에서 지방정부 복지정책결정과정에 관한 연구. 한국지역사회복지학, 0(44), 153-180.

이재호. (2007). 비영리 재단의 유형과 활성화 방안. 경영과 정보연구, 22, 61-84.

이종필. (2013). 출자·출연기관 종합관리체계 구축방안. 부산발전연구원.

이중섭, 모지환, 김용민. (2012). 전라북도 사회복지시설 인증제 도입에 대한 현장 실무자의 인식. 사회연구, 13(2), 67-96.

이지숙. (2016). 지역복지재단의 실태 및 방향성에 관한 연구. 한국공공관리학회 학술대회, 2016(8), 3-17.

이진숙, 전효정. (2010). 산출분석을 이용한 보육정책 분석 -길버트, 스펙트, 테렐의 분석틀을 중심으로-. 인문연구, 58, 765-794.

이형석, 권홍임. (2021). Gilbert & Terrell 사회복지정책 분석틀을 이용한 노인일자리 및 사회활동사업 분석 연구. 인문사회 21, 12(4), 2087-2098.

이혜경. (2009). 사회복지정책 교재에 있어 '길버트와 스펙트 분석틀'의 활용에 관한 연구. 한국사회복지교육, 9(9), 77-96.

임동진. (2011). 공공갈등 관리의 실태 및 갈등해결 요인분석. 韓國行政學報, 45(2), 291-319.

임병인, 정지운. (2015). 복지사각지대 축소를 위한 관련 법령의 평가. 예산정책연구, 4(2), 56-81.

전경수. (1993). 비교의 개념과 문화비교의 적정수준. 비교문화연구, -(1), 1-29.

전병주. (2014). 기초자치단체 복지재단의 실태 및 활성화 방안. 디지털융복합연구, 12(2), 61-67.

전용호. (2012). 한국 노인장기요양보험의 주요한 문제점과 개선방안 - 길버트와 테렐의 분석틀을 중심으로 -. 한국지역사회복지학, 43, 345-384.

정정화. (2017). 박근혜정부의 지방분권정책 평가와 과제. 한국자치행정학보, 31(3), 1-23.

정지영, 정호진. (2018). 한국예술인복지재단의 창작활동 지원에 대한 길버트와 테렐 분석틀의 적용과 활성화 방안. 디지털융복합연구, 16(7), 409-418.

최병학. (2012). 특집_지방분권과 충남의 실천전략: 지방분권 정책의 추진현황과 과제. 열린 충남, 58(-), 6-14.

평택복지재단. (2016). 기초자치단체 출연 복지재단 발전방안 연구. 평택복지재단.

한인섭, 김정렬. (2014). 지역복지재단의 운영실태와 제도화에 관한 연구. 한국거버넌스학회보, 21(3), 125-148.

한인섭, 백승천, 김정렬, 박지호. (2020). 지방출자·출연기관의 설립 실태와 합리화 방안. 한국거버넌스학회보, 27(3), 309-334.

洪準賢. (2000). 中央行政權限 地方移讓事業 運營體系의 改善方案. 韓國地方自治學會報, 12(2), 23-45.

Agranoff, R., and McGuire, M.. (2003). Collaborative Public Management: New Strategies for Local Governments. Washington, D.C.:Georgetown University Press.

Curran V. G.. (1998). Cultural Immersion, Difference and Categories in U.S. Comparative Law. The American journal of comparative law, 46(1), pp.43-92.

# 학위논문

권용민. (2009). 기업공익재단의 책임성에 관한 연구 (국내석사학위논문).

김영민. (2012). 지역문화재단의 역할과 정책 방향성에 관한 연구 (국내석사학위논문).

마태호. (2021). 일본의 개호보험제도와 한국의 노인장기요양보험제도 비교연구 (국내석사학위논문).

박은애. (2008). 국내문화재단 비교연구 (국내석사학위논문).

서정철. (2013). 협력적 거버넌스의 성공 요인 연구 (국내석사학위논문).

손병수. (2021). 법인주체에 따른 사회복지관 운영현황 비교연구 (국내석사학위논문).

신선웅. (2024). 지방자치단체 출연 복지재단 비교연구: 경기복지재단과 남양주시복지재단을 중심으로 (국내석사학위논문).

오세민. (2019). 기초자치단체 출연 복지재단 조직구성원이 지각한 최고관리자의 변혁적 리더십이 조직구성원의 혁신 행동에 미치는 영향 (국내박사학위논문).

오시은. (2022). 서울특별시 진로직업체험지원센터 운영실태에 관한 분석 연구: 길버트와 테렐의 분석 틀을 중심으로 (국내석사학위논문).

윤려화. (2018). 한국 지역사회중심재활과 중국 사구재활(社區康復)에 관한 비교연구 (국내석사학위논문).

윤옥민. (2021). 지방자치단체 출자 · 출연기관의 증가 요인 분석 (국내석사학위논문).

이영주. (2011). 사회복지 지방분권의 개선방안 연구: 국고보조사업의 지방이양을 중심으로 (국내석사학위논문).

이은미. (2009). 국내 · 외 문화재단 비교 연구 (국내석사학위논문).

이호연. (2018). 협력적 거버넌스가 공공부조 사각지대 해소에 미치는 영향에 관한 연구 (국내석사학위논문).

장정욱. (2021). 주민자치 및 지방분권화로서 주민참여 예산제도의 강화방안 연구 (국내박사학위논문).

장호정. (2022). 지방자치단체 출자 · 출연기관의 법적 지위 · 운영 및 통제에 관한 연구 (국내박사학위논문).

정창모. (2014). 지방자치단체의 출자 · 출연기관 경영평가에 관한 연구 (국내석사학위논문).

조병열. (2010). 지역문화재단의 역할과 운영시스템 연구 (국내석사학위논문).

최정화. (2014). 한국과 독일, 일본의 노인장기요양보험 비교 연구 (국내석사학위논문).

황선희. (2010). 거버넌스 관점에서 본 지역사회복지협의체의 발전방안 (국내석사학위논문).

황성열. (2017). 스포츠 바우처 제도 분석: 길버트와 테렐의 사회복지정책 분석틀을 중심으로 (국내석사학위논문).

## 기타 자료

경기도. (2022). 비영리법인 업무편람. 경기도.

경기도 정책기획관실. (2006). 민선 4기 김문수 도지사 공약사항. 경기도:경기도 정책기획관실.
https://memory.library.kr/items/show/210037007

경기도여성가족재단. (2023). [경기복지재단] 2024년 「신규 연구사업 발굴」 수요조사.
https://blog.naver.com/gfwri/223174498351

경기복지재단. (2021). 경기복지재단 규정집. 경기복지재단.

경기복지재단. (2022). 2022년 주요 업무보고. 경기복지재단.

경기복지재단. (2023). 2023년 주요 업무보고. 경기복지재단.

국민권익위원회. (2013). 공공기관 등의 출자 · 출연기관 설립운영 투명성 제고. 국민권익위원회.

국회입법조사처. (2014). 지방자치와 분권 강화방안 정책토론회 토론문. 국회입법조사처.

김기표. (2003). 지방분권의 실현과 법제 지원. 서울: 법제처.

김용현. (2015). 충남복지재단 설립에 따른 타 시도 복지재단 벤치마킹을 통한 구축방안 설계. 충남
연구원.

[남양주시 공고 제2019-1285호] 남양주시복지재단 설립 타당성 검토용역 결과 공개. 붙임: 항목별 주
요 검토 결과. (공고일: 2019.09.05.).

남양주시복지재단. (2022). 2022년 주요 사업계획서. 남양주시복지재단.

남양주시복지재단. (2022). 남양주시복지재단 2022년 세입 · 세출 예산총괄표.

남양주시복지재단. (2023). 2023년도 주요 업무계획. 남양주시복지재단.

남양주시복지재단. (2023). 2023년 본예산 총괄표(남양주시복지재단).

남양주시의회. (2021). 2021년도 행정사무감사 자료(남양주시복지재단 소관).
https://www.nyjc.go.kr/minutes/svc/web/cms/mnts/SvcMntsViewer.php?schSn=3035#

남양주시의회. (2022). 2022년도 행정사무감사 자료(남양주시복지재단 소관).

남양주시의회. (2023). 제299회 제8차 복지환경위원회 행정사무 감사. 회의록.
https://www.nyjc.go.kr/minutes/svc/web/cms/mnts/SvcMntsViewer.php?schSn=3396#;

대통령소속 자치분권위원회. (2018). 자치분권 종합계획(안). 대통령소속 자치분권위원회.

류진석. (2012). 대전복지재단의 성과와 향후 과제. 대전복지재단 출범 1주년 기념식 및 토론회.
2012(11). 1-53.

민효상. (2021). [복지이슈FOCUS] 지방자치법 전부개정에 따른 경기도 복지환경 변화. 2021(5). 경
기복지재단.

박관규. (2022). [분권레터] 윤석열 정부의 「지방시대」 국정과제에 대한 건설적 비판과 제언. 대한민
국시도지사협의회.

백종만. (2008). 사회복지 재정 분권의 쟁점과 정책과제. 지방이양 사회복지사업 문제 대안모색 토론

회. 2008(10). 7-34.

보건복지가족부. (2009). 비영리 사단·재단법인 업무편람. 서울: 보건복지가족부.

보건복지부. (2003). 사회복지법인 업무편람. 서울: 보건복지부.

보건복지부. (2022). 사회복지법인 관리 안내. 서울: 보건복지부.

보건복지부 보도자료. (2013). 지방재정 건전화를 위한 기능 및 재원 조정 방안 마련.

부총리 겸 기획재정부 장관 합동브리핑 말씀자료. (2013). 중앙-지방 간 기능 및 재원 조정 방안.

성은미, 박지영. (2023). [복지이슈FOCUS] 복지사각지대, 그들은 누구인가? 2023(3). 경기복지재단.
　　　https://ggwf.gg.go.kr/archives/60722?srch_paged=2

손경년. (2004). 기초자치단체 문화재단, 사업적 역량을 결집할 때다. ARKO 문화예술, 2004(9), 42-48.

신진영. (2021). 시민의 삶을 살리는 복지분권이 되어야 한다. 월간 복지동향, -(270), 40-45.

원일. (2019). 기초자치단체 출연 지역복지재단의 역할과 과제. 열린충남, 88(-), 72-73.

이삼주. (2016). 지방 출자·출연 기관의 설립·운영 현황 및 문제점. 지방재정, 2016(6), 12-41.

이주희. (2011). 지방자치제도. 서울: 행정안전부 지방행정연수원.

임상빈. (2019). 단층제 지방자치단체 세정부서 조직 및 인력 모델 연구: 세종시를 중심으로. 한국지방
　　　세연구원 정책연구보고서, 2019(8), 1-138.

임채원. (2016). 지방자치단체 복지재단의 역할과 혁신 방향 – 서울시복지재단 중심으로. 2016년 제
　　　1차 한종사협 정책토론회. 2016(5).

종로구 의회 전자회의록. (2020). 제294회 본회의 제1차 회의록. 질문내용: 복지재단 설립을 위한 용
　　　역의 필요성(질의의원: 전영준 의원, 답변자: 구청장).
　　　https://bookcouncil.jongno.go.kr/record/recordView.do?key=df2254f8c6b10293ae8b841f35
　　　74af5acc3936ce4de8be1e48ff768619480502080a9a7a657323b7#item4

중앙선거관리위원회, (2018), 제7회 전국동시지방선거 당선인 선거 공약 모음집. 경기도: 중앙선거
　　　관리위원회(정당과).

지방시대위원회 보도자료. (2023). 윤석열 정부, 「지방시대 종합계획(2023~2027)」 발표.

한국NPO공동회의. (2017). 기부자가 묻고, 비영리단체(NPO)가 답한다, 50문 50답. 더 나은미래.

한국보건사회연구원. (2019). 보건복지 소식 광장. 보건복지포럼, 277(-), 106-131.

행정안전부. (2021). 지방자치단체 행정구역 및 인구 현황. 서울: 행정안전부.

행정안전부. (2023). 지방 출자·출연 기관 설립기준.

행정안전부 보도자료. (2020). 지방자치법 32년 만에 전부개정, 자치분권 확대 기틀 마련.

행정안전부 보도자료. (2023). 설립 절차 강화를 통해 지방공공기관 혁신 이끈다.

행정안전부 보도자료. (2023). 2023년 지방자치단체 재정 운용상황 공개.

행정학용어표준화연구회. (2019). 행정학 용어사전. 서울: 새정보미디어.

홍의석. (2015). [글로벌정보] 미국: 쇠퇴 산업도시의 새로운 가능성-클리블랜드 모델. 국토, 2015(4),
　　　99-101.

## 법규·법령·조례

「공익법인의 설립·운영에 관한 법률」

「공익법인의 설립·운영에 관한 법률 시행령」

「국가균형발전 특별법」

「국민기초생활 보장법」

「국민기초생활 보장법 시행령」

「국민기초생활 보장법 시행규칙」

「국회법」

「기부금품의 모집 및 사용에 관한 법률」

「기부금품의 모집 및 사용에 관한 법률 시행령」

「노인복지법」

「대한민국헌법」

「민법」

「발달장애인 권리보장 및 지원에 관한 법률」

「비영리민간단체 지원법」

「보건복지부 소관 비영리법인의 설립 및 감독에 관한 규칙」

「보건복지부 및 질병관리청 소관 비영리법인의 설립 및 감독에 관한 규칙」

「사회보장기본법」

「사회보장기본법 시행령」

「사회보장기본법 시행규칙」

「사회보장급여의 이용·제공 및 수급권자 발굴에 관한 법률」

「사회보장급여의 이용·제공 및 수급권자 발굴에 관한 법률 시행령」

「사회보장급여의 이용·제공 및 수급권자 발굴에 관한 법률 시행규칙」

「사회복지공동모금회법」

「사회복지법인 및 사회복지시설 재무·회계 규칙」

「사회복지사업법」

「사회복지사업법 시행령」

「사회복지사업법 시행규칙」

「사회서비스 지원 및 사회서비스원 설립·운영에 관한 법률」

「사회서비스 지원 및 사회서비스원 설립·운영에 관한 법률 시행령」

「사회서비스 지원 및 사회서비스원 설립·운영에 관한 법률 시행규칙」

「신행정수도 건설을 위한 특별조치법」

「아동복지법」

「영유아보육법」

「장애인복지법」

「장애인 활동 지원에 관한 법률」

「중앙행정 권한의 지방이양 촉진 등에 관한 법률」

「지방공기업법」

「지방공기업법 시행령」

「지방공기업법 시행규칙」

「지방자치분권 및 지방행정체제개편에 관한 특별법」

「지방분권 촉진에 관한 특별법」

「지방자치분권 및 지역균형발전에 관한 특별법」

「지방자치단체 출자ㆍ출연 기관의 운영에 관한 법률」

「지방자치단체 출자ㆍ출연 기관의 운영에 관한 법률 시행령」

「지방자치단체 출자ㆍ출연 기관 운영 등에 관한 지침」

「지방자치법」

「지방자치법 시행령」

「지방재정법」

「지방재정법 시행령」

「직능인 경제활동 지원에 관한 법률」

「청소년복지 지원법」

「한부모가족지원법」

「행정절차법」

「경기도 출자ㆍ출연 기관의 운영에 관한 기본조례」

「경기복지재단 설립 및 운영지원에 관한 조례」

「경기도 사회보장위원회 구성 및 운영조례」

「남양주시 출자ㆍ출연 기관의 운영에 관한 조례」

「남양주시 복지재단 설립 및 운영에 관한 조례」

## 기사자료

경기일보. (2005년 2월 28일). 道 사회복지센터 건립 표류. 경기일보.
　　http://www.kyeonggi.com/article/200502280014891

이학성. (2007년 2월 25일). 경기도, 복지부문 강화 박차. 중부일보.
　　http://www.joongboo.com/news/articleView.html?idxno=225388

경기복지시민연대. (2007년 4월 28일). 경기복지재단 설립, 실증적 검토에 기반하여야... GBN뉴스.
　　http://www.gbnnewss.com/news/articleView.html?idxno=893

송원찬. (2007년 7월 5일). 짝퉁 경기복지미래재단 돼서는 안 돼. 경인일보.
　　http://www.kyeongin.com/main/view.php?key=336682

장향숙. (2007년 7월 25일). 경기도, 경기복지미래재단 설립 추진. 남양주투데이.
　　http://www.nyjtoday.com/news/articleView.html?idxno=2624

데일리안. (2007년 7월 25일). 경기도 수혜자 · 민간단체 '복지 3박자.' 데일리안.
　　https://m.dailian.co.kr/news/view/75409

시사타임. (2007년 7월 25일). 김문수 지사, "복지인이 이끄는 경기복지미래재단 기대." 시사타임.
　　http://www.sisatime.co.kr/news/articleView.html?idxno=8679

이정하. (2007년 7월 25일). 경기도 경기복지미래재단 설립 추진 '삐그덕', 복지연대, "일방적 밀실
　　행정 중단하라" 촉구. WIN뉴스. http://www.newswin.kr/news/articleView.html?idxno=484

유길용. (2007년 7월 26일). 밀실 행정 반발, 발기인 대회 시민연대 불참 경기복지재단 시작부터 삐걱.
　　인천일보. http://www.incheonilbo.com/news/articleView.html?idxno=296552

YTN. (2007년 12월 18일). 경기복지미래재단 공식 출범. YTN.
　　https://www.ytn.co.kr/_ln/0103_200712180038283843

박흥서. (2017년 10월 12일). 인천복지재단 설립 '초읽기', 시 조례 입법예고... 시민단체 반대로 진통
　　예상. 아주경제. https://www.ajunews.com/view/20171012095539091

조한재. (2019년 5월 14일). [남양주시의 시민통합 복지비전] 태어날 때부터 건강한 노후까지 맞춤형
　　지원 '인생 여정' 무지개. 기호일보.
　　http://www.kihoilbo.co.kr/news/articleView.html? idxno=806795

하지은. (2019년 7월 25일). 실효성 논란 휩싸인 '남양주복지재단' 설립. 경기일보.
　　http://www.kyeonggi.com/2137803

안경환. (2019년 8월 26일). 경기복지재단, 9월 6일까지 내년 연구과제 등 수요조사. 경기신문.
　　https://www.kgnews.co.kr/news/article.html?no=559249

서상준. (2019년 10월 22일). 시 복지재단 설립 가시화, '촘촘한 지역복지' 기대. 시사저널.
　　http://www.sisajournal.com/news/articleView.html?idxno=191947

임성규. (2020년 8월 5일). "남양주복지재단은 정약용 선생의 애민정신을 계승해 선포한 정약용 케어

가 담고 있다." 열린뉴스통신.

    https://www.onews.tv/news/articleView.html?idxno=26033

한상욱. (2020년 8월 17일). 대전 대덕구, 대덕복지재단 설립 타당성 연구용역 보고회 개최. 쿠키뉴스.

    https://www.kukinews.com/newsView/kuk202008170097

서쌍교. (2020년 9월 1일). 남양주시복지재단 출범 앞두고 '시끌'… 비판 쏟아진 이유. SBS.

    https://news.sbs.co.kr/news/endPage.do?news_id=N1005959015&plink=ORI&cooper=NAVER

이상훈. (2020년 9월 5일). 복지재단 설립 신청 반려해야, 남양주시민들 이재명 지사에게 탄원. 뉴스1.

    https://www.news1.kr/articles/?4049469

이종우. (2020년 9월 14일). 남양주시 이통장연합회, 복지재단 설립 촉구 성명서 발표.

    BreakNews. https://www.breaknews.com/755567

김선미. (2020년 9월 17일). [김선미의 세상읽기] 자치구 재단설립, 반드시 필요한가?. 굿모닝충청.

    http://www.goodmorningcc.com/news/articleView.html?idxno=238669

윤미. (2020년 9월 25일). 없어졌던 복지재단 5년 만에 부활. 화성시민신문.

    http://www.hspublicpress.com/news/articleView.html?idxno=433

임성규. (2021년 2월 4일). 복지공약 '남양주시 복지재단' 공식 출범. 열린뉴스통신.

    http://www.onews.tv/news/articleView.html?idxno=47176

남성운. (2021년 2월 5일). 남양주시복지재단 공식 출범, 희망케어센터 운영 등 업무. 구리남양주뉴스.

    http://www.gnnews.org/news/articleView.html?idxno=8074

한국뉴스타임. (2021년 3월 26일). 남양주시복지재단, 저소득 어르신 위한 '온택트 나눔' 행사 진행…

    봄맞이 김치 전달. KNT한국뉴스타임. http://gpnews.kr/m/view.jsp?ncd=31259

신섬미. (2022년 7월 17일). 울산 울주군, '울주복지재단' 설립 본격 추진. 울산매일UTV.

    https://www.iusm.co.kr/news/articleView.html?idxno=952122

김영만. (2022년 9월 2일). 영광군, 민선 8기 공약 5개 분야 60개 사업 확정. 뉴스프리존.

    https://www.newsfreezone.co.kr/news/articleView.html?idxno=405698

뉴시스. (2022년 9월 29일). 함안군, 2023년 군정 주요업무계획 보고회, 내년 함안복지재단 설립.

    NEWSIS. https://newsis.com/view/?id=NISX20220929_0002031098.

이성호. (2022년 11월 4일). 금천복지재단 설립 추진 타당한가?. 마을신문 금천 in.

    http://www.gcinnews.com/news/articleView.html?idxno=10187

조한재. (2022년 11월 24일). 남양주시복지재단 '나눔이 빛나는 밤' 열어 후원자 19명에 표창. 기호일

    보. http://www.kihoilbo.co.kr/news/articleView.html?idxno=1005257

정은화. (2022년 11월 27일). 문화재단과 복지재단, 어떤 유사 기능 있나. 김포매일.

    http://www.gimpomaeil.com/news/articleView.html?idxno=15393

최달수. (2022년 12월 21일). 남양주시기업인회, '취약계층' 후원금 지원. 브릿지경제.

    https://www.viva100.com/main/view.php?key=20221221010006392

빛가람뉴스. (2022년 12월 26일). 광주광산복지재단, '설립 첫걸음, 연구용역' 착수. 빛가람뉴스.
http://www.focusi.co.kr/news/articleView.html?idxno=263022

고훈석. (2023년 1월 8일). 광산목지재단 설립 '기능 중복', '위인설관' 논란. 광주드림.
http://www.gjdream.com/news/articleView.html?idxno=622178

박용필. (2023년 1월 18일). 20인 이하 소규모 지방 출자·출연 기관 못 만든다. 경향신문 & 경향닷컴.
https://v.daum.net/v/20230118120628056

김현우. (2023년 1월 19일). 지방 출자·출연 기관 사실상 제동 '어쩌나.' 인천일보.
https://www.incheonilbo.com/news/articleView.html?idxno=1178999

조충민. (2023년 2월 6일). 김포복지재단·문화재단 통합 최대 관심사 부상. 경인매일.
http://www.incheonilbo.com/news/articleView.html?idxno=1187701

안석, 고혜지. (2023년 3월 6일). 중앙은 민첩하게 작은 정부로, 지방은 권한 키워 큰 정부로 만들 것.
서울신문. https://www.seoul.co.kr/news/newsView.php?id=20230306005002&wlog_tag3=naver

이대현. (2023년 3월 7일). 남양주시 '다둥이 多가치' 확대... 5명 이상 소득재산 기준 폐지. 경기일보.
https://www.kyeonggi.com/article/20230307580054

김민기. (2023년 3월 10일). 道 '경기서민금융재단 설립' 포기로 가닥. 기호일보.
http://www.kihoilbo.co.kr/news/articleView.html?idxno=1020296

최낙관. (2023년 3월 12일). 지역 분권화 시대 지역복지재단의 과제. 전북도민일보.
http://www.domin.co.kr/news/articleView.html?idxno=1417161

정해림. (2023년 3월 30일). '허들' 높아진 공공기관 설립... 포기·보류 경기 지자체 속출. 인천일보.
http://www.incheonilbo.com/news/articleView.html?idxno=1187701

김정호. (2023년 4월 7일). 인천 서구, 복지재단 설립 위한 설명회 개최. 경인매일.
https://www.kmaeil.com/news/articleView.html?idxno=393828

김은섭. (2023년 4월 18일). 포천시, 포천희망복지재단 설립을 위한 기초 타당성 검토 연구용역 착수
보고회 개최. 경인매일. https://www.kmaeil.com/news/articleView.html?idxno=395177

김희우. (2023년 4월 21일). 복지재단 '배분심의위원회' 첫발!... 남양주뉴스.
http://www.nyjnews.net/38225

강해인. (2023년 6월 13일). 윤석열 정부 지방분권형 국가경영시스템 구축… 중앙 권한의 지방 이전
용역 착수. 경기일보. https://www.kyeonggi.com/article/20230613580033

## 웹사이트

고려대학교 도서관. https://library.korea.ac.kr

국세청. https://www.nts.go.kr

국회입법조사처. https://www.nars.go.kr

KCI(학국학술지인용색인). https://www.kci.go.kr

LAWnB(로앤비). https://www.lawnb.com

WINGS(Worldwide Initiatives for Grantmaker Support). https://wingsweb.org/en/home

경기도청. https://www.gg.go.kr

경기도 청년 노동자 통장. https://account.ggwf.or.kr/main/businessGuide.do

경기복지재단. https://ggwf.gg.go.kr

남양주시복지재단. http://www.nyjwf.or.kr

남양주시복지재단 블로그. https://blog.naver.com/nyj-welfare

남양주시의회. https://www.nyjc.go.kr

남양주시청. https://www.nyj.go.kr

법제처 국가법령정보센터. https://www.law.go.kr

보건복지부. https://www.mohw.go.kr

서울시복지재단. https://www.welfare.seoul.kr

서울특별시 등 245개 지방자치단체 정보공개 청구. (2023). https://www.open.go.kr/rqestMlrd/rqest-
   Dtls/reqstDocList.do

영국 커뮤니티재단. https://www.ukcommunityfoundations.org

자치법규 정보시스템. https://www.elis.go.kr

전국기초자치단체 복지재단 협의회. http://www.nwfc.or.kr

정부입법지원센터. https://www.lawmaking.go.kr

지역재단. http://krdf.or.kr

캘리포니아 지역재단(California Community foundation). https://www.calfund.org/

클린아이 지방공공기관 경영정보 공개시스템. https://www.cleaneye.go.kr

피츠버그 대학교 법학부. https://www.law.pitt.edu/people/vivian-curran

한국교육학술정보원(KERIS) 학술연구정보서비스(RISS). http://www.riss.kr/index.do

행정안전부. https://www.mois.go.kr

# 부록

## A. 전국지방자치단체 출연 복지재단 설립 계획 및 운영현황

| 광역 | 기초 | 5년 이내<br>설립 계획 | 설립 운영 중 | 후원금<br>모집여부 | 비고 |
|---|---|---|---|---|---|
| 서울<br>특별시 | 시청 | × | (재)서울시복지재단 | ○ | |
| | 종로구 | ○ | × | - | 재단법인(예정) |
| | 중구 | × | × | × | |
| | 용산구 | × | (재)용산복지재단 | × | |
| | 성동구 | × | × | × | |
| | 광진구 | × | (재)광진복지재단 | ○ | |
| | 동대문구 | × | × | × | |
| | 중랑구 | × | × | × | |
| | 성북구 | × | × | × | |
| | 강북구 | × | × | × | |
| | 도봉구 | × | × | × | |
| | 노원구 | × | (재)노원교육복지재단 | ○ | |
| | 은평구 | × | × | × | |
| | 서대문구 | × | × | × | |
| | 마포구 | × | (재)마포복지재단 | ○ | |
| | 양천구 | × | (재)양천사랑복지재단 | ○ | |
| | 강서구 | × | (재)강서희망나눔복지재단 | × | |
| | 구로구 | × | (재)구로희망복지재단 | × | |
| | 금천구 | ○ | × | - | 재단법인(예정) |
| | 영등포구 | × | × | × | |
| | 동작구 | × | (재)동작복지재단 | ○ | |
| | 관악구 | × | × | × | |
| | 서초구 | × | × | × | |
| | 강남구 | × | (재)강남복지재단 | ○ | |
| | 송파구 | × | × | × | |
| | 강동구 | × | × | × | |

| 광역 | 기초 | 5년 이내 설립 계획 | 설립 운영 중 | 후원금 모집여부 | 비고 |
|---|---|---|---|---|---|
| 부산 광역시 | 시청 | × | × | × | 2023년 사회서비스원 전환 |
| | 중구 | × | × | × | |
| | 서구 | × | × | × | |
| | 동구 | × | × | × | |
| | 영도구 | × | × | × | |
| | 부산진구 | × | × | × | |
| | 동래구 | × | × | × | |
| | 남구 | × | × | × | |
| | 북구 | × | × | × | |
| | 해운대구 | × | × | × | |
| | 사하구 | × | × | × | |
| | 금정구 | × | × | × | |
| | 강서구 | × | × | × | |
| | 연제구 | × | × | × | |
| | 수영구 | × | × | × | |
| | 사상구 | × | × | × | |
| | 기장군 | × | × | × | |
| 대구 광역시 | 시청 | × | × | × | |
| | 중구 | × | × | × | |
| | 동구 | × | × | × | |
| | 서구 | × | × | × | |
| | 남구 | × | × | × | |
| | 북구 | × | × | × | |
| | 수성구 | × | × | × | |
| | 달서구 | × | × | × | |
| | 달성군 | × | (재)달성복지재단 | ○ | |
| 인천 광역시 | 시청 | × | × | × | 2020년 사회서비스원 전환 |
| | 중구 | × | × | × | |
| | 동구 | × | × | × | |
| | 미추홀구 | × | × | × | |
| | 연수구 | × | × | × | |
| | 남동구 | × | × | × | |
| | 부평구 | × | × | × | |
| | 계양구 | × | × | × | |

| 광역 | 기초 | 5년 이내 설립 계획 | 설립 운영 중 | 후원금 모집여부 | 비고 |
|---|---|---|---|---|---|
| 인천광역시 | 서구 | ○ | × | - | 재단법인(예정) |
| | 강화군 | × | (재)강화군복지재단 | × | |
| | 옹진군 | × | (재)옹진복지재단 | × | |
| 광주광역시 | 시청 | × | (재)광주복지연구원 | ○ | |
| | 동구 | × | × | × | |
| | 서구 | × | × | × | |
| | 남구 | × | × | × | |
| | 북구 | × | × | × | |
| | 광산구 | ○ | × | - | 재단법인(예정) |
| 대전광역시 | 시청 | × | × | × | 2020년 사회서비스원 전환 |
| | 동구 | × | × | × | |
| | 중구 | × | × | × | |
| | 서구 | × | × | × | |
| | 유성구 | × | (재)유성구행복누리재단 | ○ | |
| | 대덕구 | ○ | × | - | 재단법인(예정) |
| 울산 | 시청 | × | × | × | 2023년 사회서비스원 전환 |
| | 중구 | × | × | × | |
| | 남구 | × | × | × | |
| | 동구 | × | × | × | |
| | 북구 | × | × | × | |
| | 울주군 | ○ | × | - | 재단법인(예정) |
| 세종시 | 시청 | × | × | × | 2020년 사회서비스원 전환 |
| 경기도 | 도청 | × | (재)경기복지재단 | × | |
| | 수원시 | × | × | × | |
| | 고양시 | ○ | × | - | 경기도와 협의 중 |
| | 용인시 | × | × | × | |
| | 성남시 | × | × | × | |
| | 부천시 | × | (재)부천여성청소년재단 | × | |
| | 화성시 | × | (재)화성시사회복지재단 | ○ | |
| | 안산시 | × | × | × | |
| | 남양주시 | × | (재)남양주시복지재단 | ○ | |
| | 안양시 | × | × | × | |
| | 평택시 | × | (재)평택복지재단 | × | |

| 광역 | 기초 | 5년 이내 설립 계획 | 설립 운영 중 | 후원금 모집여부 | 비고 |
|---|---|---|---|---|---|
| 경기도 | 시흥시 | × | (사)시흥시1%복지재단 | ○ | 사회복지법인 |
| | 파주시 | × | × | × | |
| | 의정부시 | × | × | × | |
| | 김포시 | × | (재)김포복지재단 | ○ | |
| | 광주시 | × | × | × | |
| | 광명시 | × | × | × | |
| | 군포시 | × | × | × | |
| | 하남시 | × | × | × | |
| | 오산시 | × | × | × | |
| | 양주시 | × | × | × | |
| | 이천시 | ○ | × | - | 재단법인(예정) |
| | 구리시 | × | × | × | |
| | 안성시 | × | × | × | |
| | 포천시 | ○ | × | - | 재단법인(예정) |
| | 의왕시 | × | × | × | |
| | 양평군 | × | × | × | |
| | 여주시 | × | × | × | |
| | 동두천시 | × | × | × | |
| | 가평군 | × | (재)가평군복지재단 | × | |
| | 과천시 | × | × | × | |
| | 연천군 | × | × | × | |
| 강원 특별 자치도 | 도청 | × | × | × | |
| | 춘천시 | × | × | × | |
| | 원주시 | × | × | × | |
| | 강릉시 | × | × | × | |
| | 동해시 | × | × | × | |
| | 태백시 | × | (재)태백시복지재단 | × | |
| | 속초시 | × | × | × | |
| | 삼척시 | × | × | × | |
| 강원 특별 자치도 | 홍천군 | × | × | × | |
| | 횡성군 | × | × | × | |
| | 영월군 | × | × | × | |
| | 평창군 | × | × | × | |

| 광역 | 기초 | 5년 이내 설립 계획 | 설립 운영 중 | 후원금 모집여부 | 비고 |
|---|---|---|---|---|---|
| 강원<br>특별<br>자치도 | 정선군 | × | × | × | |
| | 철원군 | × | × | × | |
| | 화천군 | × | × | × | |
| | 양구군 | × | × | × | |
| | 인제군 | × | × | × | |
| | 고성군 | × | × | × | |
| | 양양군 | × | × | × | |
| 충청<br>북도 | 도청 | × | × | × | |
| | 청주시 | × | (재)청주복지재단 | × | |
| | 충주시 | × | × | × | |
| | 제천시 | × | (재)제천복지재단 | ○ | |
| | 보은군 | × | × | × | |
| | 옥천군 | × | × | × | |
| | 영동군 | × | × | × | |
| | 증평군 | × | (재)증평복지재단 | ○ | |
| | 진천군 | × | × | × | |
| | 괴산군 | × | × | × | |
| | 음성군 | × | × | × | |
| | 단양군 | × | × | × | |
| 충청<br>남도 | 도청 | × | × | × | 2020년 사회서비스원 전환 |
| | 천안시 | × | (재)천안시복지재단 | ○ | |
| | 공주시 | × | × | × | |
| | 보령시 | × | × | × | |
| | 아산시 | × | × | × | |
| | 서산시 | × | (재)서산시복지재단 | ○ | |
| | 논산시 | × | × | × | |
| | 계룡시 | ○ | × | - | 재단법인(예정) |
| | 당진시 | × | (재)당진시복지재단 | ○ | |
| | 금산군 | × | × | × | |
| | 부여군 | × | × | × | |
| | 서천군 | × | × | × | |
| | 청양군 | × | × | × | |
| | 홍성군 | × | (재)홍성군청소년복지재단 | × | |

| 광역 | 기초 | 5년 이내<br>설립 계획 | 설립 운영 중 | 후원금<br>모집여부 | 비고 |
|---|---|---|---|---|---|
| 충청<br>남도 | 예산군 | × | (재)예산군청소년복지재단 | × | |
| | 태안군 | × | × | × | |
| 전북<br>특별<br>자치도 | 도청 | × | × | × | |
| | 전주시 | × | (재)전주시복지재단 '전주사람' | ○ | |
| | 군산시 | × | × | × | |
| | 익산시 | × | × | × | |
| | 정읍시 | × | × | × | |
| | 남원시 | × | × | × | |
| | 김제시 | × | × | × | |
| | 완주군 | × | × | × | |
| | 진안군 | × | × | × | |
| | 무주군 | × | × | × | |
| | 장수군 | × | × | × | |
| | 임실군 | × | × | × | |
| | 순창군 | × | × | × | |
| | 고창군 | × | × | × | |
| | 부안군 | × | × | × | |
| 전라<br>남도 | 도청 | × | × | × | 2020년 사회서비스원 전환 |
| | 목포시 | × | (재)목포복지재단 | ○ | |
| | 여수시 | × | × | × | |
| | 순천시 | × | × | × | |
| | 나주시 | × | × | × | |
| | 광양시 | × | (재)광양시사랑나눔복지재단 | ○ | |
| | 담양군 | × | (재)담양군복지재단 | ○ | |
| | 곡성군 | × | × | × | |
| | 구례군 | × | × | × | |
| | 고흥군 | × | × | × | |
| | 보성군 | × | × | × | |
| | 화천군 | × | × | × | |
| | 장흥군 | × | (재)장흥군나눔복지재단 | ○ | |
| | 강진군 | × | × | × | |
| | 해남군 | × | × | × | |
| | 영암군 | × | × | × | |

| 광역 | 기초 | 5년 이내 설립 계획 | 설립 운영 중 | 후원금 모집여부 | 비고 |
|---|---|---|---|---|---|
| 전라남도 | 무안군 | × | × | × | |
| | 함평군 | × | × | × | |
| | 영광군 | ○ | × | - | |
| | 장성군 | × | × | × | |
| | 완도군 | × | (재)완도군행복복지재단 | ○ | |
| | 진도군 | × | × | × | |
| | 신안군 | × | (재)신안군복지재단 | ○ | |
| 경상북도 | 도청 | × | (재)경북행복재단 | × | |
| | 포항시 | × | × | × | |
| | 경주시 | × | × | × | |
| | 김천시 | × | (재)김천복지재단 | ○ | |
| | 안동시 | × | × | × | |
| | 구미시 | × | × | × | |
| | 영주시 | × | × | × | |
| | 영천시 | × | × | × | |
| | 상주시 | × | × | × | |
| | 문경시 | × | × | × | |
| | 경산시 | × | × | × | |
| | 군위군 | × | × | × | |
| | 의성군 | × | × | × | |
| | 청송군 | × | × | × | |
| | 영양군 | × | × | × | |
| | 영덕군 | × | (재)영덕복지재단 | ○ | |
| | 청도군 | × | × | × | |
| | 고령군 | × | × | × | |
| | 성주군 | × | × | × | |
| | 칠곡군 | × | × | × | |
| | 예천군 | × | × | × | |
| | 봉화군 | × | × | × | |
| | 울진군 | × | × | × | |
| | 울릉군 | × | × | × | |
| 경상남도 | 도청 | × | × | × | |

| 광역 | 기초 | 5년 이내 설립 계획 | 설립 운영 중 | 후원금 모집여부 | 비고 |
|---|---|---|---|---|---|
| 경상 남도 | 창원시 | × | (재)창원복지재단 | ○ | |
| | 진주시 | × | (재)진주시복지재단 | ○ | |
| | 통영시 | × | × | × | |
| | 사천시 | × | (재)사천시복지·청소년재단 | × | |
| | 김해시 | × | (재)김해시복지재단 | ○ | |
| | 밀양시 | × | × | × | |
| | 거제시 | × | (재)거제시희망복지재단 | ○ | |
| | 양산시 | × | (재)양산시복지재단 | ○ | |
| | 의령군 | × | × | × | |
| | 함안군 | ○ | × | – | 재단법인(예정) |
| | 창녕군 | × | × | × | |
| | 고성군 | × | × | × | |
| | 남해군 | × | × | × | |
| | 하동군 | × | × | × | |
| | 산청군 | × | × | × | |
| | 함양군 | × | × | × | |
| | 거창군 | × | × | × | |
| | 합천군 | × | × | × | |
| 제주 특별 자치도 | 도청 | × | × | × | |
| | 제주시 | × | × | × | |
| | 서귀포시 | × | × | × | |

※ 출처: 정보공개 포털(https://www.open.go.kr)을 통해 2023년 5월 23일부터 향후 5년 이내(현재~2028년), 지방자치단체에서 '지방자치단체 출연 복지재단' 설립을 계획 중인 지방자치단체 또는 이미 설립 운영 중인 정보를 요청하여, 2023년 6월 말까지 지방자치단체의 정보공개 결정 내용을 취합 정리한 사항이며, 정보공개 내용 중 '정보 부존재, 미정, 해당 사항 없음' 등의 회신내용은 '설립 계획 없음'으로 처리하였으며, 부족한 정보는 지자체 공식 블로그 또는 언론 보도자료를 참고하였다. 다만, 본 정보공개 내용은 정보공개 청구 당시의 현시점에서의 계획이므로 향후 언제든지 설립 계획을 새로 수립하거나 기존 계획이 중지되는 사례가 발생할 수 있음을 염두에 두어야 할 것이다.

# B. 지방 출자 · 출연기관 설립 기준 주요 개정내용[1] (2023.01.19. 개정)

## B-1. 개정 이유

「지방공공기관 관리체계 개편 방향」 발표(2022.11.)에 따라 지방자치단체 출자 · 출연 소규모 기관 남설 및 방만 운영 방지를 위해 출연 기관 설립표준 모형을 개발하고 반영하며, 설립 협의 심사표 등을 세분화하여 설립기준을 보완하고 설립기준을 강화하고자 하는 사항임.

## B-2. 주요 개정 내용

### B-2-1. 출연 기관 조직설계 가이드라인 제시

| 〈당초〉 | 〈개정〉 |
|---|---|
| | 제6조(사전협의안 마련) ① (현행과 동일) |
| 제6조(사전협의안 마련) (생략) | 1. ~ 7. (현행과 동일) |
| 1. ~ 7. (생략) | **② 제1항에 따라 사전협의 마련 시 [붙임 2]의 '출연기관 조직설계 가이드라인'을 준수하여야 한다.** |
| 〈신설〉 | |
| 제14조(설계계획 수립 고려사항 및 내용) | 제14조(설계계획 수립 고려사항 및 내용) |
| ① (생략) | ① (현행과 동일) |
| 1. ~ 5. (생략) | 1. ~ 5. (현행과 동일) |
| 〈신설〉 | **6. [붙임 2]의 '출연기관 조직설계 가이드라인'** |

○ 조직설계 세부 기준, 예산 수립 기준, 조직구조 및 인사 운영 방향성 등을 제시하여 적정 규모의 출연 기관 설립 유도

---

1) 행정안전부 – 뉴스 · 소식 – 보도자료(작성자: 공기업관리과).
   https://www.mois.go.kr/frt/bbs/type010/commonSelectBoardArticle.do?bbsId= BBSMSTR_0000
   00000008&nttId=98060

○ 가이드라인 [붙임 2 출연기관 설립 시 고려사항] 주요 내용

▶ (조직 규모) 시·도(28명 이상), 시·군·구(20명 이상)의 조직설계 세부 기준 마련

▶ (예산 수립기준) 사업비(전체 예산의 50% 이상), 경상비(인건비의 25% 이하) 편성 비율 등 예산 수립 시 고려사항 마련

▶ (조직구조) 신속한 의사결정 및 다양화·전문화된 행정수요에 탄력적 대응을 위해 팀제 중심 조직 구성 권고

▶ (인사·운영) 설립 초기부터 직무 중심의 인사 관리 도입 권고

## B-2-2. 지방자치단체 출연 기관 '설립 전 사전점검표' 제공

| 〈당초〉 | 〈개정〉 |
|---|---|
| 제4조(설립 여부 결정) (생략)<br>1. ~ 7. (생략)<br>〈신설〉 | 제4조(설립 여부 결정) (현행과 동일)<br>1. ~ 3. (현행과 동일)<br>**4. [붙임 2]의 '설립 전 사전점검표' 충족 여부(단, 출연 기관의 경우에 한함)** |

○ 지방자치단체가 출자·출연 기관 설립 결정 시 출연 기관 대상 사업의 적합성, 기관설립의 필요성, 출연 기관 기능의 적정성 등을 자체적으로 검토

○ 설립 협의 및 설립 타당성 검토 단계에서 사전점검표 충족 여부 점검

## B-2-3. 지방자치단체 출자·출연기관 설립 협의 심사표 세분화

| 〈당초〉 | 〈개정〉 |
|---|---|
| 제29조(설립협의 심의)<br>①~③ (생략)<br>④ 심의위원은 **[붙임 4] 심사표를 작성하여** 제2항 각호 중 하나의 의견을 제시해야 한다. ····(중략)···· | 제29조(설립협의 심의)<br>①~③ (현행과 동일)<br>④ 심의위원은 **[붙임 6] 심사표를 설립기관 유형에 맞게 작성하여** 제2항 각호 중 하나의 의견을 제시해야 한다. ····(중략)···· |

○ 기관 유형별 심사표 구분, 심사항목 및 배점 조정, 채점 방식 변경 등 설립 협의 심사표를 개정하여 설립 협의 절차 강화

## B-2-4. 기타 개정사항

| 〈목차〉 | 〈개정내용〉 |
|---|---|
| 제3장 설립 방침 결정 단계<br>제6조(사전협의안 마련)<br><br>제9장 설립단계<br>제38조(변경 지정·고시 신청) | • 출자·출연 기관 명칭 설정 시 타 기관과 혼동 방지 규정 마련<br>‣(신설) 설립하는 출자·출연 기관 명칭 설정 혹은 기설립 된 기관의 명칭 변경 시, 지방 공사·공단, 중앙행정기관 등과 유사 명칭 사용 지양 |
| 제8장 설립 협의 단계<br>제32조(설립 협의 결과 공개) | • 행안부(시·도) 협의 결과 공개내용 구체화<br>‣(당초) 2. 행정안전부(시·도) 의견에 대한 처리결과<br>‣(개정) 2. 행정안전부(시·도) 의견에 대한 처리결과<br>　　　　(반영여부 및 미반영 시 사유 등) |
| [붙임 3](목차신설)<br>1. 타당성 검토 세부 항목<br>　□ 공무원 정원 감축 계획 수립<br>　　및 적정성 검토 | • 공무원 정원감축계획 수립의 실효성 확보를 위해 규정 정비<br>‣(신설) 감축인력은 공무원 정원을 기준으로 산출되어야 하며, 퇴직공무원 해소(자연감소분) 등 현원 감소는 불인정 |

※ [붙임] 목차이동: [붙임2]→[붙임4], [붙임3]→[붙임5], [붙임4]→[붙임6], [붙임5]→[붙임7]

## B-3. 「지방 출자·출연기관 설립 기준」 신·구조문 대조표

| 〈당초〉 | 〈개정〉 |
|---|---|
| **제3장 설립 방침 결정 단계** | |
| 제4조(설립 여부 결정) (생략)<br>　1. ~ 3. (생략)<br><br>〈신설〉 | 제4조(설립 여부 결정) (당초와 동일)<br>　1. ~ 3. (당초와 동일)<br>　**4. [붙임 2]의 '설립 전 사전점검표' 충족 여<br>　부(단, 출연기관의 경우에 한함)** |
| 제6조(사전협의안 마련) 지방자치단체는 출<br>자·출연기관 설립을 위한 사전협의안을 마련<br>할 때 다음 각호의 사항을 포함하여야 한다.<br>　1. 설립개요 : (생략)<br><br>〈신설〉<br><br><br><br>　2. ~ 7. (생략)<br><br>〈신설〉 | 제6조(사전협의안 마련) ① 지방자치단체는<br>출자·출연기관 설립을 위한 사전협의안을 마<br>련할 때 다음 각호의 사항을 포함하여야 한다.<br>　1. 설립개요 : (당초와 동일)<br>　　**단, 이 법에 따른 출자·출연기관 설립 시, 지<br>　　방 공사·공단, 중앙행정기관 등과 유사한 명<br>　　칭 사용을 하지 않도록 노력해야 한다.**<br>　2. ~ 7. (당초와 동일)<br>　**② 제1항에 따라 사전협의 마련 시<br>　[붙임 2]의 '출연기관 조직설계 가이드라인'<br>　을 준수해야 한다.** |
| **제4장 사전협의 단계** | |
| 제10조(타당성검토 간소화) ① (생략)<br>　1. ~ 2. (생략)<br>　② 타당성 검토 간소화 신청서는 **[붙임 2]**<br>서식을 참고하여 작성한다.<br>　③ (생략) | 제10조(타당성검토 간소화) ① (당초와 동일)<br>　1. ~ 2. (당초와 동일)<br>　② 타당성 검토 간소화 신청서는 **[붙임 4]**<br>서식을 참고하여 작성한다.<br>　③ (당초와 동일) |
| **제5장 설립계획 수립 단계** | |
| 제14조(설립계획 수립 고려사항 및 대응)<br>(생략)<br>　1. ~ 5. (생략)<br><br>〈신설〉 | 제4조(설립계획 수립 고려사항 및 내용)<br>(당초와 같음)<br>　1. ~ 5. (당초와 같음)<br>　**6. [붙임 2]의 '출연기관 조직설계 가이드라인'** |
| **제6장 타당성 검토 단계** | |
| 제22조(약정의 내용) ① ····(중략)····<br>**[붙임 3]**을 참고하여 작성한다.<br>　② ····(중략)····'**타당성검토 항목 및 기준'**<br>**[붙임 1]**에 한정한다. | 제22조(약정의 내용) ① ····(중략)····<br>**[붙임 5]**를 참고하여 작성한다.<br>　② ····(중략)····'**타당성검토 기준'**<br>**[붙임 3]**에 한정한다. |

| 〈당초〉 | 〈개정〉 |
|---|---|
| 제24조(타당성검토 수행) ① 전문기관은 '**타당성검토 항목 및 기준'[붙임 1]**에 따라 검토를 수행하고, 설립에 대한 종합의견을 제시한다.<br>② ····(중략)···· **[붙임 1]**의 검토 항목의 일부를 줄일 수 있다.<br>③ ~ ⑥ (생략) | 제24조(타당성검토 수행) ① 전문기관은 '**타당성검토 기준'[붙임 3]**에 따라 검토를 수행하고, 설립에 대한 종합의견을 제시한다.<br>② ····(중략)···· **[붙임 3]**의 검토 항목의 일부를 줄일 수 있다.<br>③ ~ ⑥ (당초와 같음) |
| **제8장 설립협의 단계** ||
| 제29조(설립협의 심의)<br>① ~ ③ (생략)<br>④ 심의위원은 **[붙임 4] 심사표를 작성하여** 제2항 각호 중 하나의 의견을 제시해야 한다. ····(중략)····<br>⑤ ~ ⑥ (생략) | 제29조(설립협의 심의)<br>① ~ ③ (당초와 동일)<br>④ 심의위원은 **[붙임 6] 심사표를 설립 기관 유형에 맞게 작성하여** 제2항 각호 중 하나의 의견을 제시해야 한다. ····(중략)····<br>⑤ ~ ⑥ (당초와 동일) |
| 제32조(설립협의 결과 공개) ① (생략)<br>② (생략)<br>1. (생략)<br>2. 행정안전부(시·도) 의견에 대한 처리결과<br><br>3. ~ 4. (생략) | 제32조(설립협의 결과 공개) ① (당초와 동일)<br>② (당초와 동일)<br>1. (당초와 동일)<br>2. 행정안전부(시·도) 의견에 대한 처리결과 **(반영 여부 및 미반영 시 사유 등)**<br>3. ~ 4. (당초와 동일) |
| **제9장 설립단계** ||
| 제38조(변경 지정·고시 신청) ①···· (중략)····<br>**변경 지정·고시를 신청하여야 한다.**<br><br>② (생략)<br>〈신설〉 | 제38조(변경 지정·고시 신청) ①···· (중략)····<br>**지정 해제 또는 변경 지정·고시를 신청하여야 한다.**<br>② (당초와 동일)<br>**③ 제2항에 따라 명칭 변경 신청을 하는 경우에도 지방 공사공단 중앙행정기관 등과 유사한 명칭 사용을 하지 않도록 노력해야 한다.** |
| **제10장 사후관리** ||
| 제40조(통계관리) ① ····(중략)···· 서식은 **[붙임 5]**를 참고하여 작성한다.<br>1. ~ 4. (생략)<br>② (생략) | 제40조(통계관리) ① ····(중략)···· 서식은 **[붙임 7]**을 참고하여 작성한다.<br>1. ~ 4. (당초와 동일)<br>② (당초와 동일) |

| 〈당초〉 | 〈개정〉 |
|---|---|
| [붙임] | |
| 〈신설〉 | [붙임 1] 지방 출자·출연기관 설립 절차<br>[붙임 2] 출연기관 설립 시 고려사항 |
| [붙임 3] 1. 타당성 검토 세부항목(목차신설)<br>2) 설립계획의 적정성<br>□ 공무원 정원감축계획 수립 및 적정성 검토<br>○ ····(중략)···· **「중기기본인력운용계획」에 반영하여야 함.** | [붙임 3] 1. 타당성 검토 세부항목(목차신설)<br>2) 설립계획의 적정성<br>□ 공무원 정원감축계획 수립 및 적정성 검토<br>○ ····(중략)···· **「중기기본인력운용 계획」 에 반영하고, 「중기지방재정 계획」과 연계하여야 함.** |
| 〈신설〉 | **- 감축인력은 공무원 정원을 기준으로 산출 되어야 하며 퇴직 공무원 해소(자연감소 분) 등 현원감소는 불인정** |
| 〈신설〉 | **[붙임 3] 2. 특수목적법인(SPC)설립 타당성 검토 추가 고려사항** |
| [붙임 2] | [붙임 4] |
| [붙임 3] | [붙임 5] |
| [붙임 4] | [붙임 6] |
| [붙임 5] | [붙임 7] |

## C. 지방 출자 · 출연기관 설립 기준(전문)[2]

---

### 지방 출자·출연기관 설립 기준

2016. 04. 18. 제정
2017. 12. 17. 개정
2021. 02. 10. 개정
2022. 06. 29. 개정
2023. 01. 19. 개정

#### 제1장 총칙

제1조(목적) 이 기준은 「지방자치단체 출자·출연 기관의 운영에 관한 법률」(이하 "법"이라 한다) 제7조 제4항[3] 및 「지방자치단체 출자·출연 기관의 운영에 관한 법률 시행령」(이하 "영"이라 한다) 제7조 제5항[4]의 규정에 따라 지방자치단체 출자·출연기관의 설립 타당성 검토를 위하여 필요한 세부적인 검토 기준 및 절차를 정하는 것을 목적으로 한다.

#### 제2장 설립심의위원회

제2조(설립심의위원회 구성)
① 행정안전부와 시·도는 제11조 사전협의안 및 제29조 설립협의안을 심의하기 위해 「지방출자·출연기관 설립심의위원회」(이하 "위원회"라 한다)를 구성한다.
② 위원회는 위원장 1명 포함 7명의 위원으로 다음과 같이 구성한다.
  1. 위촉직: 외부전문가 5명
  2. 당연직: 담당 국장, 담당 과장
③ 위원장은 외부전문가 중에서 호선하며, 간사는 업무 담당 팀장이 맡는다.

---

2) 행정안전부 – 업무안내 – 지방재정경제실 – 지방공기업제도 · 운영.
https://www.mois.go.kr/frt/bbs/type001/commonSelectBoardArticle.do?bbsId=BBSMSTR_00000000
0062&nttId=98448

3) 출자 · 출연 기관의 설립 · 운영의 타당성 등 검토 및 공개와 설립 전 협의에 필요한 사항은 대통령령으로 정한다.

4) 행정안전부 장관은 타당성 검토를 위하여 필요한 경우에는 세부적인 검토 기준을 정하여 지방자치단체의 장에게 통보할 수 있다.

④ 위촉위원의 임기는 2년으로 하되 연임할 수 있으며, 보궐위원의 임기는 전임자의 남은 기간으로 한다.

⑤ 시·도에서 위원회 구성이 어려운 경우, 법 제6조에 따른 「출자·출연기관 운영심의위원회」 (이하 "운영심의위원회"라 한다)가 이를 대체할 수 있다.

제3조(설립심의위원회 운영)

① 위원장은 회의를 주관하고, 간사에게 검토의견서를 작성 · 제출하도록 할 수 있다.

② 위원회는 필요한 경우 설립협의를 요청한 지방자치단체의 의견을 들을 수 있다. 두 개 이상의 지방자치단체가 공동으로 설립하는 경우에는 대표기관의 의견만 들을 수도 있다.

③ 특정 설립과 관련된 전문가가 필요한 경우 최대 2명을 특별위원으로 위촉할 수 있다. 특별위원은 일반위원과 같은 자격을 갖는다.

④ 위원회는 재적위원 과반수 참석으로 개회하고, 참석위원 과반수 찬성으로 의결한다.

⑤ 위원회는 대면회의(영상회의 포함)를 원칙으로 하되, 사정에 따라 서면으로 개최할 수 있다.

제3장 설립 방침 결정 단계

제4조(설립 여부 결정) 지방자치단체는 출자·출연기관 설립 여부를 결정할 때 다음 각호 사항을 고려하여야 한다.

1. 법 제4조 제1항 각호에 따른 대상사업의 범위

   가. 문화, 예술, 장학(獎學), 체육, 의료 등의 분야에서 주민의 복리 증진에 이바지할 수 있는 사업

   나. 지역주민의 소득을 증대시키고 지역경제를 발전시키며 지역개발을 활성화하고 촉진하는 데에 이바지할 수 있다고 인정되는 사업

2. 부적합한 사업의 예시

   가. 대상 사업의 범위는 폭넓게 인정할 수 있으나, 지방자치법에서 규정한 주민의 권리·의무와 직접 관련된 사무

   나. 다른 법령에서 지방자치단체가 직접 수행하도록 정한 사무

   다. 순수 민간 영역에서 수행하는 것이 바람직한 사업. 다만, 민간 부문의 참여를 통해 민관협력으로 추진하는 사업은 가능.

   라. 지방자치법에서 규정한 시·도와 시·군·구의 사무 구분에 어긋나는 사업

3. 다른 방식으로 사업추진이 가능한지 검토할 사항 예시

   가. 기존 출자·출연기관 및 지방공사·공단에서 유사·중복 업무를 수행하고 있는 경우 그 기관에서 대상 사업을 추진하도록 우선 검토

나. 설립하고자 하는 기관이 「지방공기업법」 제2조[5]의 사업을 수행하려는 경우 지방공사·공단으로 설립하는 것이 원칙

　4. [붙임 2]의 '설립 전 사전점검표' 충족 여부(단, 출연기관의 경우에 한함)


제5조(조직의 형태 결정) 지방자치단체는 다음 각호를 고려하여 출자기관과 출연기관 중 조직의 형태를 결정하여야 한다.

　1. 출자기관: 지역경제 발전 또는 지역개발과 관련한 사업으로서 기업성이 있는 경우, 상법에 따른 주식회사 형태로 출자기관 설립

　2. 출연기관: 주민 복리에 관한 사업이거나 공공성이 강하고 자체 수입만으로 운영비 충당이 어려울 것이 예상되는 경우, 민법에 따른 재단법인 형태로 출연기관 설립


제6조(사전협의안 마련)

　① 지방자치단체는 출자·출연기관 설립을 위한 사전협의안을 마련할 때 다음 각호의 사항을 포함하여야 한다.

　　1. 설립개요: 설립 필요성, 설립형태, 설립예정일, 주요사업, 조직·인력, 재정계획 등단, 이 법에 따른 출자·출연기관 설립 시, 지방 공사·공단, 중앙행정기관 등과 유사한 명칭을 사용하지 않도록 노력해야 한다.

　　2. 사업범위: 대상사업의 범위를 고유목적사업과 부대사업으로 구분하여 제시

　　3. 조직과 인력: 해당 사업의 수행을 위한 조직설계(안)과 임원, 관리자 등을 포함한 개략적인 인력 규모

　　4. 출자·출연계획: 기관 설립 및 운영을 위해 지방자치단체가 출자·출연하고자 하는 금액 (향후 5년간 계획)

　　5. 기대효과: 지역경제 활성화, 주민복리 증진, 지방재정 확충, 예산 절감 등 핵심적인 기대효과

　　6. 중복사업: 기존 행정조직, 공기업, 출자·출연기관과의 기능 중복 여부 및 구체적인 기능조정 계획

　　7. 미설립 대안: 출자·출연기관을 설립하지 않고도 설립 효과를 확보할 수 있는 방안

　② 제1항에 따라 사전협의 마련 시 [붙임 2]의 '출연기관 조직설계 가이드 라인'을 준수해야 한다.

---

5)　수도사업, 공업용수도사업, 궤도사업, 자동차운수사업(도시철도사업 포함), 지방도로사업(유료도로사업만 해당), 하수도사업, 주택사업, 토지개발사업, 주택·토지 또는 공용·공공용 건축물의 관리의 수탁 등.

# 제4장 사전협의 단계

## 제7조(사전협의 목적)

① 사전협의의 목적은 법 제7조 제1항에 따른 설립 타당성 검토의 질을 높이고, 법 제7조 제2항에 따른 설립 전 협의의 실효성을 확보하는 데 있다.

② 사전협의는 출자·출연기관의 설립방안 검토를 위한 전반적·개괄적 수준의 협의절차로 설립 가능 여부를 사전에 결정하는 것은 아니다.

## 제8조(사전협의 적용대상)

① 지방자치단체가 출자·출연기관을 설립하려는 경우 시·도지사는 행정안전부 장관과, 시장·군수·구청장은 시·도지사와 사전 협의하여야 한다.

② 다만, 설립 이후 5년간 출자·출연하는 금액의 총합이 다음 금액 미만인 경우 영 제8조 제3항에 따라 사전협의를 생략할 수 있다. 이 경우 제27조에 따른 설립협의도 생략한다.

　가. 시·도: 출자금 5억 원, 출연금 2억 원

　나. 시·군·구: 출자금 3억 원, 출연금 1억 원

③ 지방자치단체는 제2항에 따라 사전협의와 설립협의를 생략하더라도 출자·출연기관의 설립 타당성 등에 대한 검토를 전문기관에 의뢰하여 실시하여야 한다.

④ 법 제4조 제2항에 따라 지방자치단체가 설립한 출자·출연기관 또는 지방공기업이 출자·출연하는 경우에는 그 지방자치단체가 출자·출연한 것으로 본다.

## 제9조(사전협의 절차)

① 시·도(시·군·구)는 제6조에 따른 사전협의안을 마련 후 행정안전부(시·도)에 사전협의를 공문으로 요청한다.

② 사전협의는 연 4회로 나누어 실시하며 사전협의 신청 접수기간은 매 분기 마지막 달(3월, 6월, 9월, 12월)이다. 다만, 특히 필요한 경우 시·도(시·군·구)는 행정안전부(시·도)와 협의하여 수시 신청을 할 수 있다.

③ 행정안전부(시·도)는 사전협의 접수기간 종료 후 20일 이내에(필요하면 최대 10일까지 1회 연장 가능) 검토의견을 회신하여야 한다.

## 제10조(타당성 검토 간소화)

① 시·도(시·군·구)는 설립하고자 하는 출자·출연기관이 다음 각호의 하나에 해당할 경우 타당성 검토 간소화를 신청할 수 있다.

　1. 3년 이내에 해산하는 한시조직

　2. 재난안전 또는 국가 주요정책과 관련한 긴급한 사업 수행

② 타당성검토 간소화 신청서는 [붙임 4] 서식을 참고하여 작성한다.

③ 타당성검토 간소화 결정은 절차 간소화를 의미하는 것이며 설립의 타당성을 인정하는 것은 아니다.

제11조(사전협의 심의)

① 위원회는 사전협의안에 대하여 다음 각호의 사항을 심의한다.

1. 출자·출연기관이 수행하는 것이 적합한 사업인지 검토

2. 기존 행정조직, 공기업, 출자·출연기관과 중복 기능 조정 계획의 적정성 등 검토

3. 설립하지 않고 설립효과를 확보할 수 있는 대안에 대한 검토

4. 설립을 추진할 경우 유의할 사항

5. 타당성검토 전문기관 선정에 관한 사항

6. 타당성검토 간소화 대상 해당 여부에 대한 판단

② 위원회는 사전협의안에 대한 검토 및 자문 의견을 제시한다. 사전협의안에 대해서는 설립 동의 또는 부동의 형태로 의결하지 않는다.

③ 위원회는 제1항의 심의사항 중 제5호와 제6호에 대해서는 타당성검토 전문기관의 의견을 미리 들어야 한다.

제12조(사전협의 결과 통보) 행정안전부(시·도)는 제11조에 따른 위원회의 사전협의 심의 결과를 해당 시·도(시·군·구) 및 전문기관에 통보한다.

제13조(사전협의 후속조치)

① 해당 시·도(시·군·구)는 협의결과 행정안전부(시·도)가 제시한 의견을 원칙적으로 반영해야 하며, 반영이 곤란한 사항은 그 사유를 명시하여 행정안전부(시·도)에 통보하여야 한다.

② 해당 시·도(시·군·구)가 반영이 곤란하다고 통보한 사유에 대하여 행정안전부(시·도)는 의견을 제시할 수 있다.

### 제5장 설립계획 수립 단계

제14조(설립계획 수립 고려사항 및 내용)

① 지방자치단체는 사전협의 이행 후 계속 설립을 추진할 필요가 있다고 판단하는 경우, 다음 각호를 고려하여 설립계획을 수립하여야 한다.

1. 설립 기관에서 수행해야 할 사업을 구체적이고 명확하게 제시

2. 각 사업별 소요되는 인력을 구체적으로 산출하고, 이를 효율적으로 운영할 조직 설계

3. 조직 구성원에 대한 인건비 규모 설정

4. 각 사업별 예상되는 수입과 비용을 객관적으로 산출하여 출자·출연금 규모를 결정

5. 해당 사업 수행에 대한 목표수준 설정

6. [붙임 2]의 '출연기관 조직설계 가이드 라인'

② 설립계획에는 다음 각호의 사항이 포함되어야 한다.

1. 설립개요: 설립 근거, 설립 필요성, 설립 형태, 설립 예정일, 운영방안, 출자·출연 계획 등

2. 사업범위: 대상 사업의 범위와 내용

3. 사업수지: 설립 후 5년간 연도별 예상 수입(총수입과 지방자치단체·국가 지원금을 제외한
   자체수입을 별도 기재)과 지출
4. 지방자치단체 재정지원 계획: 설립 후 5년간 지방자치단체의 지분보유계획, 지원금(출연
   금, 보조금 등) 지급 계획, 국가 또는 다른 지방자치단체의 재정지원 계획
5. 기구·인력: 설립 후 5년간 기구와 인력의 운영 계획
6. 유사·중복 기능: 관할구역 내외 기존 행정조직 및 공공기관과의 기능 유사·중복 여부 검토
   및 조정 방안
7. 이해관계자 협의: 관련 국가기관, 지방자치단체, 지방의회, 민간 위탁기관, 시민단체, 전
   문가, 지역상공인 등 이해관계자와 협의 결과
8. 공무원 감축: 공무원 감축 여부 검토 및 정원 감축 계획
9. 사전협의 조치결과: 행정안전부(시·도) 사전협의 의견에 대한 조치 결과
③ 설립계획은 지방자치단체가 자체 또는 연구용역을 통해 수립할 수 있다. 다만, 타당성검토
   전문기관에 설립계획 수립을 요청할 수는 없다.

### 제6장 타당성검토 단계

제15조(타당성검토 목적)
① 타당성검토는 출자·출연기관 설립 이전에 대상 사업의 적정성, 설립계획의 적정성, 설립의
   기대효과 등을 객관적인 자료를 활용하여 검토하여 출자·출연의 필요성이 인정되는 경우에
   만 설립을 추진하도록 하는 데 그 목적이 있다.
② 타당성검토 결과는 행정안전부(시·도)와의 설립 협의 및 의회의 설립 조례 제정 등에 기초자
   료로 활용할 수 있다.

제16조(타당성검토 의뢰시기) 타당성검토는 연 4회로 나누어 실시하며 타당성검토 의뢰 접수기
간은 매 분기 마지막 달(3월, 6월, 9월, 12월)이다. 다만, 특히 필요한 경우 시·도(시·군·구)는 전문
기관과 협의하여 수시 신청을 할 수 있다.

제17조(타당성검토 의뢰방법) 시·도(시·군·구)는 사전협의 의견을 바탕으로 설립계획을 수립한
후 사전협의에서 선정된 전문기관에 공문으로 타당성검토를 의뢰한다.

제18조(타당성검토 의뢰 유의사항) 지방자치단체가 전문기관에 타당성검토를 의뢰할 때는 다음
각호를 고려하여야 한다.
1. 사업계획의 확정 및 운영계획의 구체화
  가. 고유사업목적, 수행주체, 출자·출연금(예산안), 조직규모, 인력구성, 운영계획, 재원부담능
      력, 기대효과, 공무원감축계획 등 사업내용과 현황 등의 내용 제시

나. 비용(지출) 및 수요(목표)예측 산출근거, 출자·출연금에 대한 재원조달 가능성 등을 명확히 제시
  2. 운영기간 동안의 운영계획을 합리적으로 제시
   가. 기관 설립 후 추진기관이 자체 운영하는 방식인지 외부 위탁 운영방식인지의 여부
   나. 운영비용 및 운영수입을 합리적으로 추정한 결과치를 제시
   다. 예산안과 기대성과를 합리적으로 추정한 결과치를 제시
  3. 관련 현황 자료 등 제출
   가. 현황을 정확히 파악할 수 있도록 위치도면, 상세도면, 사진, 조감도 등
   나. 사업 운영 현황, 계획, 추정 등에 대한 증빙자료

제19조(전문기관의 예비검토)
  ① 타당성검토를 의뢰받은 전문기관은 예비검토를 실시한 후 그 결과를 지방자치단체에 통보한다. 예비검토에서는 타당성검토 수행이 가능한 수준의 자료 준비 여부 등을 검토한다.
  ② 전문기관은 예비검토 결과 타당성검토를 수행할 수 없다고 판단하는 경우, 그 사유와 보완해야 할 자료 등에 대한 의견을 지방자치단체에 제시할 수 있다.
  ③ 전문기관의 예비검토 결과, 자료의 부실 등으로 타당성검토를 진행할 수 없을 경우, 해당 지방자치단체는 자료를 보완하여 다음 회차에 타당성검토를 의뢰하여야 한다.

제20조(타당성검토 예비검토 사항) 전문기관이 지방자치단체의 타당성검토 의뢰에 대하여 예비검토하는 사항은 다음 각호와 같다.
  1. 공통사항: 명확하고 구체적인 대상사업, 사업기본계획, 조직·인력 계획, 설립의 당위성을 설명할 수 있는 자료 등
  2. 출자기관: 사업 기본계획 및 운용계획 등
  3. 출연기관: 수행 예정사업의 구체성, 사업별 수입-비용 구조, 기대성과 등

제21조(타당성검토 계약방식)
  ① 예비검토에서 타당성검토를 수행할 수 있다는 결과가 나온 경우, 지방자치단체와 전문기관 사이에 타당성검토 계약을 체결한다. 이때 타당성검토 계약은 검토의 객관성과 신뢰성을 확보하기 위해 약정의 방식으로 체결한다.
  ② 약정은 수의계약의 일종이며 과업의 세부내용, 비용의 납부절차 등은 체결한 약정서에 따른다.

제22조(약정의 내용)
  ① 약정의 내용에는 타당성검토 기간과 수수료 및 타당성검토 수행과 관련한 사항 등을 포함하며, 약정서 서식은 '타당성검토 업무수행 약정서'[붙임 5]를 참고하여 작성한다.

② 약정을 체결할 때 과업의 범위는 '타당성검토 기준'[붙임 3]에 한정한다.

**제23조(타당성검토 기간 및 수수료)**

① 타당성검토의 기간은 원칙적으로 약정일로부터 6개월 내외로 하되, 전문기관과 설립 지방자치단체가 협의하여 결정한다.

② 타당성검토의 수수료는 행정안전부(시도)와 전문기관이 협의하여 정한 기준에 따라 정하고, 약정에서 정한 절차에 따라 납부한다.

③ 설립하려는 기관이 제11조 제1항 제6호에 따라 타당성검토 간소화 대상인 경우, 타당성검토 기간이나 수수료를 줄일 수 있다.

**제24조(타당성검토 수행)**

① 전문기관은 '타당성검토 기준'[붙임 3]에 따라 검토를 수행하고, 설립에 대한 종합의견을 제시한다.

② 설립하려는 기관이 제11조 제1항 제6호에 따라 타당성검토 간소화 대상인 경우, 전문기관은 종합의견 제시를 포함하여 [붙임 3]의 검토 항목의 일부를 줄일 수 있다.

③ 전문기관은 관련 분야 전문가 등이 참여하는 '자체위원회'를 구성하여 타당성검토 결과에 대한 자문을 받아야 한다. 지방자치단체는 '자체위원회'에 배석하여 의견을 제시할 수 있다.

④ 전문기관은 '자체위원회'를 통해 항목별 판단준거를 전반적으로 고려한 종합의견을 도출할 수 있다.

⑤ 타당성검토 간소화 대상인 경우, 전문기관의 '자체위원회' 결과에 따라 약정 종료일이 연장될 수 있다.

⑥ 전문기관은 타당성검토를 완료한 후, 종합의견을 포함한 최종보고서를 약정기간 안에 지방자치단체에 제출한다.

**제24조의2(타당성 재검토)**

① 지방자치단체는 다음 각호에 해당하는 경우 전문기관에 타당성 재검토(이하 '재검토'라 한다)를 의뢰해야 한다.

  1. 타당성검토 완료 후, 4년 이상 설립이 보류되거나 지연된 경우

  2. 타당성검토 완료 후, 제14조의 설립계획이 크게 변경되는 등 위원회에서 재검토가 필요하다고 결정하는 경우

② 재검토의 기간과 비용은 타당성 검토 전문기관과 지방자치단체가 협의하여 산정할 수 있다.

## 제7장 타당성검토 결과 공개 및 설립 타당성 심의 단계

### 제25조(타당성검토 결과 공개)

① 지방자치단체는 전문기관의 타당성검토 최종보고서를 받은 날로부터 7일 이내에 타당성검토 수행 전문기관과 타당성검토 결과를 지방자치단체 홈페이지에 공개한다.

② 공개기간은 15일 이상이며, 해당 결과에 대한 의견제시 방법을 함께 제시한다. 다만, 제11조 제1항 제6호에 따라 타당성검토 간소화 대상인 경우, 공개기간을 7일 이상으로 한다.

③「공공기관의 정보공개에 관한 법률」제9조 각호에서 정하고 있는 정보는 공개하지 않을 수 있으며, 이 경우 그 사유를 명시하여야 한다.

### 제26조(설립 타당성 심의)

① 공개기간 종료 후, 지방자치단체는 법 제6조에 따른 운영심의위원회를 개최하여 기관 설립의 타당성에 대하여 심의·의결한다.

② 운영위원회는 전문기관의 타당성검토 보고서를 심의·의결의 주요 판단 준거로 활용한다.

③ 심의·의결 및 운영심의위원회 운영에 관하여 법과 시행령에서 정하지 않은 세부사항은 지방자치단체의 조례로 정한다.

## 제8장 설립협의 단계

### 제27조(설립협의 대상 및 시기)

① 설립협의는 시·도(시·군·구)가 타당성검토 결과에 대한 운영심의위원회의 심의·의결 이후, 조례 입법예고 이전에 요청한다.

② 설립협의는 연 4회로 나누어 실시하며 설립협의 신청 접수기간은 매 분기 마지막 달(3월, 6월, 9월, 12월)이다. 다만, 특히 필요한 경우 시·도(시·군·구)는 행정안전부(시·도)와 협의하여 수시 신청을 할 수 있다.

### 제28조(설립협의 절차)

① 시·도(시·군·구)는 설립협의를 행정안전부(시·도)에 공문으로 요청한다. 이때, 다음 각호의 자료를 제출한다.

  1. 설립계획서
  2. 전문기관 타당성검토 결과 및 조치계획
  3. 관련 타당성검토 공개 결과 주민 의견 및 조치계획
  4. 운영심의위원회 심의·의결 결과 및 조치계획
  5. 기존 출자·출연기관 설립과 관련된 공무원 감축계획 이행 현황

② 행정안전부(시·도)는 제2조의 설립심의위원회를 개최하여 설립협의 안건을 심의한다.

③ 전문기관은 해당 위원회에 참석하여 타당성검토와 관련한 질의 사항에 대해 응답할 수 있다.

제29조(설립협의 심의)

① 위원회는 설립협의 안건에 대하여 심의·의결한다.

② 위원회가 내릴 수 있는 의결의 종류는 다음과 같다.

　1. 설립 동의

　2. 설립 부동의

　3. 재심의

③ 위원회는 설립 동의 의결에 조건을 붙일 수 있다.

④ 심의위원은 [붙임 6] 심사표를 설립기관 유형에 맞게 작성하여 제2항 각호 중 하나의 의견을 제시해야 한다. 이때 '설립동의'는 70점 이상으로 한다.

⑤ 위원회는 의결과 함께 다음 각호의 의견을 제시할 수 있다.

　1. 법령에 따라 출자·출연기관의 사업에 해당하지 않는 경우와 사업 적정성이 인정되지 않는 경우(유사·중복 기관인 경우도 포함) 설립 자제 의견

　2. 당해 시·도(시·군·구)의 행정조직, 지방공기업, 출자·출연기관, 국가공공기관 등과 중복되는 사업이 있는 경우 조정 의견

　3. 공무원 인력 감축 방안이 적정하게 마련되었는지에 대한 의견

　4. 주민의견수렴 내용 및 조치계획에 대한 의견

　5. 출자·출연 보조금 등 재정지원계획에 대한 의견

　6. 출자·출연기관 설립협의안에 포함된 사항에 대한 의견

⑥ 위원회는 제24조의2 제1항 제2호에 따른 재검토 결정을 할 수 있다.

제30조(설립협의 결과 통보)

① 행정안전부(시·도)는 설립협의 결과를 해당 시·도(시·군·구)에 공문으로 통보한다.

② 행정안전부(시·도)는 설립협의 결과 공무원 정원감축계획이 있는 경우, 행정안전부(시·도)의 지방자치단체 조직관리부서에 통보하여야 한다.

③ 시·도는 시·군·구와의 설립협의 결과를 행정안전부에 공문으로 통보한다.

제31조(설립협의 결과 반영)

① 시·도(시·군·구)는 설립협의 결과 행정안전부(시·도)에서 제시한 의견을 원칙적으로 설립계획에 반영하여야 한다. 다만, 반영이 곤란한 사항은 그 사유를 명시하여 행정안전부(시·도)에 통보할 수 있다.

② 행정안전부(시·도)는 반영이 곤란하다고 통보받은 사항에 대하여 의견을 제시할 수 있다.

제32조(설립협의 결과 공개)

① 시·도(시·군·구)는 설립협의 완료 후 2주 이내에 그 결과를 해당 지방자치단체 누리집(홈페이지)에 15일 이상 공개해야 한다. 다만, 제11조 제1항 제6호에 따라 타당성검토 간소화 대상인 경우, 공개기간을 7일 이상으로 한다.

② 제1항에 따라 공개할 사항은 다음과 같다.
  1. 행정안전부(시·도) 설립협의 결과
  2. 행정안전부(시·도) 의견에 대한 처리결과(반영 여부 및 미반영 시 사유 등)
  3. 설립 과정에서 제기된 주민의견 반영 내용
  4. 설립협의 결과를 반영한 설립계획서

## 제9장 설립단계

### 제33조(조례 제정)
① 지방자치단체가 출자·출연기관을 설립할 때에는 법 제4조 제3항에 따라 그 설립·업무 및 운영에 관한 기본적인 사항을 조례로 정하여야 한다.
② 의회에서 조례 제정이 무산될 경우 출자·출연기관을 설립할 수 없다.
③ 지방자치단체장은 조례제정을 위하여 의회 설명회를 개최하여 지방의회에 타당성검토 결과 및 행정안전부(시·도) 협의결과 등 설립과 관련한 종합적인 내용을 보고하고 설명한다.
④ 지방의회는 의회 설명회를 완료한 후, 조례 제정 절차에 따라 조례안을 심의·의결한다.

### 제34조(정관 제정)
① 출자·출연기관을 설립하는 경우, 정관에는 법 제8조 제1항과 영 제9조에 따라 해당 기관의 운영에 관한 주요사항을 기재한다.
② 정관 작성은 일반적인 주식회사 또는 재단법인의 정관 작성 방법을 준용한다.
③ 정관 변경에 관한 사항, 법인 청산에 따른 잔여재산의 귀속에 관한 사항도 반드시 정관에 기재한다.

### 제35조(임원 공모 및 임명)
① 법 제9조에 따라 공개모집을 통해 임원을 선출하되, 설립자로서 지방자치단체가 공개모집을 수행한다.
② 지방자치단체의 지분이 100분의 25 미만이며 법 제2조 제3항 각호에 해당하지 않는 출자기관의 경우 공개 모집하지 않을 수 있다.
③ 지방자치단체가 출자·출연기관 설립을 위해 임원추천위원회를 구성하여 임원을 선출하는 경우 "지방공기업 설립·운영기준"의 임원추천위원회에 관한 사항을 준용한다.

### 제36조(설립 등기)
① 출자·출연기관은 상법 및 민법 등의 관련 규정에 따라 적법하게 설립 등기하여야 한다.
② 출연기관의 경우 설립 등기 이전에 「민법」 제32조에 따라 주무관청의 설립 허가를 받아야 한다.

제37조(신규 설립기관의 지정·고시 신청)

① 시·도는 기관 등기 이후 30일 이내에 행정안전부에(시·군·구는 시·도를 통해 행정안전부에) 설립 사실을 통보하고 지정·고시를 신청하여야 한다.

② 신청서류에는 설립 조례, 등기사항, 임원의 임면사항 등을 첨부한다.

제38조(변경 지정·고시 신청)

① 지방자치단체는 출자·출연기관이 통합·폐지·분할 또는 관계 법령의 개정·폐지 등에 따라 「지방출자출연법」 적용을 받지 아니하게 되거나 지정을 변경할 필요가 있는 경우 사유 발생 일로부터 30일 안에 지정 해제 또는 변경 지정 고시를 신청하여야 한다.

② 출자·출연기관의 법인격 또는 명칭을 변경한 경우에도 변경 신청을 한다. 이때 영 제7조 제 2항에 따른 추가 출자나 출연이 있다면 법 제7조 제1항에 따른 타당성검토를 실시하고 그 결과를 제출해야 한다. 타당성검토 사유에 해당하지 않는다면, 해당하지 않음을 증명하는 출자금 또는 출연금 변동 내역서 등을 제출한다.

③ 제2항에 따라 명칭 변경 신청을 하는 경우에도 지방 공사·공단, 중앙행정기관 등과 유사한 명칭을 사용하지 않도록 노력해야 한다.

제39조(지정 누락기관의 지정·고시 신청)

① 시·도는 지정·고시에서 누락된 기관이 있는 경우 설립 조례, 등기사항, 임원의 임면사항, 누락사유 등을 첨부하여 행정안전부에(시·군·구는 시·도를 통해 행정안전부에) 지정·고시를 신청한다. 이 경우 행정안전부(시·도)는 사후보완 성격의 설립협의를 기관 신규 설립에 준하여 실시할 수 있다.

② 지방자치단체는 지정·고시 되지 않은 주식회사와 재단법인에 대하여 「지방재정법」 제18조를 위반하여 출자·출연이 이뤄지지 않도록 하여야 한다.

## 제10장 사후관리

제40조(통계관리)

① 행정안전부는 출자·출연기관 설립과 관련하여 다음 각호의 통계를 연 1회 작성하여 지방공기업 경영정보공개시스템(클린아이시스템)에 공개한다. 서식은 [붙임 7]을 참고하여 작성한다.

　1. 연도별, 지방자치단체별 출자·출연기관 수

　2. 연도별, 지방자치단체별 출자·출연기관 임·직원 수

　3. 연도별, 지방자치단체별 출자·출연기관 인건비 규모

　4. 연도별, 지방자치단체별 출자·출연기관 예·결산 규모

② 행정안전부(시·도)는 제1항의 통계를 출자·출연기관 설립협의에 활용할 수 있다.

제41조(공무원 감축)

① 행정안전부 또는 시·도의 조직관리부서는 제30조 제2항에 따라 공무원 정원감축계획을 통보받은 경우, 「지방자치단체의 행정기구와 정원 기준 등에 관한 규정 시행규칙」에 따라 '중기기본인력운용계획'에 반영하여야 한다.

② 시·도(시·군·구)는 설립협의 단계에서 제28조의 설립협의 자료를 제출할 때에 기존 출자·출연기관 설립과 관련된 공무원 정원감축계획 이행 현황을 포함하여야 하며, 행정안전부(시·도)는 이를 점검한다.

제42조(조직진단)

① 시·도(시·군·구)는 필요한 경우 산하 출자·출연기관에 대한 조직진단을 실시할 수 있다.

② 시·도(시·군·구)는 조직진단 결과를 바탕으로 부실 기관의 정리, 소규모 기관의 통·폐합 등 출자·출연기관의 건전한 운영을 위해 노력한다.

**부 칙**

제1조 이 기준은 공포한 날로부터 시행한다. 다만, 공포 전 타당성검토가 완료된 설립(안)에 대해서는 기존 기준을 적용할 수 있다.

## [붙임 1] 지방 출자·출연기관의 설립 절차

| 단 계 | 내 용 | 주체 | 소요기간 |
|---|---|---|---|
| 1. 설립<br>방침 결정 | 가. 설립 여부 결정 | 지방자치단체 | 1월 |
| | 나. 조직의 형태 결정 | | |
| | 다. 사전협의안 마련 | | |
| 2. 사전협의<br>(1차 협의) | 가. 타당성검토 전 협의<br>※ 영 제8조 제3항에 해당하면 협의 생략 | 행안부-시도<br>시도-시군구 | 1월 |
| | 나. 타당성검토 절차간소화 여부 판단 | | |
| 3. 설립<br>계획 수립 | 가. 설립계획 수립(자체 또는 용역) | 지방자치단체 | 1~3월 |
| 4. 타당성 검토 | 가. 타당성검토 의뢰 및 예비검토 | 지방자치단체-<br>전문기관 | 1월 |
| | 나. 타당성검토 약정 체결 | | |
| | 다. 타당성검토 수행 | | 6월 |
| 5. 결과 공개<br>및 심의 | 가. 검토결과 공개 및 주민의견 수렴 | 지방자치단체 | 1월 |
| | 나. 지방자치단체 운영심의위원회 심의 | | |
| 6. 설립협의<br>(2차 협의) | 가. 지방자치단체 설립 협의 요청 및 자료 제출 | 행안부-시도<br>시도-시군구 | 1월 |
| | 나. 설립심의위원회 심의<br>※ 영 제8조 제3항에 해당하면 협의생략 | | |
| 7. 설립 | 가. 협의결과 및 설립계획서 공개 | 지방자치단체 | 2월 |
| | 나. 조례 및 정관 제정 | | |
| | 다. 임원 공모 및 임명 | | |
| | 라. 설립 등기<br>※ 출연기관은 주무관청 설립허가 필요 | | |
| | 마. 지정고시 신청 | 지방자치단체<br>-행안부 | 1월 |

## [붙임 2] 출연기관 설립 시 고려사항

### 1. 설립 전 사전점검표

#### 1) 설립 전 기초 체크 사항

| 연번 | 항 목 | 해당여부 |
|---|---|---|
| ☞ 모든 항목에서 'YES' 체크 → 설립 방침 결정 가능 | | |
| **「지방출자출연법」 제2조의 적용 대상 여부** | | |
| ① | 「지방공기업법」 제2조 제1항 각호의 사업을 수행하지 않는가? | YES / NO |
| ② | 「공공기관 운영에 관한 법률」에 따라 기재부 장관이 지정한 공공기관은 아닌가? | YES / NO |
| ③ | 지자체를 회원으로 하면서 지자체간 발전 또는 지자체 공무원의 복리증진을 목적으로 설립한 기관은 아닌가? | YES / NO |
| ④ | 민법에 따른 재단법인인가? | YES / NO |
| **「지방출자출연법」 제7조의 타당성검토 대상 여부** | | |
| ⑤ | 지방자치단체가 출자·출연기관을 설립하려는 경우인가? | YES / NO |
| **「지방자치법」 및 동법 시행령의 종류별 사무 부합 여부** | | |
| ⑥ | 지방자치단체 종류별 사무에 부합하는가? | YES / NO |
| ⑦ | 수행하고자 하는 사업이 「지방자치법」 제15조 각호의 국가사무에 해당하지 않는가?[6] | YES / NO |
| **「지방출자출연법」 제4조 제1항 각호의 설립 대상 여부** | | |
| ⑧ | 문화, 예술, 장학(獎學), 체육, 의료 등의 분야에서 주민의 복리 증진에 기여하는가? | YES / NO |
| | 지역주민의 소득을 증대시키고 지역경제를 발전시키며 지역개발을 활성화하고 촉진하는 데에 이바지하는가? | YES / NO |

---

6) 국가사무에 해당하더라도 ① 「지방자치법」 제15조의 단서에 해당하며, ② 지방자치단체가 중앙정부와 비용을 공동부담하여 추진하고 있는 사무의 경우 "O"로 표시.

## 2) 출연기관 적합 사무(사업) 및 기관 설립의 당위성 판단

### 2)-1. 설립기준에 따른 부적합 사무 여부

☞ **1개 이상 항목에서 'YES' 체크→ 출연기관 수행사업으로 부적합**

| 연번 | 항 목 | 해당여부 |
|---|---|---|
| 「지방출자·출연기관 설립기준」 제4조<sup>제2호 내지 제3호</sup>의 부적합 사무 여부 | | |
| ① | 지방자치법에서 규정한 주민의 권리·의무와 직접 관련된 사무인가? | YES / NO |
| ② | 다른 법령에서 지방자치단체가 직접 수행하도록 정한 사무인가? | YES / NO |
| ③ | 민간영역에서 수행되고 있어 민간과의 경합이 우려되는 사업인가? | YES / NO |
| ④ | 기존 출자·출연기관 및 지방공사·공단에서 유사·중복 업무를 수행하고 있는가? | YES / NO |

### 2)-2. 기관 설립의 당위성 확보 여부

☞ **설립 협의 및 타당성검토 시 주요 검토사항**

| 연번 | 항 목 | 해당여부 |
|---|---|---|
| 사업의 지속가능성 여부 | | |
| ① | 주민의 공공서비스 수요에 대응하기 위해 지속해서 추진해야 할 사업인가? | YES / NO |
| ② | 기관 운영과 사업 수행을 위한 재원의 장기간 안정적인 조달이 가능한가? | YES / NO |
| 출연기관의 설립 필요성 여부 | | |
| ③ | 기존에 사업의 수행을 전담하는 조직이 존재하는가? | YES / NO |
| ④ | 지방자치단체의 기존 조직으로 추진하기 어려울 정도의 높은 전문성을 요구하는 사업인가? | YES / NO |
| ⑤ | 기존 방식으로 사업 수행이 곤란한 현저한 어려움이 존재하는가? | YES / NO |
| ⑥ | 전문기관(출연기관)의 설립을 요하는 국가 차원, 소관 부처의 중장기 발전계획 등 상위계획이 존재하는가? | YES / NO |
| 출연기관 기능의 적정성 여부 | | |
| ⑦ | 출연기관이 수행하고자 하는 기능에 정책총괄·조정, 정책기획 기능이 포함되는가? | YES / NO |
| ⑧ | 출연기관이 수행하고자 하는 기능에 연구·조사 기능이 포함되는가? | YES / NO |
| ⑨ | 지역 내 존재하는 중앙부처의 특별지방행정기관, 중앙부처 산하 공공기관(공기업, 준정부기관)과 업무 중복이 존재하는가? | YES / NO |

## 2. 출연기관 조직설계 가이드 라인

### 1) 출연기관의 목적 정합성
o 지방자치단체 국-과-계(혹은 팀) 업무 중 정책총괄 기능을 담당하는 국의 업무를 위한 출연기관 설립은 불가
o 출연기관은 지방자치단체 업무 중 전문성이 필요한 업무를 수행하므로 전문성을 갖춘 인력이 충원되어야 함
o 출연기관 업무를 타 전문기관에 재위탁 금지
  - 다만, 출연기관이 업무를 수행하는 과정에서 새로운 전문성을 요구하거나 전문인력을 상시 고용·운영할 필요가 없는 업무 등은 예외

### 2) 조직구조
o 출연기관은 다양화·전문화되는 행정수요에 탄력적으로 대응하기 위한 사업시행 조직(집행기관)이므로 이에 걸맞은 조직구조를 설계해야 함
o 따라서, 의사결정의 신속성, 환경변화의 유연한 대응을 위해 팀제 구조 등을 중심으로 구성 권고

### 3) 조직규모
o 유사 성격 팀 간 업무조정 등 기관장(이사장) 아래 최상위 실무조직이 필요한 경우, 정원이 51명 이상인 경우에 한하여 본부* 설치 가능
  *본부는 명칭과 관계없이 유사 성격의 수 개 부서 간 업무조정, 총괄기능 등을 수행하는 최상위 실무조직

o 복수 본부 설치는 특별한 사유가 없는 한 정원 151명 이상이고, 이질적인 복수사업을 수행하는 경우로 한함
o 관리직과 지원부서 인원 비율은 20% 이하를 유지하고, 사업부서 인력은 최소 6명 이상으로 설계
o 관리직 및 지원부서(부서장 포함) 대 사업부서 실무자 비율을 시·도의 경우 25:75, 시·군·구는 35:65를 적용
o 특정업무(홍보, 기획, 감사 등)는 본부에 속하지 않고 사장 직속으로 설치가 가능하고, 상임감사를 두는 경우에는 상임감사 산하에 감사부서 설치
o 지방자치단체의 개별부서 관점이 아닌 전체 조직 관점에서 유사한 사업 또는 통합연계 운용을 통한 시너지 창출이 가능한 사업을 선별하여 중규모 이상의 출연조직을 설립·운영

## 《〈지방 출연기관 조직설계 세부 기준(안)〉》

◆ 지방 출연기관 설립을 위한 조직설계 및 타당성 검토 시 필수 고려사항으로, "조직설계 세부 기준"을 모두 충족하도록 조직 규모를 설계해야 함

| 조직설계 항목 | | 세부 기준 |
|---|---|---|
| 본부 설치 최소 기준 | | 정원 51명 이상 |
| 복수 본부 설치 기준 | | 정원 151명 이상 |
| 관리직 인원 비율 | | 20% 이하 |
| 지원부서 인원 비율 | | 20% 이하 |
| 사업부서 실무자 비율 | 시·도 | 75% 이상 |
| | 시·군·구 | 65% 이상 |
| 부서별 최소인원 | 지원부서 | 4명 |
| | 사업부서 | 6명 |

* 사업부서 실무자: 전체 인원에서 관리직, 지원부서 제외한 사업팀 팀원 수의 합

※ 인원(정원) 기준: 일반정규직 + 무기계약직 + 상임임원

---

※ 예외 사유
 ① 3년 이내에 해산하는 한시조직
 ② 개별법에 따른 설립 또는 별도의 표준운영지침이 있는 경우
 ③ 사업 특성상 상근인력이 제한적인 유형(ex.장학, 자원봉사)의 경우

---

## 4) 예산 수립 기준

o 총 소요예산을 기준으로 사업비 50%, 인건비 40%, 경상비 10%를 표준 비율로 설정

 - 다만, 대상사업의 특성에 따라 사업비와 인건비의 비율을 탄력적으로 조정할 수 있으나, 사업비를 50% 미만으로 설정할 수 없음

o 경상비는 인건비*의 25% 이하로 설정하되, 불가피한 사유가 있는 경우 타당한 근거 제시

 * 임원 및 직원의 인건비는 성격이 유사한 지방공단의 인건비 수준, 지자체 내 전체 출연기관 및 유사 출연기관의 임금 평균을 보조적으로 활용하여 적정성 검토

## 5) 인사운영

o 조직 설립 초기부터 연공서열적 운영을 지양하고, 직무 중심의 인사관리 도입하여 운영 노력

## [붙임 3] 타당성검토 기준

※ 타당성 검토 기준 및 세부사항

| 검토기준 | 세부사항 |
|---|---|
| **1. 투자 및 사업의 적정성** | |
| 공공 수행 여부 | ·대상사업이 민간에서 수행해야 하는 사업이 아닌지 검토 |
| 고유목적사업 비율 | ·대상사업 중 고유목적사업의 비율을 산출하고 적정성 검토 |
| 경제성 분석 | ·사업추진 여부가 설립의 당위성을 지지하면 B/C분석<br>·사업수행의 적정 운영주체인지 여부가 설립의 당위성을 지지하면 E/C 분석 |
| 적정사업주체 여부<br>(유사중복포함) | ·설립기관, 직영, 민간, 기타기관 등에서 해당 사업수행 시의 장단점 비교<br>·소규모 지방공공기관의 난립 예방을 위해 유사기관을 통폐합하여 큰 틀에서 통합관리하는 방안도 검토 |
| **2. 설립계획의 적정성** | |
| 조직 및 인력 수요 | ·조직과 인력 계획의 적합성 검토 |
| 출자출연 계획의 적정성 | ·출자출연 금액 및 재원조달 방법의 적정성 검토 |
| 예산안과 기대성과의 정합성 | ·기관 설립 예산안과 계획한 기대성과의 적절성 검토 |
| 공무원 정원감축계획 | ·해당 업무를 수행하는 공무원에 대한 감축계획 수립 여부 및 적정성 검토 |
| **3. 기대효과** | |
| 주민복리효과 | ·지역주민을 포함한 이해관계자의 의견을 바탕으로 주민복리효과를 추정 |
| 지역경제 파급효과 | ·위탁사무 등 IRIO 분석이 적합하지 않을 경우에는 다른 분석 수행 가능 |
| 지방재정효과 | ·대상사업을 추진으로 인해 지방자치단체 재정에 미치는 영향을 해당 분야 예산 중 경직성 경비를 제외하고 분석 |

# 1. 타당성 검토 세부항목

## 1) 투자 및 사업의 적정성

□ 공공 수행 여부
o 대상사업이 공공에서 수행되어야 하는지에 대하여 검토함
  - 해당 사항에 대한 명확한 근거 및 판단준거를 제시
  - 전문기관은 자체적으로 체크리스트 등을 개발하여 검토할 수 있음

□ 경제성 분석
o 추진하는 사업의 특성에 따라 적절한 분석방법론을 적용하여 경제성 분석을 수행
  - 비용–편익의 구조가 명확하고, 사업의 추진 여부 그 자체가 기관 설립의 당위성을 지지하는 경우에는 비용편익분석(cost-benfit analysis) 수행
  - 비용–편익의 구조가 명확하지 않고, 사업의 추진 여부보다는 사업의 운영주체가 누구인지가 기관 설립의 당위성을 지지하는 경우에는 비용효과분석(cost-effectivenss analysis) 수행

o 비용편익분석
  - 경제성 분석은 국민경제의 관점에서 당해 사업과 관련하여 발생하는 비용과 편익을 비교하는 과정이며, 편익이 비용보다 클 경우에 경제성이 있다고 할 수 있음
  - 비용편익분석을 위해서는 순현재가치(NPV), 편익비용 비율(B/C), 내부수익률(IRR) 등의 지표를 통해 검토함
  - 비용과 편익 항목 중 측정의 어려움이 존재하거나 실질적이지 않은 이전적(transfer) 성격의 항목들은 제외함
  - 비용 및 편익의 현재가치 측정 기준
    · 비용과 편익은 발생시점에 따라 시간가치가 다르므로 발생시점과 관계없이 동일한 가치 척도로 비용과 편익을 비교하기 위해서 불변가격 가치로 계산한 비용과 편익을 기준 시점의 현재가치로 환산하여 비교함
    · 분석기준연도 이후 가격지표에는 물가상승률을 반영하지 않은 불변가격지표를 적용하여 연도별 비용과 편익의 불변가격 가치를 추정함
    · 비용과 편익을 현재가치로 환산하기 위해서는 사회적 할인율, 또는 최근 3개년간 지방채 이자율의 평균값을 적용함

o 비용효과분석
  - 비용효과분석은 사업의 비교대상이 되는 대안들의 결과물이 동일한 사업의 평가에 주로 이용하고 있음
  - 비용효과분석을 통해 정량적 측면에서 기관을 설립하여 운영하면 현행방식에 비해 얼마만큼

의 수지 개선 효과가 있는지(비용 절감 등), 정성적 측면에서 기관 설립으로 발생 가능한 효과는 무엇인지 등을 분석하고, 이에 따라 기관 설립의 당위성을 파악함

□ 적정사업주체 판단(유사·중복)
  o 다양한 운영 주체가 해당 사업을 운영하였을 때의 장·단점을 분석함
  o 최소 다음의 운영주체에 대한 분석이 필요함
    - 기관 설립 후 운영
    - 직영 운영: 해당 사업을 공무원이 직접 운영하였을 경우
    - 민간 운영: 민간 영역에 위탁을 통해 운영하였을 경우
    - 지방자치단체 내의 기존 공공기관: 유사·중복 업무를 수행하고 있는지 여부 등을 함께 검토
  o 기관 설립의 경우, 지방자치단체 관할구역 안팎의 유사·중복 기능을 수행하는 기관*이 있는지를 검토하고 조정 방안 제시
    * 국가·지방자치단체·공공기관·민간 설립 기관 포함
  o 소규모 지방공공기관의 남설을 예방하는 차원에서 유사기관을 통폐합하여 큰 틀에서 통합 관리하는 방안도 검토
  o 가능한 구체적인 장단점을 작성하고, 해당 사항에 대한 명확한 근거 제시

□ 고유목적 사업비중
  o 설립 추진기관이 대상사업으로 선정한 사업들 중 기관의 성격과 고유목적사업의 성격이 일치하는지 여부에 대한 검토
  o 해당 지표의 목적은 지방출자출연기관은 기관명으로 구분하기에는 모호한 부분이 있기 때문에 고유목적사업으로 유형을 구분하고 이에 맞는 전문성 및 방향을 확인할 수 있음
  o 고유목적 사업의 비중을 건수, 인력, 비용 등의 측면에서 비율로 검토

## 2) 설립 계획의 적정성

□ 조직 및 인력 분석
  ○ 출자·출연기관이 설립 목적에 맞게 효율적인 사업 수행과 합리적인 조직 운영이 가능하도록 조직
    설계가 이루어져 있으며 적정한 소요 인력 산출되었는지를 검토함
    - 다른 비슷한 기관의 운영사례 등을 종합적으로 분석하여 업무 분장을 도출하고 이를 토대로 적
      정조직(안)이 도출되었는지를 확인함
    - 선정된 조직안에 대한 적정 소요인력 산출 및 충원계획이 적절한지를 평가함
    - '지방공기업 설립·운영 기준(행안부)'에서 제시한 합리적 조직설계 및 인력배치 기준을 참고할 수
      있음. 다만, 출자·출연기관은 지방공기업에 비해 소규모로 설립되는 경우가 많기 때문에 이를 감
      안하여 현장 인터뷰 및 유사기능을 수행하는 사례를 바탕으로 조직과 인력의 적절성을 평가
    - 제시된 인건비 기준을 바탕으로 인건비가 과다 또는 과소하게 산정되지 않았는지를 분석함

□ 출자·출연금의 적정성(수지 및 재원조달 분석)
  ○ 출자·출연기관의 설립을 위한 지방자치단체의 출자·출연금이 적정하게 설정되었는지 향후 추가
    적인 재원조달의 필요성은 없는지에 대해 검토함
    - 사업별 수지 분석을 바탕으로 하여 출자·출연 기관의 설립 후 5년간의 사업 계획, 운영현황, 사
      례분석 및 예산 항목 등을 종합적으로 고려하여 예상 운영비를 추정함
    - 설립에 따른 차입금이 있거나 차입계획이 있는 경우, 차입금 상환계획을 미래의 금리 및 경제
      전망을 바탕으로 합리적인지를 판단함
    - 설립하려는 출자·출연 기관의 운영 과정에서 경상 수입이 발생할 것으로 예상되는 때에는 사업
      진행에 따른 설립 후 5년간의 경상 수입을 추정하여 출자·출연금의 적정성 판단에 반영할 수
      있음
  ○ 자본금 출자의 적정성 분석(출자기관)
    - 사업의 규모와 부채비율 등을 고려하여 적정자본금 수준 분석
    - 공동출자자의 지분출자에 대한 적정성 분석
  ○ 공유재산을 현물로 출자(출연)할 시에는 「공유재산 및 물품관리법」에 따라 용도폐지 가능 여부
    등을 엄격히 검토
    - 수익·처분 등이 사실상 불가능한 재산, 조성 목적에 따라 계속하여 사용기간 중에 있는 재산 등
      이 현물 출자(출연)되지 않도록 주의
    - 「공유재산 및 물품관리법」에 의한 행정재산[7]은 출자·출연 배제

---

7) 「공유재산 및 물품관리법」(제5조 제2항)에서 행정재산은 공용·재산(지방자치단체가 직접 사무용·
   사업용 또는 공무원의 거주용으로 사용하거나 사용하기로 결정한 재산과 사용을 목적으로 건설 중
   인 자산), 공공용 재산(지방자치단체가 직접 공공용으로 사용하거나 사용하기로 결정한 재산과 사

o 차입금 상환계획의 적정성
  - 차입이 필요한 경우 차입 금리와 경제 전망을 바탕으로 차입금 상환계획이 합리적인지 분석

□ 예산안과 기대성과 사이의 정합성
o 출자·출연기관의 설립 계획의 수립 과정에서 설정한 기대성과에 대한 정량 목표가 예산안에 비추어 합리적인지를 검토함
  - 지방자치단체가 출자·출연기관의 설립계획을 수립할 때, 사업별로 설립 후 5년간의 정량 목표를 제시하게 함. 이로써 지방자치단체의 자율성을 침해하지 않으면서 출자·출연기관의 무분별한 설립을 일부 제어하는 효과를 기대할 수 있음
  - 사업계획 예산안의 제약을 감안하여 제시된 정량 목표가 달성 가능한지, 현실성이 떨어지진 않는지 등을 평가하여 출자·출연기관의 설립 후 효율적인 운영을 위한 기준으로 삼을 수 있도록 유도함

□ 공무원 정원감축계획 수립 및 적정성 검토
o 지방자치단체가 직접 수행하던 기존사업을 출자·출연 기관에 위탁하고자 할 때에는 기존인력을 감축하는 것이 원칙
o 이미 설립된 기관에 추가로 위탁 또는 대행하도록 하는 경우에도 공무원 정원 감축 원칙
  ※ 위탁업무 관리를 위한 최소인력을 제외한 나머지 인력은 감축
o 지방자치단체는 설립계획에서 공무원 감축 여부를 검토해야 하고, 감축요인이 있으면 정원감축계획을 수립해야 함
o 또한, 지방자치단체의 조직관리부서에서는 정원감축계획을 「지방자치단체의 행정기구와 정원기준 등에 관한 규정 시행규칙」에 따라 「중기기본인력운용계획」에 반영하여야 하며, 「중기지방재정계획」과 연계
  - 감축 인력은 공무원 정원을 기준으로 산출되어야 하며 퇴직 공무원 해소(자연감소분) 등 현원 감소는 불인정
o 전문기관은 정원감축계획의 적정성을 검토함. 이때 설립 지방자치단체에 기존 지방공공기관 설립 관련 공무원 감축계획 이행현황에 대한 자료를 요구하여 분석할 수 있음

---

용을 목적으로 건설 중인 재산), 기업용재산(지방자치단체가 경영하는 기업용 또는 그 기업에 종사하는 직원의 거주용으로 사용하거나 사용하기로 결정된 재산과 사용을 목적으로 건설 중인 재산), 보존재산(법령 또는 조례에 의하거나 그 밖의 필요에 의하여 지방자치단체가 보존하거나 보존하기로 결정된 재산)으로 정하고 있으며, 행정재산을 일반재산으로 변경할 경우 관련법령 및 지침 등에 의한 절차 준수.

## 3) 설립의 기대효과

□ 주민복리효과

### 〈주민 설문조사〉

o 해당 출자·출연기관의 설립에 대한 주민의 복리적 효과와 함께 관련된 기대효과를 파악하기 위해 구조화된 조사 설계를 기반으로 외부 여론조사 기관의 주민 설문조사 실시
  - 설문 항목에는 다음의 항목과 관련된 내용을 고려함
    · 응답자 특성: 성별, 연령대, 결혼 여부, 직업, 거주지역 등
    · 해당 지역의 관련 분야에 대한 의견: 기관설립 분야의 중요성, 해당 지역의 관련 분야 노력에 대한 만족도, 해당 분야 활성화를 위한 중요 요소, 적정 운영주체에 대한 의견 등
    · 기관 설립과 관련된 의견: 기관의 필요성, 기관 설립의 찬반의견과 그 이유, 기관의 성공적인 운영을 위해 필요한 요소, 기관 설립에 따른 지역경제 활성화 정도 등
  - 단순한 설립의 찬반 비율 등보다는 현재 불만족 사항이 기관 설립을 통해 해소될 수 있는지 등에 대해 검토 의견을 제시
o 설문조사의 신뢰수준은 95% 이상으로 설정하고, 표본오차는 해당 신뢰수준에서 ±3.75%p 이하로 설정함
  - 95% 신뢰수준에서 표본오차를 ±3.75%p로 설정하기 위한 표본의 수는 약 683명 이상임

### 〈관련 기관 및 이해관계자와의 협의결과 검토〉

o 설립계획서에서 제시한 관련 기관 및 이해관계자와의 협의 결과에 대한 적절성 검토
  - 관련 기관 및 이해관계자의 범위가 적정한지, 의견을 충분히 들었는지, 협의 과정 및 결과는 적절한지 등 검토

□ 지역경제 파급효과
o 설립 계획서의 목적사업 수행을 위해 추가적인 신규 투자가 있는 경우에 한하여 지역산업연관표를 이용한 분석을 수행함
  - 생산유발효과, 부가가치유발효과, 고용유발효과 등 경제적 효과를 추정하여 수치로 제시함
  - 출자·출연기관을 설립·운영하는 데 따른 비용에 생산유발계수·부가가치유발계수·취업유발계수를 적용하여 추정함
  - 생산유발계수와 부가가치유발계수는 각 산업부문에 대한 단순평균 수치로 해당 지역의 최종수요 1단위 증가로 인해 지역 내에서 유발된 계수와 타 지역에서 유발되는 단위로 나누어 추정함
  - 취업유발계수는 해당 지역의 최종수요가 10억 원 증가할 때 해당 산업과 기타 연관 산업에서 직·간접적으로 유발되는 취업자의 수에 따라 추정함

- 다만, 추가 고용이 있는 경우, 이들에 대한 임금의 일부가 소비지출 됨에 따라 생산·부가가치·고용 유발효과가 발생할 수 있다는 점에 유의할 필요가 있음
- 또한 지역산업연관표가 다소 시차를 두고 발표된다는 점을 고려할 때 다소 시의성이 많이 떨어질 수 있다는 측면에서 전국 기준 산업연관표에 기초해 비율을 적용하여 산출하는 것도 고려해 볼 필요가 있음
o 위탁사무 등 대상사업의 특성상 지역산업연관표를 이용한 분석이 적합하지 않을 경우에는 다른 방법론을 통해 분석을 수행할 수 있음

□ 지방재정에 미치는 영향
o 해당 출자·출연기관의 설립에 따른 수입과 비용을 추정하여 해당 지역의 재정운용에 미치는 영향을 평가함
- 해당 지역의 재정의 규모와 구조를 고려해 수입과 비용을 각각 추정한 후 재정수지를 검토함
- 해당 분야의 평균 지출계획이 해당 지역의 중기지방 재정계획에 따른 중기 재정운영에 미치는 영향을 분석함
- 해당 분야의 예산 중 인건비 등 경직성 경비를 제외하고 활용 가능한 사업예산에 미치는 영향을 검토할 필요가 있음

## 4) 타당성검토 종합판단

o 각 항목별 설립 타당성검토를 수행한 후, 설립 기관과 관련한 전문가들로 구성된 자문회의(또는 위원회)를 개최하여 타당성검토 판단준거들을 제시하고, 전문가들의 의견을 수렴하여 종합의견을 도출

## 2. 특수목적법인(SPC) 설립 타당성 검토 추가 고려사항

<보기>

〈일러두기〉
○ 산업단지개발, 도시개발사업 등의 추진을 위한 특수목적법인(SPC)을 설립하는 경우, 그 타당
성 검토를 위해 '3. 세부 검토사항'에 추가하여 고려할 사항임
○ 지방행정연구원의 「PFV 출자 타당성 검토 매뉴얼」을 따르되, 지방자치단체의 실정, 특별한
사유 등을 고려하여 조정 가능

※ 용어 정리
▸특수목적법인(Special Purpose Company): 일정 사업기간 동안 특정한 사업을 촉진하기 위
하여 한시적으로 설립하는 주식회사 또는 유한회사
▸프로젝트금융 투자회사(Project Financing Vehicle): 부동산 개발사업의 효율적 추진을 위하
여 투자자들이 자금·현물 등을 출자하여 설립한 SPC
▸자산관리회사(Asset Management Company): PFV의 위탁에 따라 실무를 집행하는 SPC

### 1) 투자 및 사업의 적정성

□ 경제성 및 재무성 분석
○ 경제적 및 재무적 타당성 분석을 통해 투자 및 사업의 적정성을 평가
○ 경제성 분석은 SPC 또는 PFV 설립목적과 출자기관으로서 특성을 고려하여, 사회적 공익성을 판
단하기 위해 비용편익분석(B/C분석)을 수행
○ 재무성 분석은 「PFV 출자 타당성 검토 매뉴얼」을 따르되, 다음과 같은 사항에 대하여서는 추가
검토
  - 분석기간: SPC 또는 PFV 청산 시점까지
    * 단, 시설 운영을 포함하고 있는 SPC의 경우 최대 40년까지를 재무성 분석 기간으로 산정
  - 낙찰률: 한국토지주택공사 등의 낙찰률 자료 활용 가능
    ※ SPC 또는 PFV가 수행할 투자사업이 지방재정법 제37조 제2항의 타당성 조사를 완료한 경
    우, 설립 지방자치단체와 협의하여 타당성 조사의 경제성 분석 등 일부 중복 항목을 활용할
    수 있음

□ 적정 사업주체 판단(유사·중복)
○ 지방자치단체가 SPC 또는 PFV 설립에 참여하여 추진하는 사업 방식의 적정성 검토
  - 공영개발방식, 민간위탁개발방식, 민·관 합동 개발방식에 대하여 다양한 대안에 대한 분석 가
  능한 수준에서 종합적으로 검토 실시
  - 공영개발방식: 직영, 공사 등 위탁, 다수 공공기관 참여(공공기관 설립) 등
  - 민간위탁개발방식: 실수요자 개발대행 등

- 민·관 합동 개발방식: SPC(실체형 회사, 토지공사 민간–공공 합동 PFV사업 또는 민간투자사업)
o 사업위험, 자금조달 부담 및 재정에 미치는 영향, 공공성 확보 등의 항목에 대한 분석결과 제시

## 2) 설립계획의 적정성

□ 조직 및 인력 분석
o SPC의 경우, 법인의 인력과 운영경비에 대한 적정성을 검토
o PFV사업의 경우, 명목회사임을 감안하여 사업시행사로서 추진하는 도시개발사업 등을 위탁 수
  행하는 AMC 중심으로 검토하되, PFV의 주주총회 및 이사회 구성 및 운영도 포함
o PFV와 AMC가 설립목적에 맞게 효율적인 사업수행과 합리적인 조직운영이 가능하도록 조직설
  계가 이루어져 있는지에 대하여 검토
  - 조직구성의 적절성은 사업추진 단계별로 탄력적 조직구성 여부 검토

o 유사 기능을 수행하는 사례를 바탕으로 조직의 적절성 평가
  - 적합한 유사사례 등의 업무분장 및 조직구조를 바탕으로 적정조직(안)이 도출되었는지를 확인
o 확인된 조직(안)을 기준으로 적정 소요인력 산출이 적절한지를 평가함
  ※ 사업단계별 주요 업무의 적정성 및 전문성 인원수 등 검토
  - 인건비가 과다 또는 과소하게 산정되지 않았는지를 분석

□ 출자금의 적정성(수지 및 재원조달 분석)
o 설립부터 청산 시점까지의 수입·비용 항목 등을 종합적으로 고려하여 재무성분석 수행
  - 개발사업은 재무성분석을 통해 재무적 수익성을 검토
  - 대상사업의 재무성분석 결과를 바탕으로 공공 부문의 출자수익률(Return On Equity, 이하
    'ROE') 및 현금흐름을 분석
  - 공공 부문의 출자수익률(ROE)은 채무부담 및 예산 외 의무부담 등이 존재하는 경우 시나리오
    분석 등을 통하여 우발채무의 영향에 대한 심도 있는 분석
  - 더불어 추가수익 공유 등 사업협약 또는 주주 간 협약 조건에 따른 공공 부문의 출자수익률
    (ROE)도 산정
o 자본금 출자의 적정성 분석
  - 사업의 규모와 조달필요액 및 설립 초기 지출비용 등을 고려하여 자본금 수준 검토
  - 지방자치단체 포함 공공 출자금 수준의 적정성을 관련 법규 및 유사사례를 중심으로 검토
o 재원조달계획의 적정성 검토
  - 재원조달 필요액 산정의 타당성, 타인자본 조달방법의 적정성 검토
  ※ 건설기간 예비조달계획, 미분양 발생 시 운영기간 추가 재원조달 계획 등의 적정성 검토
o 차입금 상환계획의 적정성 검토
  - 분양일정, 분양수입 등 수입 추정의 적정성, 차입금 상환계획 합리성 판단

## 3) 설립의 기대효과

o 지방자치단체의 「중기지방재정계획」을 검토하여 출자 관련 예산 수립 여부 확인

o 토지 매각 대금, 출자에 따른 배당수입, 위탁 수수료 수입 등 투자수입이 지방재정에 긍정적 영향
  (재정 확보)을 주는지 검토

  - 추가적으로 지역경제 활성화, 고용증대 효과, 인구 유입에 따른 지방 세수 증대로 인한 재정 증
  대 효과 등이 제시되면 포함 검토

o 직·간접 지원에 따른 우발채무가 지방재정에 부정적인 영향을 주는지 검토

  - 지급보증, 조건부 채무인수, 분양보증, 미분양 매입확약, 환매조건부 매입확약, 국민임대 주택
  용지 매입확약 등 채무부담 및 예산 외 의무부담 확인

  - 채무부담 및 예산 외 의무부담의 실제 발생할 가능성 및 채무부담액 분석

| ○○ 설립 타당성검토 간소화 신청서 |
| :---: |

1. 설립 타당성검토 간소화 신청 이유: 제10조 제1항 각호 중 해당 이유 기재




2. 설립 타당성검토 간소화 신청 근거: 신청의 근거자료 제시

---

### ○○ 설립 타당성검토 업무수행 약정서

**제1조 (목적)**

본 약정은 지방출자출연법 시행령 제8조의2에 따라 전문기관이 지방자치단체의 장(이하 "의뢰기관"이라 한다)으로부터 출자·출연기관 설립의 타당성검토(이하 "설립 타당성검토"라 한다)를 의뢰받아 수행함에 필요한 사항을 정한다.

**제2조 (신의성실 및 독립성)**

① 전문기관은 설립 타당성검토를 전담하는 기관으로서 신의성실의 원칙에 따라 독립적으로 검토업무를 수행한다.

② 의뢰기관은 설립 타당성검토의 방법, 결과 등에 대해 사전에 확인 또는 수정을 전문기관에 요구할 수 없다.

③ 의뢰기관은 타당성검토 절차 전반에 대해 질의하거나 의견을 제시할 수 있다. 전문기관은 이를 검토하고 답변하여야 한다.

**제3조 (검토의 개시 등)**

① 전문기관은 본 약정이 체결된 이후 설립 타당성검토를 개시한다.

② 전문기관은 제1항에 따라 설립 타당성검토를 개시한 경우 의뢰기관 및 행정안전부에 검토 개시 사실, 검토 예정기간, 담당 책임연구원 등을 서면으로 통보한다.

**제4조 (검토자료 제출 및 현장조사)**

① 의뢰기관은 제3조 제2항의 통보를 받은 즉시 전문기관에 검토에 필요한 각종 자료를 제출한다.

② 전문기관은 필요한 경우 의뢰기관에 추가 자료를 요청하거나 현장조사를 실시할 수 있으며, 이 경우 의뢰기관은 적극 협조한다.

**제5조 (검토 기간)**

① 검토 기간은 본 약정이 체결된 날로부터 ○개월로 한다.

② 전문기관은 필요한 경우 의뢰기관과 협의하여 제1항의 기간을 연장할 수 있다.

**제6조 (자체위원회)**

① 전문기관은 관련 분야 전문가들이 참여하는 '자체위원회'를 구성하여 타당성검토 결과에 대한 자문을 받아야 한다. 이때 의뢰기관은 '자체위원회'에 배석하여 의견을 제시할 수 있다.

② 전문기관은 '자체위원회'를 통해 항목별 판단준거를 전반적으로 고려한 종합의견을 도출할 수 있다.

③ 타당성검토 간소화 대상인 경우, 전문기관의 자체위원회 결과에 따라 약정 종료일이 최대 2주 연장될 수 있다.

제7조 (검토의 완료 등)

① 전문기관은 검토를 완료한 경우 의뢰기관에 검토 결과물을 제출한다. 검토 결과물은 검토보고서 출판본과 전자파일을 의미한다.

② 전문기관은 검토를 완료한 때로부터 3년이 지나면 검토 결과물을 전문기관의 연구결과로 공개할 수 있다.

제8조 (수수료의 결정 등)

① 전문기관은 「지방 출자출연기관 설립 기준」 제23조 제2항에 따라 산정된 '타당성검토 수수료 산정기준' 및 검토 대상 사업의 규모, 특성, 검토기간 등을 고려하여 검토 업무수행을 위한 수수료를 결정한다.

② 전문기관은 본 약정서에 수수료 산정 내역을 첨부하고, 본 약정 체결 직후 의뢰기관에 수수료를 지급받기 위한 은행계좌 등을 서면으로 통보한다.

③ 전문기관은 제5조 제2항에 따라 설립 타당성검토 기간이 연장되는 경우 제1항의 수수료를 증액할 수 있다.

제9조 (수수료의 지급)

① 전문기관이 검토 초기에 인력을 집중 투입하고 외부용역을 발주하면서 선금을 지급해야 하는 특성 등을 감안하여, 의뢰기관은 본 약정 체결일로부터 1개월 이내에 수수료 전액을 전문기관에 지급하여야 한다. 만일 의뢰기관이 위 기간 내에 계약금을 지급하지 아니하는 경우, 본 약정은 해제된 것으로 본다.

② 의뢰기관은 제8조 제3항에 따라 수수료가 증액된 경우, 전문기관으로부터 수수료 증액 통보를 받은 날로부터 2주 이내에 증액된 수수료를 전문기관에 지급하여야 한다.

제10조 (검토의 중단 및 재개)

① 전문기관은 아래 각호의 경우, 검토를 중단하고 의뢰기관에 검토 중단 사실 및 그 사유를 서면으로 통보한다.

1. 의뢰기관이 제4조의 자료 제출 및 현장조사에 협조하지 아니하는 경우

2. 의뢰기관의 설립계획 미확정, 사전절차 미수행, 관련 계획 미비 등의 사유로 검토를 계속하기 어려운 경우

3. 전문기관이 상위계획 변경, 상위계획 상충 등의 사유로 검토가 부적합한 것으로 판단한 경우

② 제1항에 따라 검토가 중단된 경우 그 중단 기간은 제5조 제1항의 검토 기간에 포함하지 아니한다.

③ 전문기관은 제1항 각호 사유가 소멸한 경우, 검토를 재개하고 의뢰기관에 검토 재개 사실을 서면으로 통보한다.

## 제11조 (검토의 종결 등)

① 전문기관은 아래 각호의 경우, 검토를 종결할 수 있다. 이 경우 전문기관은 의뢰기관에 검토 종결 사실 및 그 사유를 서면으로 통보한다.

1. 의뢰기관이 제9조의 기간 내에 수수료를 지급하지 아니하는 경우
2. 제10조 제1항에 따라 검토 중단을 통보한 때로부터 6개월이 지나도록 검토를 재개하지 아니한 경우
3. 기타 의뢰기관이 검토의 종결을 요구한 경우

② 의뢰기관은 제1항에 따라 검토가 종결되어 검토 결과물을 받지 못하더라도 전문기관에 이미 지급한 수수료의 반환을 요구할 수 없고, 전문기관의 귀책사유나 불가항력 사유로 인한 것인 때에는 이미 이루어진 검토의 정도를 감안하여 기성부분에 대한 객관적인 수수료액을 제외한 나머지 금액의 반환을 요구할 수 있다.

③ 제1항의 종결 사유는 의뢰기관의 귀책사유에 의한 종결사유로 본다.

④ 제2항에 따른 기성부분에 대한 수수료액 산정 기준은 다음 각호와 같다.

1. 약정체결 후 외부용역 발주계약 체결 완료: 전체 수수료의 50% 상당액
2. 제6조 제1항에 따른 자체위원회 개최: 전체 수수료의 100% 상당액
3. 그 밖의 경우: 위 호를 기준으로 검토 기간, 진행정도 등을 고려하여 결정

## 제12조 (기타)

① 기타 본 약정에 규정되지 아니한 사항은 지방출자출연법, 시행령, '지방 출자출연기관 설립 기준' 및 '지방 출자출연기관 설립 타당성검토 세부지침'에 따른다.

② 본 약정과 관련하여 분쟁이 발생하는 경우 관할 법원은 대법원 소재지 관할 법원으로 한다.

20○○년 월 일


전문기관: (재)○○○○○

(주소)

(사업자등록번호)

(대표자)   (인)


의뢰기관: ○○○○○○○

(주소)

(사업자등록번호)

(대표자)   (인)

## 1. 일반 출자기관 설립 협의 심사표

| 심 사 지 표 | | 배점 | 평가 |
|---|---|---|---|
| 사전 체크* | ▸ 지방출자출연법에 따른 출자기관 대상 사업인가? | – | Yes/No |
| Ⅰ. 투자 및 사업의 적정성 (0~40점)) | ① 제시한 사업계획이 경제성(B/C)이 있는가? | 0~10 | |
| | ② 제시한 사업계획이 재무성(PI)이 있는가? (또는 운영수지가 개선되는가?) | 0~15 | |
| | ③ 지역여건 및 정부시책과 부합하는 사업인가? | 0~5 | |
| | ④ 비슷한 기능을 수행하는 기관에 대한 검토와 조정방안은 적정한가? | 0~10 | |
| Ⅱ. 설립 계획의 적정성(0~30점) | ① 효율적인 사업 수행과 조직운영을 위한 적절한 계획이 수립되어 있는가? | 0~10 | |
| | ② 지방자치단체 출자금액은 지방재정계획과 사업계획에 비추어 적절한가? | 0~10 | |
| | ③ 기관 신설에 따른 공무원 정원 감축 요인에 대한 검토와 감축계획(중기기본인력운용계획 반영 등)은 적정한가? | 0~10 | |
| Ⅲ. 설립 기대효과 (0~20점)) | ① 해당 기관의 설립은 지역경제 활성화에 도움이 되는가? | 0~10 | |
| | ② 해당 기관의 설립은 효율적 지방재정 운영에 도움이 되는가? | 0~10 | |
| Ⅳ. 지역의견 수용성(0~10점) | ① 사업수행을 위한 지역 여론조사 평가, 관계자(기관, 민간위탁업체 등) 협의, 지자체 간(광역-기초, 기초-광역) 조치계획은 적정한가? | 0~10 | |
| 합 계 | ※ 설립 동의는 평가점수 합계 70점 이상 | 점 / 100점 | |
| **심사의견(점수 부여 사유 등) 필수 기재 항목** | | | |
| Ⅰ-② 제시한 사업계획이 재무성 또는 운영수지 개선 효과가 있는가? | | | |
| Ⅱ-② 지방자치단체 출자금액은 지방재정계획과 사업계획에 비추어 적절한가? | | | |
| Ⅲ-① 지역경제 활성화에 도움이 되는가? | | | |
| 종합의견 | | | |

\* 지방출자출연법에 따른 출자기관 대상 사업이 아닐 시(No), 평가점수 부여 필요 없이 설립 부동의 처리

※ 점수는 1점 단위로 부여

2000. . .

지방 출자·출연기관 설립심의위원회

위 원　　(인)

## 2. SPC, PFV 출자기관 설립 협의 심사표

| 심 사 지 표 | | 배점 | 평가 |
|---|---|---|---|
| 사전 체크* | ▸ 지방출자출연법에 따른 출자기관 대상 사업인가? | - | Yes/No |
| Ⅰ. 투자 및 사업의 적정성(0~40점) | ① SPC 또는 PFV 설립을 통한 추진방식과 신규 법인에 대한 출자비율이 적정한가? | 0~5 | |
| | ② 제시한 사업계획이 경제성(B/C)과 재무성(PI)이 있는가? | 0~10 | |
| | ③ 제시된 조달 금리는 지방자치단체의 신용보강 수준과 기준금리 등에 비추어 적절한 수준인가? | 0~10 | |
| | ④ 지방자치단체의 출자수익률(ROE)은 지방자치단체의 출자지분과 역할 및 신용보강 수준 대비 적절한가? | 0~15 | |
| Ⅱ. 설립 계획의 적정성(0~40점) | ① 총 사업비 대비 타인자본 조달 계획과 예비재원 조달계획은 적절하게 계획되어 있는가? | 0~10 | |
| | ② 총 차입예정금액과 분양스케줄에 따른 차입금 상환 계획(최종상환시점, 상환조건, 자금관리방법)은 적절한가? | 0~10 | |
| | ③ 지방자치단체의 출자 지분 대비 신용보강에 따른 매입확약, 채무보증 등의 협약으로 인한 지자체 리스크와 리스크 관리계획은 적정한가? | 0~15 | |
| | ④ 프로젝트 시행사 또는 자산관리회사(AMC)의 인력 및 운영비 지출 계획은 적정한가? | 0~5 | |
| Ⅲ. 설립 기대효과 (0~10점) | ① 해당 기관의 설립은 지역경제 활성화에 도움이 되는가? | 0~10 | |
| Ⅳ. 지역의견 수용성(0~10점) | ① 사업수행을 위한 지역 여론조사 평가, 관계자(기관, 민간위탁업체 등) 협의, 지자체 간(광역-기초, 기초-광역) 조치계획은 적정한가? | 0~10 | |
| 합 계 | ※ 설립 동의는 평가점수 합계 70점 이상 | | 점 / 100점 |

| 심사의견(점수 부여 사유 등) 필수 기재 항목 | |
|---|---|
| Ⅰ-③ 제시된 조달 금리는 지방자치단체의 신용보강 수준과 기준금리 등에 비추어 적절한 수준인가 | |
| Ⅰ-④ 지방자치단체의 출자수익률(ROE)은 지방자치단체의 출자지분과 역할 및 신용보강 수준 대비 적절한가? | |
| Ⅱ-③ 지방자치단체의 출자 지분 대비 신용보강에 따른 매입확약, 채무보증 등의 협약으로 인한 지자체 리스크와 리스크 관리계획은 적정한가? | |
| 종합의견 | |

\* 지방출자출연법에 따른 출자기관 대상 사업이 아닐 시(No), 평가점수 부여 필요 없이 설립 부동의 처리
※ 점수는 1점 단위로 부여

20○○. . .

지방 출자·출연기관 설립심의위원회

위 원          (인)

## 3. 출연기관 설립 협의 심사표

| 심 사 지 표 | | 배점 | 평가 |
|---|---|---|---|
| 사전 체크* | ▸ 지방출자출연법에 따른 대상 사업인가? | – | Yes/No |
| Ⅰ. 투자 및 사업의 적정성(0~35점) | ① 사업의 효과성(비용 대비)이 있는가? | 0~10 | |
| | ② 지역여건 및 정부시책에 부합하는 사업인가? | 0~5 | |
| | ③ 사업의 지속가능성이 있는가? | 0~5 | |
| | ④ 비슷한 기능을 수행하는 기관에 대한 검토와 조정방안은 적정한가? | 0~15 | |
| Ⅱ. 설립 계획의 적정성(0~30점) | ① 효율적인 사업 수행을 위해 합리적인 조직설계(조직규모·예산 등)가 수립되어 있는가? | 0~15 | |
| | ② 출연금 계획은 해당 기관의 운영과 사업수행을 고려할 때 적정 규모로 수립되었는가? | 0~5 | |
| | ③ 기관 신설에 따른 공무원 정원 감축 요인에 대한 검토와 감축계획(중기기본인력운용계획 반영 등)은 적절한가? | 0~5 | |
| | ④ 기관의 예산안과 사업에 따른 기대성 간의 연계는 적절한가? | 0~5 | |
| Ⅲ. 설립 기대효과 (0~25점) | ① 해당 기관의 설립은 주민복리에 긍정적인 영향을 미치는가? | 0~10 | |
| | ② 해당 기관의 설립은 지역경제에 긍정적인 영향을 미치는가? | 0~5 | |
| | ③ 해당 기관의 설립에 따른 지방재정의 추가적인 부담 규모는 지방자치단체 재정여건을 고려할 때 적절한가? | 0~10 | |
| Ⅳ. 지역의견 수용성(0~10점) | ① 사업수행을 위한 지역 여론조사 평가, 관계자(기관, 민간 위탁업체 등) 협의, 지자체 간(광역-기초,기초-광역) 조치계획은 적정한가? | 0~10 | |
| 합 계 | ※ 설립 동의는 평가점수 합계 70점 이상 | 점 / 100점 | |

| 심사의견(점수 부여 사유 등) 필수 기재 항목 | |
|---|---|
| Ⅰ-④ 비슷한 기능을 수행하는 기관에 대한 검토와 조정방안은 적정한가? | |
| Ⅱ-① 효율적인 사업 수행을 위해 합리적인 조직설계(조직규모·예산 등)가 수립되어 있는가? | |
| Ⅲ-③ 해당 기관의 설립에 따른 지방재정의 추가적인 부담은 지방자치단체의 재정여건을 고려할 때 적절한가? | |
| 종합의견 | |

\* 지방출자출연법에 따른 대상 사업이 아닐 시(No), 평가점수 부여 필요 없이 설립 부동의 처리
※ 점수는 1점 단위로 부여

2000. . .

지방 출자·출연기관 설립심의위원회

위 원    (인)

## [붙임 기] 지방 출자·출연기관 통계 서식

【20○○년】 (단위: 명, 백만 원)

| 지역명 | 설립 기관 수 | | | 임직원 수(정원) | | | 예산규모 | 결산규모 | 인건비 | 주민 수 | 비고 |
|---|---|---|---|---|---|---|---|---|---|---|---|
| | 계 | 출자 | 출연 | 계 | 임원 | 직원 | | | | | |
| 계 | | | | | | | | | | | |
| 서울 | | | | | | | | | | | |
| 부산 | | | | | | | | | | | |
| 대구 | | | | | | | | | | | |
| 인천 | | | | | | | | | | | |
| 광주 | | | | | | | | | | | |
| 대전 | | | | | | | | | | | |
| 울산 | | | | | | | | | | | |
| 경기 | | | | | | | | | | | |
| : | | | | | | | | | | | |
| : | | | | | | | | | | | |

【20〇〇년】 (단위: 명, 백만 원)

| 지역명 | 설립 기관 수 | | | 임직원 수(정원) | | | 예산규모 | 결산규모 | 인건비 | 주민 수 | 비고 |
|---|---|---|---|---|---|---|---|---|---|---|---|
| | 계 | 출자 | 출연 | 계 | 임원 | 직원 | | | | | |
| 〇〇도 | | | | | | | | | | | |
| 본청 | | | | | | | | | | | |
| 〇〇시 | | | | | | | | | | | |
| 〇〇시 | | | | | | | | | | | |
| 〇〇시 | | | | | | | | | | | |
| 〇〇시 | | | | | | | | | | | |
| 〇〇군 | | | | | | | | | | | |
| 〇〇군 | | | | | | | | | | | |
| 〇〇군 | | | | | | | | | | | |
| : | | | | | | | | | | | |
| : | | | | | | | | | | | |

# 지방자치단체 출연 복지재단이란 무엇인가

초판인쇄  2024년 4월 30일
초판발행  2024년 4월 30일

지은이  신선웅
펴낸이  채종준
펴낸곳  한국학술정보(주)
주  소  경기도 파주시 회동길 230(문발동)
전  화  031-908-3181(대표)
팩  스  031-908-3189
홈페이지  http://ebook.kstudy.com
E-mail  출판사업부 publish@kstudy.com
등  록  제일산-115호(2000. 6. 19)

ISBN  979-11-7217-286-2  93300